Maternidades
no plural

ANNIE BARACAT

DEH BASTOS

GLAUCIA BATISTA

LIGIA MOREIRAS

MARCELA TIBONI

MARIANA CAMARDELLI

Maternidades
NO PLURAL

Retratos de diferentes formas de maternar

Copyright © 2021 by As autoras

O selo Fontanar foi licenciado para a Editora Schwarcz S.A.

Grafia atualizada segundo o Acordo Ortográfico da Língua Portuguesa de 1990, que entrou em vigor no Brasil em 2009.

CAPA Elisa von Randow

IMAGEM DE CAPA Estúdio Passeio

PREPARAÇÃO Adriane Piscitelli

REVISÃO Ana Maria Barbosa e Márcia Moura

Dados Internacionais de Catalogação na Publicação (CIP)
(Câmara Brasileira do Livro, SP, Brasil)

Maternidades no plural: Retratos de diferentes formas de maternar — 1ª ed. — São Paulo : Fontanar, 2021.

Várias autoras.
ISBN 978-85-8439-222-3

1. Mães – Experiências de vida 2. Mães e filhos 3. Maternidade.

21-66747　　　　　　　　　　　　　　　　CDD-649.1

Índice para catálogo sistemático:
1. Prevenção de doenças : Nutrição aplicada : Promoção da saúde　613.2

Cibele Maria Dias – Bibliotecária – CRB-8/9427

[2021]
Todos os direitos desta edição reservados à
EDITORA SCHWARCZ S.A.
Rua Bandeira Paulista, 702, cj. 32
04532-002 — São Paulo — SP
Telefone: (11) 3707-3500
facebook.com/Fontanar.br

Sumário

O desejo de ser mãe ao lado de outra mãe 7
Marcela Tiboni

Pisando firme nesse solo 83
Ligia Moreiras

Diversamente mãe 151
Glaucia Batista

Madrasta não é palavrão 218
Mariana Camardelli

Adotei 250
Annie Baracat

Me tornei mãe e renasci como uma mulher preta 292
Deh Bastos

Agradecimentos 350

O desejo de ser mãe ao lado de outra mãe

Marcela Tiboni

— Ah, Lolô, não dá para brincar assim. Você fica pegando a minha filha toda hora, e eu quero que ela fique deitada ali porque agora ela está dormindo.

— Mas eu ouvi ela chorando, por isso fui mexer nela.

— Você não ouviu nada não. Eu que sou a mãe dela e eu que ouço quando ela chora ou porque ela quer acordar ou porque quer continuar dormindo.

Eu tinha seis anos quando essa conversa aconteceu com a minha amiga Heloísa, mais conhecida como Lolô. Não saberia narrar a vocês quantas vezes diálogos como esse aconteceram na minha vida, quantas vezes brinquei de boneca, de casinha, de mamãe e filhinho durante a minha infância e no início da adolescência. Nessas brincadeiras, que duravam horas, fosse no quarto, na sala, no pátio do prédio, no porta-malas do carro do meu pai, eu sempre tinha muitos filhos e vivia dilemas difíceis como: um queria almoçar e o outro queria ir pular de paraquedas, ou um queria dormir, o outro, mergulhar num lago à noite, e o terceiro queria viajar para o Parque do Beto Carrero. Eu criava soluções inteligentíssimas para deixar todo mundo feliz, me desdobrava em muitas mães diferentes para acudir os desejos e me lembro que sempre que um deles tinha fome, o prato devia ter um pouco de batata frita para que eu pudesse comer junto. Havia momentos em que eu queria brincar de casinha com outros amigos e amigas, que eles fossem meus filhos, mas tendo dois irmãos e quinze primos, todos mais velhos que eu, normalmente era eu que fazia o papel de filhinha enquanto os mais velhos eram os papais e as mamães. Mas aí eu também me divertia, era hora de fazer pedidos esdrúxulos, chorar nas horas indevidas, dormir de forma repentina fora da caminha e por aí vai.

Nasci em 1982, e ao longo dos anos 1980 brincar de casinha era um sucesso absoluto. Os brinquedos eram quase todos rosa ou roxo, quase tudo que replicava uma cozinha ou os cuidados com uma criança levava essas cores, e havia as caixas estampadas com meninas, as quais ficavam na sessão de "brinquedos de menina". Eu adorava uma minipia, um miniliquidificador, um bercinho de boneca, uma Barbie ou uma daquelas mamadeiras que, conforme você virava, o leite misteriosamente ia sumindo de dentro dela. Não que eu não brincasse com o castelo do He-Man, ou que não andasse de skate, fizesse bolhinhas de sabão, brincasse de carrinho ou sonhasse com um carrinho de rolimã de madeira. Achava estranha essa divisão de gênero, essa necessidade de as brincadeiras das meninas serem mais silenciosas e a dos meninos mais agitadas. Eu queria um pouco de cada. Tinha entre cinco e sete anos e não achava que era o momento de definir minha identidade de gênero, nem sabia o que era aquilo e queria poder brincar livremente sem proibições. Ousaria dizer que não havia brincadeira que não me contemplasse. Fosse com as amigas da minha irmã ou com os amigos do meu irmão, eu entrava em todas as turmas; o importante era dar vida à imaginação.

Sou a caçula de três filhos, uma menina, um menino e eu. Digo isso porque os desejos de um e de outro já haviam sido cumpridos com a chegada dos meus irmãos, então eu, viesse o que viesse, ia agradar geral. Meu pai sempre quis um menino, minha mãe sempre quis uma menina, mas para o terceiro filho tinham apenas palpites, e não propriamente uma torcida. Se fosse menino, meu nome seria Gustavo. Se fosse menina, havia uma disputa entre Marcela, pela minha mãe, e Márcia, pelo meu pai. E, sendo a última filha, cujo gênero não seria decisivo para agradar ninguém, eu me criei mais liberta. Quem cria dois cria três, já dizia a minha tia. E era assim lá em casa, com idades bem próximas, dois anos de diferença para cada filho. As roupas, os brinquedos, os livros, as comidas e os cuidados passavam de um para o outro, ou serviam a mais de um, quando não aos três ao mesmo tempo. Dessa forma, cresci tendo referências femininas e masculinas na mesma intensidade. Minha casa era permeada por brinquedos e por roupas de ambos os gêneros, e eu podia brincar com o que quisesse. Insisto nesse formato binário e de definição de gênero porque, naquela época, minha família generalizava os gêneros, a sociedade dividia as funções, as brincadeiras e os afazeres conforme o gênero, e dizer se eu era menino ou menina era fundamental para que escolhessem uma lembrancinha de aniversário que mais me agradasse, ou uma roupa que ficasse bem em mim, entre outras decisões.

Minha infância teve, então, um irmão espoleta, aventureiro, criativo, dinâmico e agitado, que me chamava para ser cúmplice nas brincadeiras, que arquitetava engenhocas mirabolantes para fazer um travesseiro cair na cabeça do nosso pai quando ele entrasse pelo quarto, ou que passava horas tentando passar de fase no jogo do Alex Kidd, no saudoso Master System. E tinha, no outro extremo, uma irmã serena, carinhosa, doce, inteligente e silenciosa com quem eu brincava de fazer poções com o jogo de alquimia, montava cabaninha para abrigar todas as bonecas do quarto ou que me ensinava a organizar os livros por ordem de altura e largura da lombada. Jamais seria capaz de decidir com qual deles eu gostava mais de brincar. Mas para mim ficava claro que cada um tinha seu jeito peculiar de brincar e com brinquedos diferentes.

A casa vivia cheia de crianças, e minha mãe fazia geladinho para a turma toda. Meu pai se vestia de padre para batizar as bonecas da meninada. Ali todo mundo podia entrar, brincar, ser cuidado e partir. Não à toa, sempre que brincava de mamãe e filhinho, eu me tornava uma cuidadora dedicada. Foi assim que fui criada e essa era a minha referência de bons pais. Minhas bonecas estavam a todo momento sob o meu olhar atento e se chorassem uma única vez, eu já ia acudi-las, às vezes resmungando um pouco porque elas haviam chorado não fazia nem dois minutos, mas eu sempre estava lá. Eu tecia minha imaginação baseada na vida real: era uma mãe como a minha ou um pai como meu pai, e minhas bonecas davam trabalho como eu dava para os meus pais. Aprendi a amar como era amada, aprendi a cuidar como era cuidada e desejava me tornar mãe para replicar muito do que eu via e vivia sob as asas carinhosas dos meus pais. Minhas brincadeiras continham muito de desejo de realidade. Não eram brincadeiras descompromissadas como quando eu saltava pelos muros sem almejar ser uma atleta. Eu brincava de cuidar desejando cuidar de verdade um dia, era como um preparo para um futuro que eu gostaria que me acontecesse. Chamava as bonecas de filhos e de filhas já preparando o tom de voz para o dia que chamasse um filho assim de verdade, e embora eu soubesse que bonecos inanimados não eram filhos, para mim eles eram de verdade. Lembro-me que algumas vezes meu irmão também brincava comigo de casinha, mas nunca perguntei a ele se aquela brincadeira era também uma preparação para seu futuro paternal ou não.

Na infância, a minha Barbie namorava o Ken ou o He-Man ou o Arqueiro da She-Ra. Não havia outros casais que não aqueles compostos por um homem e uma mulher. E, ainda assim, cresci e deixei esses homens ideais de qualquer boneca de lado e fui me apaixonar pelas Barbies da vida real e por outras mulheres, embora na infância eu nem soubesse que a Barbie poderia namorar a She-Ra. As brincadeiras de casinha me acompanharam a vida toda, e o desejo de ser mãe, não mais de bonecas, mas de crianças reais, me perseguiu até a idade adulta. Hoje olho para trás e penso qual seria a reação dos meus amigos e das minhas amigas caso me vissem fazer a Barbie beijar a She-Ra, ou se me vissem torná-las um casal e cuidarem de um filho juntas. Não sei nem qual seria a minha própria reação ao ver algum amigo interpretar essa cena, mas confesso que gostaria de voltar ao passado para saber como eu e os outros ao meu redor reagiríamos.

Não saberia dizer a vocês o quanto brinquei de mamãe e filhinho na infância por uma pressão social ou por vontade própria. Acho impossível definir tanto tempo depois. Mas o fato é que na minha casa e na casa de todas as minhas amiguinhas havia objetos que eram funcionais para essa brincadeira. E, sendo assim, eu não saberia dizer se meu desejo pela maternidade era mesmo meu ou se foi cunhado, aos poucos, por uma sociedade machista e impositiva, que determina papéis, sonhos e futuros.

Ao mesmo tempo que me via mãe, que diariamente escolhia um nome diferente para a minha filha ou para o meu filho, eu tinha um medo horrível da gestação e do parto. Eu devia ter uns sete ou oito anos quando uma das minhas primas engravidou. Ela já era casada e muito mais velha que eu, e me lembro de vê-la sentada com cara de incômodo, alisando a barriga numa festinha infantil de algum dos nossos primos. Recordo-me de uma das minhas tias se aproximar e perguntar se ela estava bem e de ela dizer que estava com muita azia e ânsia de vômito. No auge dos meus oito anos, vomitar era uma das situações mais assustadoras que eu já tinha vivido, e eu estava ali, naquele exato momento, fazendo a ligação que nunca mais me largou de que estar grávida era sinônimo de vomitar e, portanto, passei a ter um pouco de medo de engravidar. Mas também me lembro dessa mesma prima me dizer que tinha desejos malucos de tomar picolé de uva e de limão, e que certa vez o marido dela saiu de madrugada para comprar uma caixa de picolés, pois era normal grávidas terem vontade de alguma comida específica. Foi aí também que, além dos nomes dos meus futuros filhos, comecei a pensar quais comidas e doces eu desejaria na minha gravidez.

Outra situação que me vem à memória: eu pequenina, no recreio da escola, devia estar no segundo ano do fundamental; estava conversando com uma coleguinha e perguntei: "Do que você tem mais medo: da dor do parto ou de servir no Exército?". Lembro-me claramente que eu tinha medo de ser forçada a servir no Exército, mesmo meus pais me explicando mil vezes que mulheres não são obrigadas fazer o serviço militar, apenas os homens, mas eu ainda pensava com certa constância nessa possibilidade que me dava calafrios. Já a ligação do parto, da dor e do medo, veio de filmes, de novelas, de relatos, das cenas que sempre frisavam a mulher descabelada, berrando, pedindo ajuda, sem conseguir andar. Eu ainda criança via aquelas cenas e as achava muito próximas das de assassinato. Parecia-me uma dor incontrolável, e até o sorriso que a mesma mulher, que minutos antes sofria, dava ao ver o filho nascer não me encorajava a parir. O parto, desde então, era para mim sinônimo de medo, pânico, dor, grito, de falta de controle. E eu, portanto, parei de relacionar a maternidade à gravidez. Desejava ser mãe, mas não queria parir, e como não pensava em adoção, até então essa matemática não fechava a conta.

Mas fui crescendo, vivendo experiências diferentes, começando a minha vida sexual, e esse assunto ganhou outros ares. Na adolescência, namorei por alguns anos um menino que era três anos mais velho que eu. Mesmo muito novos, mas achando que aquele namoro se tornaria casamento, já falávamos sobre ter filhos, em meio a muitas discussões: os nomes que eu gostava, ele detestava; a decoração do quarto que eu queria, ele não queria; o time para o qual eu queria que nosso filho torcesse, ele repudiava. Independentemente de todos esses desacordos, o que estava certo era que seria eu quem engravidaria. Numa relação heteronormativa, algumas perguntas nunca são feitas. Uma delas, por exemplo, é: "Quem de nós dois vai engravidar?". Estava estabelecido que seria eu a engravidar, e pensar nessa situação trazia sempre à tona os velhos medos da azia, do vômito, do peso da barriga, da dificuldade para dormir, da dor do parto. Sim, ao longo da adolescência e no início da fase adulta, fui somando novos medos relacionados à gestação e ao parto. Mas, como era óbvio desde o início, esse namoro não durou muito, não só porque não tínhamos quase nenhuma ideia em comum, mas principalmente porque fui me dando conta, conforme eu crescia, de que eu gostava mesmo era de menina, e não de menino. E nesse término de relação muito bem-vindo veio também certa apreensão sobre a construção de uma família. Como duas mulheres constroem uma família?

Eu estava no início da faculdade quando terminei meu namoro com o único homem com quem namorei na vida. Comecei, então, uma descoberta desenfreada sobre gênero, sexualidade, relações e homoafetividade, não necessariamente nessa ordem. Nos corredores da faculdade de artes visuais conheci gays, lésbicas, travestis, transexuais e bissexuais; tinha amigos, colegas, conhecidos, professores, diretores e chefes não heteronormativos. Às vezes eu me sentia como que adentrando num mundo totalmente novo e à parte daquele no qual cresci e fui criada. Minha mãe dava aula naquela mesma faculdade, mas no curso de engenharia, portanto, os corredores daquela instituição me eram comuns desde que nasci. Mas não os corredores do curso de artes visuais. Ali, sem dúvida, eu nunca tinha estado antes, nunca tinha visto pessoas tão livres e felizes, tão leves e comunicativas, tão abertas e reflexivas. Era difícil alguém lá achar algo estranho, fosse um nome, uma roupa, uma orientação sexual, um gosto musical, e a única retaliação que sofri, e ainda assim só por meio de olhares, foi quando, ainda no primeiro semestre do curso, vesti uma camisa do Palmeiras comemorando um campeonato paulista. As pessoas me olhavam com desdém e certo repúdio, como se o futebol fosse uma balbúrdia proibida no mundo da cultura. De resto, pouco se importavam se eu usava ou não sutiã, se eu fumava ou não maconha, se eu beijava meninos ou meninas, ou ambos. Imersa num lugar livre e acolhedor, beijei a primeira mulher da minha vida. Um grande passo para mim, uma desimportância tremenda para a humanidade. Estava dada a largada para uma nova jornada. Tudo o que aprendi em filmes, livros, novelas e seriados não serviria de nada. Eu teria de descobrir tudo, e se colocar em lugar de descoberta aos vinte anos é um privilégio e um prazer imenso. Os medos e as angústias da adolescência já haviam passado. Eu já trabalhava, já tinha certa independência, meus pais não controlavam horários de chegada ou de saída. Eu dirigia e tinha um celular; estava numa fase boa para descobrir e para me descobrir.

Logo que comecei a ficar com mulheres, a despedida do mundo heteronormativo foi rápida. Beijei apenas mais dois homens na vida e ponto-final; dali para a frente foram só mulheres. E cada dia que passava, me entendia mais como lésbica do que como bissexual, por exemplo. Uma vez, conversando com uma garota com quem eu estava ficando, falamos sobre ter filhos. Ela nunca quis ter, mas às vezes desejava ser mãe. Eu achei aquela frase estranha, porém conforme conversamos mais, entendi que ela não tinha o desejo de engravidar, só que às vezes desejava ser mãe. Então concluímos que, se ficássemos juntas, eu poderia engravidar do nosso filho, e rimos. Voltando para casa, aquele diálogo ecoava na minha cabeça. Nunca havia pensado na possibilidade de me tornar mãe sem precisar engravidar, mas agora, numa relação lésbica, essa era mesmo uma possibilidade. Além de me descobrir e de descobrir um novo jeito de me relacionar, descobria uma nova forma de pensar composições familiares, de pensar a maternidade e de entender as diversas maneiras de maternar.

Aos 23 anos comecei a namorar uma garota um ano mais nova, que desde o princípio dizia que não queria ter filhos e que também não desejava ser mãe. Aquela informação não foi relevante para o nosso início de namoro. Afinal, com aquela idade nem eu pensava em concretizar meu desejo de maternidade. Ficamos juntas por sete anos e, obviamente, conforme o tempo ia passando, meu desejo de ser mãe ia aumentando e o dela seguia estagnado. Me lembro de uma frase hilária que ela me dizia: "Não quero ter filhos porque os pés incham" — mais um motivo para não desejar engravidar na minha lista de medos e incômodos. E mesmo minha vontade de maternar crescendo e ela aceitando um filho, desde que ele viesse exclusivamente do meu ventre, algo em mim me deixava travada. Curioso, eu, que cresci tendo poucas certezas na vida e sabia desde o princípio que ser mãe era uma delas, quando me vi no lugar de decisão de gestar travei, algo não me moveu; pelo contrário, me empacou. Eu colocava empecilhos bobos, como a dificuldade ao acesso a um banco de sêmen, a dificuldade de escolher uma clínica, a ausência de uma casa com dois quartos, a instabilidade financeira, entre tantas outras que não são e nunca foram motivos para impedir alguém de seguir adiante com um sonho.

Nossa relação terminou, mas nossa amizade não, e agora percebo que meu recuo era porque percebi que ou eu engravidava ou não haveria gestação, e eu já não tinha nenhuma certeza de que queria mesmo engravidar. Hoje sou madrinha de casamento dela e somos ainda sócias na mesma empresa. Não me tornei mãe com ela, mas aquela relação e aquele término, além de boas lembranças e de um afeto enorme, me fizeram perceber que relações humanas são mais fortes e poderosas do que as crendices sociais que determinam que o fim de uma relação também deve ser o fim do contato entre as partes. E foi assim que passei também a

16

me questionar sobre todas as outras máximas da criação social que estavam enraizadas em mim e que eu deveria num árduo trabalho desconstruir uma a uma. Talvez a necessidade de ser mãe por meio de uma gestação fosse uma dessas máximas sociais que eu deveria desconstruir em mim.

Foi em meio a esse processo de muitas desconstruções que conheci a Melanie, com quem sou casada atualmente. Nos conhecemos na sala de aula de uma pós-graduação em gestão cultural. Eu artista plástica e ela arquiteta. Eu trabalhando com mediação cultural e ela com produção cultural. Ela morando na Pompeia e eu com ateliê na Pompeia. Tudo nos ligava, e ainda assim nossa primeira impressão uma da outra foi terrível! Eu a achei chata e ela me achou arrogante. Ótimas impressões que nos afastaram nos primeiros dias de aula. Um mês depois, cada vez mais percebíamos que nossos mundos eram próximos. A mãe dela era gaúcha e eu morei no Rio Grande do Sul por dois anos. O pai dela era francês e eu morei em Paris por seis meses. O irmão dela se chamava Gustavo e esse seria o meu nome caso eu fosse menino. Enfim, cada vez que em grupo conversávamos aleatoriamente sobre qualquer assunto, mal nos olhando nos olhos, as coincidências se tornavam maiores.

Uma noite, quando entramos no breve intervalo entre uma aula e outra, eu, por algum motivo, achei que aquele seria um bom momento para a menina arrogante conversar com a menina chata. Me sentei ao lado dela para fazer alguma pergunta sobre a galeria em que ela trabalhava. Tentamos manter a pose de desinteresse, de soberba, de que aquele papo era só mais um entre tantos ao longo do dia, mas a verdade é que um assunto engatava no outro sempre com um "Nossa, não acredito, jura?" no fim de cada frase. De forma repentina, passei a achá-la deslumbrante. Aliás, sempre fui assim, sempre precisei conhecer alguém para achá-lo bonito. Foi assim com a Mel; não que eu a achasse feia, é impossível achá-la feia. De verdade, ela é uma das mulheres mais lindas que já vi na vida, mas por não prestar atenção nela logo de cara, não notei sua beleza a princípio. De pessoas distantes nos tornamos seres grudados. Eu ansiava a semana toda pelas terças e quintas à noite, acumulava tanto assunto que queria conversar com ela, tanta coisa para contar, para ouvir, para saber. Morávamos a quarteirões de distância, então eu dava carona a ela todas as noites depois da aula. Nossa proximidade logo virou uma paixão, mensagens de celular, ligações, conversas. Ela invadiu minha vida sem pedir licença. Eu não estava preparada para aquela paixão e muito menos imaginei que de forma tão vertiginosa ela se tornaria amor e um desejo de estar junto todos os segundos do dia.

Era feriado de finados, 2 de novembro de 2013, e eu precisava entregar alguns documentos no Sesc Pompeia, onde estava trabalhando, que coincidentemente ficava na rua da casa dela. Mandei uma mensagem dizendo que estava indo para lá e perguntando se ela não queria me encontrar no caminho. Combinamos de nos ver depois que eu deixasse a documentação na unidade. Desci a rua Barão do Bananal com o estômago na mão. Mel era bonita demais, envolvente demais, séria demais e tudo muito demais para mim. Será que eu estava entendendo tudo errado? E se eu estivesse entendendo certo, haveria futuro após um beijo descompromissado? Não tive tempo de continuar com o meu pensamento: avistei-a virando a esquina, nos cumprimentamos com um beijo na bochecha e seguimos rumo ao meu ateliê, conversando um monte. Caminhamos cerca de quatro quarteirões e, em meio a alguma fala que expressava nitidamente o desejo mútuo por um beijo, ela me puxou no mesmo segundo em que eu a puxei, e o beijo tão aguardado saiu assim, em frente a um predinho lindo na rua Cotoxó. O sorriso não me largava. Agora eu tinha a comprovação de aquela era, no mínimo, a mulher da minha vida, não queria mais deixá-la dar um passo sem que eu pudesse estar junto, e a boa e velha ansiedade comigo: teria ela sentido algo parecido com o que eu senti? Foi tudo muito rápido e intenso. Do minuto em que percebemos que estávamos com vontade de ficar uma com a outra até o primeiro beijo foram poucas semanas, e do primeiro beijo até morarmos juntas foram outras poucas semanas. Um mês depois do primeiro beijo, fui morar no apartamento que ela dividia com uma amiga; quatro meses depois, nos mudamos para o nosso próprio apartamento. E daí em diante nossa vida de casal e de família começaria numa jornada linda e cheia de surpresas.

— Joga a bola para mim, Melanie? Por que está abraçando a bola de futebol assim?

— Ela é a minha filha, estou ninando ela porque ela quer dormir.

Essa conversa é de 1994, entre a pequenina Melanie, de apenas cinco anos na época, e a sua irmã Carmela, que já tinha dezessete. Desde que comecei a conviver com a família da Mel, ouço as inúmeras histórias do quanto ela sempre foi maternal e de como desde muito pequena desejava ser mãe e cuidava de seus objetos como se fossem filhos. Ninar bolas de vôlei ou de futebol era um hábito corriqueiro, já que ela nunca gostou muito de praticar esportes com bola ou atividades mais radicais. O negócio dela eram as brincadeiras mais silenciosas e que envolvessem casas, filhos, comidinhas e outros tipos de cuidado. Costumava usar os cinzeiros como panelas, os copinhos de licor como copos de água, as colheres de café como colheres de pau. Passava a tarde cozinhando e arrumando a mesa e as cadeiras para servir a refeição, e depois o irmão de dezenove anos vinha jantar a comida que ela tinha preparado com todo o cerimonial que envolvia um belo jantar. Eu ouvia essas histórias pensando em mais semelhanças que tínhamos, e maternar era sem dúvida um desejo em comum dos mais importantes. Além das semelhanças, também pensava nas diferenças: bolas para mim sempre foram para chutar, lançar, jogar, e nunca ninar, e minha curiosidade sobre nossos maternares em paralelo só aumentava.

Um dos nossos primeiros papos que adentrou a madrugada foi exatamente sobre família e filhos. Estávamos juntas havia muito pouco tempo e tínhamos ânsia por conhecer as histórias que uma e outra carregavam de sua vida no passado. Falávamos de outros relacionamentos que já tínhamos tido, dos desejos ou não desejos de nossos ex-parceiros e parceiras de serem pais ou mães, dos planos que fizemos sobre o assunto em cada uma dessas relações, entre outras curiosidades. Eu só tinha namorado um homem em toda a minha vida e outras quatro mulheres. Já a Mel tinha namorado alguns homens e só uma mulher. E ela me dizia que uma de suas angústias em namorar mulheres agora que já estava mais velha era exatamente a ansiedade de talvez não conseguir formar uma família e que foi num sonho que essa ansiedade se dissipou. Ela sonhou que estava ao lado de outra mulher, elas eram casadas e tinham filhos, e no sonho ela se dizia: "Viu, é possível ter filhos ao lado de outra mulher, está tudo bem". E daquele sonho em diante ela se acalmou e entendeu que estar ao lado de outra mulher não seria uma trava para realizar o sonho da maternidade. Já eu nunca tinha achado que a pessoa que estivesse ao meu lado seria uma barreira para o meu desejo de maternidade.

Foi no começo de 2017 que decidimos que o momento de engravidar e de ter filhos era aquele. Passamos uma noite inteira falando sobre o assunto, deliberando como saberíamos que a hora certa havia chegado, em como talvez o momento certo nunca chegaria, e como a nossa decisão de ter filhos envolveria tempo, espera, exames, médicos e altas doses de paciência. A escolha por ampliar a família até que foi simples, mas passados os minutos de emoção por termos, enfim, tomado uma decisão importante, fomos acometidas por dúvidas, perguntas, anseios.

Ali, naquela noite, percebemos o quanto a maternidade lésbica era um assunto pouquíssimo discutido na nossa vida, o quanto de desconhecimento tínhamos, e juntas fizemos a mesma constatação: só tínhamos um casal de amigas lésbicas com filhos. Não conhecíamos mais nenhum outro casal de mulheres com filhos. Isso nos assustou muito, a falta de referências, de contato, de existência na nossa vida. Será que esses casais não existiam? Será que nós éramos alienadas? Será que esses casais não se sentiam à vontade para viver à luz do dia? Nos demos conta ainda de que os poucos casos que já tínhamos visto em novelas ou em filmes mostravam casais de mulheres com filhos adotados ou uma delas com um filho de uma relação heteronormativa anterior, mas nunca tínhamos visto um processo de gestação de dupla maternidade. Pensar em tudo isso nos assustou, afinal, onde encontraríamos essas informações? Como escolheríamos uma clínica de reprodução humana? Que critérios levaríamos em consideração para escolher a melhor clínica? Quanto custaria o procedimento? Quanto tempo demoraria? Quais exames seriam necessários? As duas mães poderiam registrar o bebê com ambos os nomes constando no documento? Existia uma lei que protegesse esses casais? Como funcionava um banco de sêmen?

Quanto mais conversávamos, mais desconhecimentos descobríamos. Não sabíamos quase nada sobre uma gestação sem a presença de um pai. E foi na internet que encontramos a ferramenta mais importante para a nossa maternidade. Foi lendo blogs, artigos, revistas, pesquisas, matérias, perfis de Instagram e de Facebook que conseguimos esclarecer muitas dúvidas e compreender um pouco mais do processo como um todo. Em meio a tanto desconhecimento decidimos, então, usar essa ferramenta que tanto já havia nos ajudado. E foi por uma rede social que demos o pontapé inicial da nossa maternidade. Fizemos um post dizendo que queríamos ter um filho por meio de procedimento clínico e pedimos ajuda para que nossos amigos nos indicassem clínicas de reprodução humana. Em 24 horas esse post tinha mais de quatrocentos *likes* e 180 comentários, que foram fundamentais para nos fazer saber mais sobre esse novo caminho que começaríamos a trilhar.

De profundas desconhecedoras nos tornamos pesquisadoras vorazes. Se o mundo não facilitaria o amplo acesso a essas informações, nós iríamos caçá-las onde quer que elas estivessem. E isso não quer dizer que essas informações não existiam, mas sim que não estavam reunidas num único lugar, não havia um livro sobre o assunto até então, não havia um site exclusivo sobre o assunto, não havia uma cartilha ou um documentário a assistir. Nas horas livres, ficávamos quicando de site em site, de matéria em matéria, encontrando um pouco de conteúdo em cada parte e usando nossa memória para formar ali uma pequena lista do que viverímos nos meses a seguir. Era um processo longo e cansativo. Às vezes líamos uma matéria inteira para conseguirmos entender que existia mais de um banco de sêmen disponível, por exemplo. E quanto mais líamos, parecia que mais perguntas passávamos a ter e nosso incômodo crescia: não podíamos contar com uma pessoa que respondesse às nossas perguntas. Precisávamos urgentemente conhecer casais de mães lésbicas, encontrar representatividade e buscar acolhimento. Mudamos aos poucos o foco da nossa caça. Em vez de informações, queríamos agora casais de duas mães que pudessem dedicar um pouco do seu tempo para nós duas. Mais uma vez as redes sociais foram fundamentais. Nossa rede de amigos foi muito generosa e nos apresentou amigas, primas, vizinhas, colegas de trabalho entre outras conhecidas que viviam uma dupla maternidade, e foram essas mulheres que mais nos ajudaram a descobrir o caminho que gostaríamos de trilhar. Nos abriram um pouco de suas histórias, responderam em primeira pessoa às nossas perguntas, partilharam fotos, reflexões e problemas reais da dupla maternidade. Começar a conhecer outras famílias como a que estávamos prestes a formar foi libertador e encorajador.

Depois de lermos os comentários no nosso post e pesquisarmos as mais de duas dúzias de clínicas que nos foram indicadas ali, finalmente escolhemos uma que pensamos que nos agradaria e marcamos uma consulta. A primeira consulta numa clínica de reprodução humana foi marcada para abril de 2017. Estávamos eufóricas, e, por mais que tentássemos pensar em outros assuntos, era aquele que mais gostávamos de trazer à mente. Na noite anterior à consulta, sentadas no sofá da nossa casa, lá estávamos nós pensando mais uma vez numa gestação. Agora tudo tinha ganhado ares de realidade: os sonhos de infância, os projetos ao longo da vida. Os pensamentos sobre o assunto se materializavam e nos colocavam num lugar de pacientes, e não mais de sonhadoras.

Mel me olhou sorrindo e perguntou: "Qual de nós duas vai engravidar primeiro?". Respondi de forma evasiva. Podia ser ela, podia ser eu, tanto fazia; o importante era que o nosso filho viesse. O papo seguiu, mas aquela pergunta ecoou na minha cabeça. Fomos dormir e eu segui pensando. Como uma avalanche, rememorei o episódio do recreio em que perguntava à minha colega do medo entre o Exército e o parto, me lembrei da azia e do vômito na gestação da minha prima, me lembrei da minha ex não querendo engravidar e, por fim, percebi que eu sempre quis ser mãe, mas nunca quis engravidar de fato. Minha cabeça parecia voar em muitos pensamentos. Parecia agora que tudo se organizava em mim, que tudo começava a fazer sentido. Percebi o privilégio da maternidade lésbica, do maternar ao lado de outra mulher. Percebi que meu sonho de uma gestação foi até então cunhado pelo mundo à minha volta, e não por desejo próprio; que meus desejos de afeto, de amor, de parceria, de casamento foram atualizados com sucesso, mas o pensamento sobre a maternidade não foi repaginado, não estava mais eu em sintonia comigo mesma, entre meu corpo e meu pensamento. Meu corpo desejava liberdade e meu pensamento me obrigava a ter em mim outro corpo.

Casais heteronormativos não se perguntam "quem vai engravidar?", e foi com esse pensamento que fui crescendo, que as novelas, os filmes, os livros, as revistas, as conversas e as pessoas à minha volta me criaram. Fui educada por um mundo que tinha como óbvia a gestação no corpo feminino, mas um mundo que nunca me colocou a possibilidade de esse corpo feminino estar ao lado de outro corpo feminino. E, portanto, a pergunta sobre o desejo verdadeiro de engravidar nunca me foi feita e sempre me foi entregue. Dessas obviedades sociais que não questionamos, enraizamos em nosso ser e apenas passamos adiante. Pela primeira vez, aos 34 anos, eu começava a me perguntar o que é ser mulher, o que é ser mulher ao lado de outra mulher, o que é ser mãe, o que é parir, o que é vontade própria e o que é vontade implantada. Ali, naquela madrugada insone, me libertei de mim mesma, me desamarrei de tradições que não eram minhas, me permiti uma nova existência, me senti aberta, plena, solta: seria mãe sem precisar gestar. Sorri em silêncio, me senti mulher, me percebi feminista, me olhei lésbica, entendi que as mesmas perguntas devem ser refeitas de tempos em tempos na nossa vida, e a permissão de novas respostas deve ser deliberada por nós mesmos, não como ato de traição, mas como ato de ressignificação do nosso corpo e da nossa vida.

Acordamos no dia seguinte e comuniquei à Mel que eu não tinha vontade de engravidar. Ela veio ao meu socorro, achava que eu estava abrindo mão de um sonho antigo para que ela pudesse viver o mesmo sonho. Durante o café da manhã tivemos uma conversa linda e longa sobre a sociedade, a moral, o machismo, a heteronormatividade compulsória, sobre criação, sobre a dupla maternidade, e finalmente Mel entendeu que ela iria engravidar e que isso não seria um roubo de sonho, mas um desejo mútuo para a construção da nossa família.

Nossa primeira consulta foi um sucesso absoluto. A caminho da clínica, éramos um recheado de medo e ansiedade. Será que seriam homofóbicos, será que respeitariam nossas vontades, será que me tratariam como mãe mesmo eu não gestando, será que daria certo o procedimento como um todo, será que a Mel teria algum problema para engravidar? Eram tantos os serás que no carro optamos por conversar sobre outros assuntos, já que esse bando de interrogações seguiria sem respostas até que a primeira consulta se concluísse.

Na clínica, ficamos observando à nossa volta, muitas mulheres sozinhas ou acompanhadas de suas próprias mães, alguns poucos homens sozinhos e muitos casais. Alguns bem apaixonados e sorridentes, outros mais distantes e alguns que pareciam nem mais se olhar. Achei aquelas cenas um pouco impactantes. Como alguém desejava ter um filho com outra pessoa se nem conseguiam mais se olhar ou se tocar com afeto? Me adianto em dizer que ao longo das inúmeras idas à clínica percebemos que a esses casais talvez não faltasse amor, e sim energia e paciência para tantos procedimentos. Alguns deviam estar ali pela décima vez, outros pela vigésima, alguns deveriam frequentar aquela clínica por mais de anos. De verdade, era cansativo, extenuante, difícil e doloroso. Logo que entendi tudo isso, parei de julgar os comportamentos alheios e passei a ser solidária ao sentimento de cada um.

Pouco tempo depois de nos sentarmos, a senha da Mel foi chamada no painel. Ela se levantou, eu comecei a ler um livro e sorri para ela quando a vi caminhar até a recepção. Deu tempo de ler uma linha quando ouvi a voz da Melanie me chamar: "Amor?". Levantei os olhos e a vi mexer os braços me chamando. Fechei o livro e caminhei até a recepção, imaginando que ela tivesse esquecido algum documento no carro. Já com a chave do carro na mão, me aproximei e fui surpreendida: "O casal precisa estar junto para abrir a ficha, amor". Oi? Eu devia estar ali? Mas eu não ia engravidar, será que a moça tinha entendido isso? E ela calmamente me respondeu: "Você é a outra mãe, não é?". "Sim, claro, sou, óbvio." E, sendo assim, a clínica me mostrou que estava, sim, preparada para receber famílias como a nossa, e me mostrou, inclusive, que quem ainda não estava preparada para ocupar o lugar de mãe, de parceira, de companheira, de esposa, era eu, que simplesmente não me levantei da cadeira para preencher a ficha com a Mel. Preenchemos a papelada, voltamos a nos sentar, dessa vez com um sorriso escancarado no rosto. Tínhamos passado pela primeira fase, e o resultado havia sido positivo.

Cerca de quinze minutos depois, uma médica apareceu na ponta do corredor e chamou pelo nosso nome, sim, o nome das duas, do casal. Ela se virou e caminhou para uma das salas, nós seguimos atrás. No consultório, a médica nos perguntou sobre o desejo da gravidez, sobre qual método havíamos escolhido, fez inúmeras perguntas sobre a vida sexual e de saúde para a Mel e depois fez as mesmas perguntas para mim. De cara já me senti incluída em todo o processo. Depois de tudo anotado, ela começou a nos explicar um pouco de como funcionava a clínica, sobre quais as diferenças entre cada procedimento para engravidar, os tempos de espera entre cada um deles e nos perguntou se teríamos interesse em sermos doadora de óvulos. Nossa testa ficou com rugas aparentes e ela logo entendeu que não sabíamos ao certo do que ela estava falando. De forma gentil e muito simpática, ela nos explicou a possibilidade de uma de nós duas doar parte dos óvulos coletados para outra paciente que por algum motivo não conseguisse produzir óvulos, e assim nosso tratamento seria pago por essa paciente, saindo de forma gratuita para nós duas. Explicou, ainda, que se escolhêssemos a doação de óvulos, deveríamos fazer uma fertilização in vitro, que era o procedimento pelo qual teríamos mais chances de engravidar na primeira tentativa.

Eram muitas informações novas por segundo. Fiquei de olhos fixos e com a respiração pausada, como que para não

27

perder nada do que ela nos dissesse. E uma frase dita por ela ecoou na minha cabeça, mais um dos privilégios da maternidade lésbica: "a possibilidade de uma de nós duas doar seus óvulos". Agora tínhamos mais uma pergunta a nos fazer, se usaríamos os meus óvulos ou os da Mel para engravidar, e se doaríamos os meus óvulos ou os da Mel. Fiquei encantada com tantas possibilidades. Me desliguei da consulta e comecei a pensar: quer dizer que poderíamos fecundar um espermatozoide no meu óvulo, gerar um embrião e implantar na barriga da Mel? Ou poderíamos gerar embriões com óvulos meus e espermatozoides comprados do banco de sêmen? Ou gerar embriões com os óvulos dela e os mesmos espermatozoides comprados do banco de sêmen? Ou poderíamos transferir um embrião de cada uma e assim termos gêmeos com parte genética distinta? Poderíamos fazer o estímulo ovariano ao mesmo tempo e usar os óvulos da Mel para o nosso filho e doar os meus óvulos para outra mulher? Poderíamos, inclusive, engravidar ao mesmo tempo, cada uma carregando um embrião do óvulo da outra.

Eu queria sair correndo daquela consulta, queria correr pelo estacionamento de braços abertos e rodopiar até cair no chão. Meu mundo ampliou uns milhões de quilômetros com essas informações. Como eu desconhecia o corpo, a tecnologia, a ciência, a humanidade? Mas voltei a mim e vi a Mel me olhando e dizendo: "Né, amor?". Pedi desculpas e perguntei o que havia sido dito. A médica me perguntou se eu concordaria que a Mel fosse doadora de óvulos, e eu disse um "sim" tão alto e forte que todos os presentes me olharam entre assustados e animados.

Saímos do consultório com a mesma energia. Estávamos felizes demais e empolgadas com tantas novidades entramos no carro e não parávamos de falar um só segundo até a volta para a casa. Quando tivemos que escolher a clínica, fomos permeadas de milhões de dúvidas. Queríamos a melhor clínica. Quais os critérios adotar para essa escolha? Como saber se uma clínica era ou não boa? E, sobretudo, como saber se seriam ou não homofóbicos ou lesbofóbicos? Passar em consultas com os profissionais de uma clínica seria a primeira vez que nos sentiríamos mães, e nos sentirmos respeitadas e tratadas com igualdade era fundamental para levarmos adiante, com confiança, um processo lento e angustiante que era uma fertilização in vitro. E quando digo os profissionais, me refiro a todos os que trabalham ali, da equipe de limpeza, de segurança, de recepção, enfermagem, médicos, psicólogos. Era importante que cada uma daquelas pessoas com quem teríamos contato nos tratasse como mães e, assim, nos desse a confiança e o acolhimento de que precisaríamos daquele momento em diante na nossa vida. Eu poderia dizer que grande parte da ansiedade pela primeira consulta era em relação a esse tratamento. Se fizessem alguma diferenciação entre as mães, se desvalidassem minha maternidade pelo fato de que eu não gestaria, se me excluíssem de exames ou de conversas, tudo isso nos deixaria inseguras e talvez até mesmo nos faria desistir ou adiar esse sonho. A maternidade lésbica é cheia de privilégios, mas é cheia de lombadas, curvas, buracos e percalços que dificultam uma gestação. Não podemos, por exemplo, engravidar na tranquilidade de um cômodo com portas fechadas. Não podemos decidir na mesma noite e fazer uma tentativa para engravidar de forma segura. Temos que nos organizar, marcar exames, consultas, passar pelo crivo de profissionais, avaliações, olhares, chancelas, e essa caminhada exige uma entrega e uma vulnerabilidade emocional gigante. Quando saímos da clínica com a mesma sensação de acolhimento, nossa alegria e alívio estavam estampados no nosso rosto.

Mel me perguntava se eu não queria mesmo engravidar, se eu não queria usar os meus óvulos, se eu não queria congelar os meus óvulos, e eu respondi uma sequência de "nãos", todos eles sorrindo. Eu queria um filho, e não fazia a menor questão de usar nenhuma parte genética minha. Mas chegou a minha vez de perguntar a ela se ela preferia que fossem usados os meus óvulos, afinal o estímulo ovariano era cansativo, envolvia uma série de exames, injeções, medicamentos, hormônios e possíveis incômodos, e eu poderia passar por isso sem problema algum caso ela preferisse. Mas ela não se incomodava com nada, e além do mais a doação de óvulos só era feita até os 35 anos da doadora, e eu em menos de três meses completaria 35, enquanto ela estava com 27 anos. A decisão sobre todas as perguntas que um casal de mulheres pode se fazer durante o processo de uma gestação estava tomada. Seria a Mel que engravidaria, doando parte dos próprios óvulos, e usaríamos os óvulos dela para fazer o embrião.

Quanto mais eu me perguntava se não seria importante meus filhos terem alguma carga genética minha, mais aquela pergunta me parecia distante. Não seria a genética que tornaria aquele ou aqueles bebês os meus filhos. Mas essa pergunta me alertou para outro fator: como pensaria e reagiria o restante da minha família? A situação estava clara e bem resolvida para mim, mas e meus pais e irmãos? Tratariam esse ou esses bebês como netos e sobrinhos? Escrevi uma mensagem de celular para cada um deles perguntando, explicando que não haveria nenhum material genético meu na composição dos nossos filhos e se aquela realidade mudaria algo para eles. Até as primeiras respostas chegarem, fiquei receosa. E se viessem respostas negativas? Eu mudaria de ideia? Não, não mudaria, estava claro para mim, já havia tomado a minha decisão. Mas, então, como eu reagiria? Antes que eu pudesse responder a mim mesma, as respostas de todos vieram, e todas eram positivas, de que não mudaria nada sendo o óvulo meu ou da Mel. E eu senti um alívio imenso no mesmo instante.

Os meses que se seguiram foram de muitos exames, de todo tipo, para avaliar a saúde do aparelho reprodutivo, a saúde genética, para assegurar que os ovários estavam em ordem, que a menstruação estava correta etc. Por semanas, vi a Mel pendurada no telefone falando com os laboratórios, marcando exames. Uns precisavam encaixar com um dia específico da menstruação; outros precisavam ser pouco antes da menstruação; outros um pouco depois; outros tanto fazia; e assim foi. A cada resultado de bateria de exames, marcávamos nova consulta e levávamos para a avaliação médica e para buscar novos pedidos e novos exames. Eu ficava cansada só de ver a Mel passando por tantos exames, mas ela estava firme na decisão e dedicada aos pedidos. No fim de junho, três meses depois da primeira consulta, recebemos, finalmente, a aprovação da clínica para que a Mel pudesse ser doadora de óvulos e, dessa forma, estávamos na fila para encontrar uma receptora e iniciar o procedimento da fertilização. Estando certas da decisão de que a Mel seria doadora, me perguntei muitas vezes sobre as relações e as questões genéticas que envolvem a parentalidade.

Certa vez, numa festa, uma pessoa presente, que não conhecíamos, ouviu a nossa história e disse que doar os óvulos era "no mínimo um absurdo; afinal estaríamos doando os nossos filhos". Obviamente não era aquela a nossa situação. Um óvulo não compõe um filho nem uma relação de maternidade, mas afinal o que compunha essa relação? Não ter a minha parte biológica na composição genética dos meus filhos não era importante para mim, mas será que em algum momento seria? Me lembro de um sonho muito realista que tive uma vez, já adulta: eu estava sentada numa cadeira num gramado imenso, e alguém me dizia: "Traga ela, deixe que elas se vejam, se reconheçam". Eu não entendia nada, e de repente uma criança vinha correndo ao meu encontro, parava na minha frente e sorria, sorria emocionada, eu a olhava nos olhos e percebia que aquela criança era eu, quando tinha cinco anos. Eu adulta, sentada na cadeira, chorava de emoção, queria tocá-la, ou tocar-me, queria ouvir a voz, mas nos limitamos a nos olhar nos olhos, sorrir e chorar de forma muito emotiva. O sonho durou muito pouco, e não me lembro de nada antes ou depois dessa cena, mas nunca vou me esquecer da emoção daquele curto momento.

Pensava então que essa criança que viria não teria nada da minha genética, eu não encontraria nada nela que se parecesse com o meu nariz, com os meus olhos, com o meu sorriso, com as minhas unhas, com os meus formatos. E quanto mais eu pensava, mais achava irrelevante, mais tinha certeza de que não era aquilo que faria com que eu construísse uma relação de maternidade com o meu filho. Socialmente, a participação genética estava enraizada em grande parte dos genitores; eu também cresci ouvindo sobre a similaridade genética. Na infância, escutei diversas vezes que eu tinha os olhos do meu pai, o sorriso da minha mãe, que me parecia mais com a família Rebelo, e na adolescência mais com a família Tiboni. Me tornei uma adulta acreditando que essas relações fariam parte da minha maternidade e inclusive seriam, em partes, a minha maternidade. E agora? Se não era isso que me tornaria mãe, então o que era? Eu me tornava mãe pelo desejo de maternar, pela vontade de cuidar de alguém, pela ânsia de partilhar minha vida, meus conhecimentos e desconhecimentos, pelo ímpeto de ajudar a formar outro alguém. Seriam, talvez, esses os motivos que me conectavam verdadeiramente à maternidade, e não encontrar uma semelhança física com outro alguém. E, além do mais, me fazia pensar na simbologia daquele sonho que havia tido anos atrás, a criança que fui ainda estava em mim, ela só havia crescido e ganhado um novo formato de corpo e de rosto, mas me habitaria até o fim. Já meus filhos podiam carregar a genética que fosse, e eles continuariam sendo eles mesmos, podiam ter o nariz de um, os olhos de outro, mas continuariam sendo eles, apenas eles, e aquele nariz e aqueles olhos seriam única e exclusivamente deles. E toda essa reflexão aberta por um comentário equivocado numa festa de aniversário me fazia ainda pensar que cada casal carregava seus desejos e vontades, que nenhum era mais ou menos valioso, mais ou menos correto. Eram apenas formas distintas de pensar a maternidade.

Precisávamos ainda escolher um sêmen, aquele que formaria a parte genética de nossos filhos, e estávamos ansiosas por esse momento. Nunca tínhamos ido a um banco de sêmen e nem tínhamos visto as listas de possíveis doadores. Marcamos uma consulta com uma psicóloga da própria clínica, que nos avaliaria e ajudaria na escolha de um doador. No dia da consulta, chegamos cedo, como de costume, subimos para um andar diferente do prédio e aguardamos. Olhávamos em volta quando repentinamente uma mulher passou por nós com passos rápidos e chorando. Ela entrou no elevador e a porta se fechou; segundos depois um homem saiu correndo, procurando-a. Com a conclusão de que ela devia ter descido, ele escolheu as escadas para alcançá-la. Aquela cena nos deixou imóveis. Imaginávamos o que tinha se passado dentro do consultório. Provavelmente ela havia perdido um bebê, ou não tinha produzido óvulos, ou tinha descoberto uma infertilidade, ou não haviam se formado embriões. Enfim, sabíamos que a notícia que ela recebeu naquele momento era a de que seu filho ou filha estava mais distante. Nos olhamos em silêncio e nossos olhos se encheram de lágrimas. Uma vontade imensa de abraçá-la, de dizer que tudo daria certo, de que aquela fase ficaria para trás, mas ao mesmo tempo um medo enorme de que talvez aquela gestação pudesse nunca acontecer. Mel me buscou com um olhar e sem dizer nenhuma palavra, encostou a cabeça no meu ombro. Não precisamos conversar para saber que na nossa cabeça o medo se instalava. Ter presenciado aquela cena foi dolorido para nós duas, nos colocamos no lugar daquela mulher e nos deixamos doer por alguns minutos.

A psicóloga apareceu e nos chamou. Entramos no consultório e eu logo soltei uma piada. Ela não riu, não sorriu e me olhou de forma séria. Entendi naquele instante que aquela consulta teria um tom diferenciado das outras que tivemos até então. A psicóloga queria nos conhecer, queria saber as motivações para a FIV, entender a decisão da Mel como doadora, saber o que eu pensava sobre ser mãe sem gestar, compreender nossa relação com os óvulos que seriam doados. Percebemos que estávamos sendo avaliadas. Um curto frio na barriga me acometeu, me ajeitei na cadeira e escolhi minhas melhores palavras. Não que eu precisasse enganá-la, nunca, mas para que eu pudesse ser clara e objetiva nas minhas respostas. Pouco mais de meia hora depois, o clima já estava mais ameno. As respostas mais importan-

34

tes já haviam sido coletadas, e então começamos a falar sobre o sêmen. Ela nos apresentou três opções de escolha: o banco da clínica, o nacional e o internacional. Cada qual com um conjunto de informações sobre o doador e com um preço diferente. Obviamente, quanto mais dados do doador, maior o preço do sêmen. Ficamos a sós na sala com algumas listas e inúmeras opções de escolha. Nos olhamos completamente perdidas. O que priorizar, quem escolher, como escolher, o que é relevante e o que é possível desprezar?

Começamos a folhear as listas, depois olhamos para a tela do computador onde havia indicações sobre outro banco e assim ficamos, por algum tempo, em silêncio, olhando números, pesos, medidas, características e outras informações sobre seres humanos que desconhecíamos. Foi, sem dúvida, uma das situações mais estranhas da minha vida, precisar escolher uma carga genética para os meus filhos, criando uma lógica ali, naquela hora. Comecei a pensar que um casal heteronormativo quando se conhece e se relaciona não costuma fazer perguntas como "alguém na sua família é cardiopata ou tem tendência a câncer ou diabetes?" ou "qual seu peso, altura e ascendência?". Talvez até possam em algum momento da relação fazer essas perguntas, mas dificilmente terminarão uma relação porque um sogro ou uma sogra é asmática, ou porque uma bisavó tinha olhos pretos enquanto o desejo era por um filho de olhos verdes. Mas ali estávamos nós, com o dever de escolher um doador apenas pelas características físicas e genéticas, e quando nos é dado o poder de escolha, como não escolher? Só a título de curiosidade, hoje eu conheço, sim, casais que não escolheram e simplesmente disseram um número qualquer, que seria o do doador na lista. Outros que escolheram características que fariam daquele doador um "cara bacana do qual elas teriam vontade de ser amigas". Outros que escolheram apenas pela parte física, que se parecesse com a mãe gestante ou com a não gestante. E outros, ainda, que escolheram exclusivamente pela parte genética, com a menor quantidade possível de doenças na família.

Começamos a conversar e decidimos que a escolha seria pelo banco da própria clínica, que tem o menor valor e a menor quantidade de informações. São 48 opções com as seguintes informações: tipo sanguíneo, cor dos olhos, cor e textura dos cabelos, ascendência, cor da pele, altura, peso e densidade corpórea. Não há profissão, não há informações sobre histórico de doenças, nem religião, signo, hobbies, nada mais além dos poucos dados mencionados. A psicóloga retornou e nos perguntou se precisávamos de ajuda para escolher. Começamos falando sobre os critérios de escolha e de eliminação, e eu num rompante de sinceridade disse a ela que não saber a profissão me deixava um pouco angustiada. Ela me questionou o porquê. Contei que meus pais eram da área de exatas e eu não queria um doador de exatas, queria um da área de humanas. Ela me olhou pensativa e me devolveu: "Entendi, mas você me disse que fez artes visuais mesmo com pais de exatas, certo? Acha mesmo que a profissão tem a ver com genética ou com oportunidades da vida?". Nem sabia onde me esconder. Meu rosto ficou vermelho, senti uma vergonha gigantesca dentro de mim. Ela percebeu meu desconforto e me ajudou a sair dele. Me contou que há alguns anos constava na ficha a profissão do doador, mas que os psicólogos perceberam que doadores que escreviam profissões como "motorista de ônibus, segurança, porteiro, mecânico" tinham uma saída baixíssima, enquanto aqueles que colocavam "médico, engenheiro, empresário" tinham uma saída muito rápida. Ela, então, junto com sua equipe, decidiu ocultar essa informação, entendendo que a profissão num país com tamanha desigualdade como o Brasil tinha muito mais a ver com oportunidades de vida, financeira e geográfica, do que com genética. Concordei de imediato, e ela ainda concluiu dizendo: "Se o filho de vocês não terá um pai, talvez não saber muito sobre ele facilite para não criar uma figura imaginária dele". Pronto, ela havia usado os argumentos certos para nos convencer. Escolhemos as três opções de doadores, dissemos os números de cada um deles na lista e fomos embora.

Aqui mais um ponto importante da nossa trajetória: nós, duas mulheres lésbicas, teríamos de falar sobre sêmen muito mais do que já falamos ao longo de toda a nossa vida. Nós, que não somos capazes de produzir sêmen, que não nos preocupamos ou gostamos de falar sobre sêmen, de repente precisaríamos falar sobre sêmen pelo resto da nossa vida. Entendemos que aquela seria a primeira vez que falaríamos sobre o doador e sobre o sêmen, mas entendemos muito rapidamente também que passaríamos grande parte da nossa maternidade falando sobre o sêmen e sobre uma figura que simplesmente não existe na nossa maternidade, que é a figura de um pai. Certa vez, demos uma entrevista para um site de grande alcance, e muitos comentários no post da entrevista eram relacionados à ausência de um pai, à falta que ele poderia fazer, ao fato de não querermos nos relacionar com homem, mas na hora de termos um filho precisarmos dele, enfim. Foi muito cedo que entendemos que parte da sociedade valida o abandono paterno diante da estatística de que mais de 6 milhões de cidadãos brasileiros não têm o nome do pai na certidão, mas recrimina um casal de mulheres por escolher ter filhos sem a presença masculina. Dois pesos, duas medidas, e nossa jornada só estaria começando.

Era início de agosto, e agora era apenas esperar que a clínica encontrasse uma receptora para os óvulos da Mel e, assim, darmos início ao processo de fertilização. Foi certamente o período mais angustiante de todos. A espera poderia durar de três a oito meses, e mesmo sendo pouco tempo, na nossa situação parecia uma eternidade. Pouco mais de três meses se passaram, e a ligação mais aguardada do planeta aconteceu: haviam encontrado uma receptora e começaríamos o estímulo ovariano assim que a menstruação da Mel descesse. Isso aconteceu na mesma semana, e lá fomos nós para mais uma consulta. Começamos o processo do estímulo ovariano com uma aplicação de duas injeções hormonais diárias na barriga da Mel, e era eu quem aplicava todas as noites as duas ampolas que a faziam chorar e me faziam tremer de angústia. A cada quatro dias voltávamos na clínica para acompanhar, por meio de um exame de ultrassom, o crescimento dos folículos e avaliar se tudo corria como o planejado. Vinte dias depois, e muitas consultas nesse meio-tempo, finalmente a médica avaliou que os folículos já estavam grandes o suficiente para serem retirados, e a punção deles foi marcada.

No dia da punção, chegamos animadas à clínica. A Mel foi encaminhada sozinha para dentro da clínica, eu fiquei na sala de espera. O procedimento dura em torno de 1h45, o que inclui entrar na sala, se paramentar, receber a anestesia, retirar os folículos e ir para a recuperação. Ela saiu um pouco grogue, mas animada. Conseguiram retirar dezenove folículos, sendo onze deles maduros, e na divisão final ficaríamos com seis e a receptora com cinco. Ficamos radiantes, pois tudo tinha dado certo até ali, e agora era esperar para saber quantos embriões seriam formados quando inseminassem os espermatozoides. Dois dias após a punção, recebemos uma notícia bastante ruim: apenas dois embriões haviam se formado, os outros não resistiram e foram descartados. Os embriões sobreviventes tinham sido congelados juntos, ou seja, teríamos apenas uma chance de gravidez e ainda poderia ser uma gestação gemelar! Nosso chão se abriu. Pela primeira vez ao longo de todo o processo, fui consumida por um choro de soluçar. Tínhamos caminhado por quase um ano, dezenas de exames e consultas para talvez morrer na praia. Foi a vez de a Mel me acalmar. Afinal, se tínhamos uma chance, que nos ativéssemos a ela com todas as forças.

E assim foi. Focamos todas as nossas energias nessa única tentativa, mentalizamos todos os nossos bons pensamentos e choramos juntas, dessa vez de emoção. Início de 2018, e a transferência dos embriões estava marcada. Foi a data mais aguardada da nossa vida. Até aqui o processo como um todo envolvia ansiedade, espera, angústia, alegrias, mas a transferência dos embriões era como o ponto-final dessa jornada, que poderia abrir caminho para a gestação ou não.

Chegamos à clínica mais cedo que a hora marcada, aguardamos um pouco na recepção, e a Mel foi chamada para entrar. Eu estava aflita, queria estar junto dela. Pouco mais de dez minutos depois foi a minha vez de entrar. Fui para um vestiário, troquei de roupa, coloquei o avental de TNT, entrei na sala gelada em que a Mel já estava junto a uma enfermeira. As médicas entraram na sala, deitaram a Mel e começaram a transferência. Minhas mãos suavam e a minha cabeça não parava de pensar um só minuto. Ultrassom, aparelhos, conversas entre elas e um grito "pode entrar o embrião". Silêncio. Uma pequena janela se abriu e eu vi uma pipeta comprida sendo carregada numa bandeja. A médica me mostrou a pipeta e disse: "Aqui está um dos seus filhos". Eu quis chorar de emoção. A transferência começou, muita concentração, e foi possível ver tudo pela tela de um televisor que guia as médicas no ultrassom. Quando elas encontraram o melhor lugar para depositar o embrião, a médica me olhou bem nos olhos e disse: "Agora você verá um grão de luz, que é seu filho, se aninhar na barriga da Mel". O embrião deslizou pela pipeta, e um pequenino grão de luz se iluminou na tela. Era o meu filho, iluminado, colocado na barriga da Mel. Chorei, não me contive. Novo grito na sala, a mesma janela se abriu e uma nova pipeta entrou no recinto, o segundo embrião foi transferido, outro grão de luz apareceu na tela. Ao finalizar o procedimento, a médica ajudou a Mel a se levantar e mostrou a ela a tela do televisor. Vimos juntas nossos dois grãos de luz, aninhados. Nossas mãos dadas se apertaram e nos olhamos sorrindo e chorando. Saímos da clínica naquele fim de janeiro com um desejo enorme pela gestação, mas também com muito medo de uma possível não gestação. Nós que nunca desejamos ter gêmeos, agora não conseguíamos imaginar a possibilidade de um deles não vingar. Então tudo era cuidado, cuidado ao subir a escada, cuidado ao fazer xixi, cuidado ao carregar uma garrafa. Queríamos poder cuidar com as mãos e com todo o afeto que sentíamos por aqueles dois pequenos embriões.

Tivemos de esperar doze dias até o exame decisivo do Beta HCG. Certamente foram os doze dias mais atordoantes da nossa vida. Em meio ao feriado de carnaval estávamos presas em casa, com a Mel em repouso e com um único pensamento orbitando: se haveria ou não dado certo. Alguns dias ela se levantava confiante, sentia que estava grávida. Em outros acordava chorosa, achava que não tinha dado certo. E no fim não tínhamos como saber. Eram só achismos e muito medo de um possível resultado negativo. Terça-feira de carnaval, o resultado do exame de sangue deveria sair a qualquer minuto. Ficamos a cada vinte minutos clicando no botão de atualizar no site do laboratório que disponibilizaria o resultado. E nada. Decidimos que se não saísse da próxima vez que clicássemos na tela, iríamos sair para dar uma volta. Quando clicamos pela última vez, lá estava o resultado. Eu cheguei a ver estrelinhas de tão ansiosa que estava. Torcíamos para um número entre cem e trezentos, e o que vimos na tela foi um número muito próximo a seiscentos. Choramos de imediato, nos abraçamos, ligamos para a família, festejamos em coletivo. E quando a euforia dos primeiros minutos passou, nos olhamos novamente e nos demos conta de que esse número era quase o dobro do que devíamos esperar. (Bummmmmm.) Provavelmente eram gêmeos.

Muita gente nos pergunta como foi a aceitação dos nossos pais e dos nossos familiares pelo fato de sermos lésbicas e de nos casarmos. Sempre acho curiosa essa pergunta. Primeiro porque ela parte da premissa de que nossas famílias tiveram questões com a nossa orientação sexual, e depois porque parece que alguém tem que "aceitar" uma relação não heteronormativa. Meus irmãos, primos, amigos héteros nunca precisaram contar aos seus pais e familiares que gostavam de pessoas do sexo oposto, nunca foram importunados por suas orientações, nunca ninguém os perguntava como havia sido a reação de seus amigos ao saberem de suas heteronormatividades, mas para nós parecia diferente. Todos queriam saber das reações, comentários, angústias, e a verdade é que as nossas famílias, ao saberem do início do nosso tratamento, só comemoraram conosco e festejaram nossa escolha por aumentar nossa família. Óbvio que o apoio deles, como o apoio para qualquer casal que vai ter filhos, seria fundamental para nós duas. E, sim, tivemos esse apoio essencial para darmos início à nossa gestação.

Nossa família esteve presente em peso na nossa festa de casamento, mais de oitenta familiares reunidos. Foram os nossos pais que celebraram a nossa união. Nossos irmãos, tios e primos estiveram ali sorrindo e vibrando conosco.

A confirmação dos gêmeos foi rápida. Repetimos o Beta HCG dois dias depois; o número deveria ter duplicado e triplicou. Chances altas de serem dois bebês. Com cinco semanas de positivo, a Mel teve um sangramento vertiginoso durante a madrugada. Ali tivemos a certeza de um aborto. Choramos das três da manhã até as seis. Por sorte tínhamos marcado uma consulta na nossa clínica para o dia seguinte. Acordamos quase que de ressaca; a Mel tinha dormido pouco mais de uma hora. Chegamos à clínica aflitas, e em vez de recebermos a notícia de um aborto, recebemos a confirmação de dois sacos gestacionais. Portanto, Bernardo e Iolanda estavam a caminho. O alívio que nos tomou foi tão grande que não conseguíamos parar de sorrir, não tínhamos abortado e ainda tínhamos a confirmação de que dois bebês estavam a caminho.

A gravidez seguiu animada. Começamos a repensar os ambientes da casa, organizar o quarto dos bebês, nos desfazer de móveis que não tinham mais utilidade e comprar ou construir os móveis que tornariam o quarto de hóspedes um quarto de criança. O enxoval foi todinho feito com roupinhas vindas de outros bebês; meu irmão e minha cunhada que tinham acabado de ter gêmeos nos deram a maior parte, a irmã da Mel que tinha nosso sobrinho de dois anos na época passou a guardar roupas dessa idade, amigos e amigas com bebês pequenos também nos mandaram sacolas de roupas, meias, casacos, babadores, sapatos, chapéus, entre outros mimos e utensílios indispensáveis.

Trabalhamos a todo o vapor e nos organizamos para que no fim de setembro — a data de previsão do parto era para a metade de outubro — pudéssemos parar de trabalhar até o ano seguinte. Os dias passaram entre trabalho, organização da vida para a chegada dos bebês, consultas médicas e muita ansiedade. E numa tarde nada especial, estávamos no carro quando a Mel me perguntou se eu não toparia amamentar os bebês com ela. Pensei por poucos segundos e disse que toparia, mas a questionei se essa possibilidade seria viável. Ela disse que também não sabia, mas que por eu ter um corpo feminino e ter glândulas mamárias deveria ser possível. Uma pulga atrás da orelha foi instalada. Começamos a pesquisar na internet, encontramos algumas histórias de mulheres que conseguiram juntas amamentar, e entramos em contato com a Kely Carvalho, consultora de amamentação, que nos explicou tudo sobre a indução à lactação. Kely nunca havia aplicado o protocolo em uma mãe não gestante, mas estava empolgada para começar comigo. Respondi à empolgação já marcando uma consulta com a Ana Thais Vargas, a ginecologista que me acompanhou, me explicou o protocolo, me mostrou pesquisas e dados, me passou uma bateria de exames a serem feitos e indicou a medicação a ser tomada.

Havia sido dada a largada para a nossa dupla maternidade. Mais uma pergunta que casais heteronormativos não costumam se fazer ("você quer amamentar comigo?") e que nós tínhamos nos feito. Na confirmação de que teríamos dois filhos e que eu, mesmo sem gestar, amamentaria nossos bebês, entendemos que seríamos mães numa maternidade pouco conhecida, e nos perguntamos se a sociedade estaria preparada para conviver com ela.

Comecei a me questionar sobre qual era a minha expectativa de maternidade. Se voltássemos para a minha infância e adolescência, eu diria que era me casar com um homem, um que de preferência já fosse meu amigo, e tivesse

43

algumas afinidades de gosto, esportes e diversão. Nos casaríamos, teríamos uma casa, eu engravidaria ainda jovem, duas ou três vezes, e seria feliz para sempre. E então me vi com 35 anos, casada com uma mulher, que naquele momento estava grávida de três meses, e eu, mesmo não estando grávida, me preparava para ser mãe de gêmeos e para amamentá-los! Mas não estava surpresa, afinal, da minha adolescência, pautada pelo sonho hollywoodiano heteronormativo e de final feliz, à minha vida real de mulher lésbica, casada e mãe não gestante e lactante haviam se passado mais de quinze anos. Assim, os passos foram lentos, digeridos, processados, acolhidos, e a caminhada veio cheia de calmaria trazida pelo passar do tempo até chegar aonde estou. Minha preocupação se virou para o meu externo, para as pessoas que estavam à minha volta, fossem elas conhecidas ou desconhecidas. Como seria para elas conviver e respeitar a minha maternidade de mãe não gestante?

Eu me vi naquele momento em dois estados emocionais distintos: o primeiro era um sorriso que não me largava, um estar radiante, um assunto único que é a maternidade, uma alegria que envolve tudo o que faço. E o segundo era o medo do que iam dizer, do que iam pensar, mas não iam dizer, do que iam dizer para a Mel, para os meus pais e futuramente para os meus filhos. Ficava catatônica de imaginar que um motivo de alegria tão imensa pudesse ser visto por uns como motivo de repulsa tremenda. E aos três meses de gestação da mãe dos meus filhos, também conhecida como a mulher da minha vida, decidi que seria voz, e não silêncio, que seria palavra, e não preconceito, que seria militância, e não opressão. Como munição, levava minha experiência e coragem, e como escudo levava um sorriso que é impossível de ser derrubado. Obviamente que de forma menos romântica, passei a ler todos os artigos, textos, entrevistas e matérias sobre maternidade lésbica que encontrava, discutia o assunto com todos os profissionais que conhecia, obstetras, consultoras de amamentação, pediatras, psicólogas, pedagogas, advogadas e cineastas. Todas as informações eram valiosas para que eu tivesse fortes argumentos em qualquer debate, embate ou discussão. Foi também aí que escolhi o diálogo. Não saberia fazer diferente, sou palavra desde que nasci, sou relação e relacionável, sou escuta e partilha, e não tornaria minha maternidade qualquer outra coisa que não um espaço de diálogo, de palavra e de escuta.

Optei por unir o sorriso ao medo e passei a enfrentar o medo de não poder sorrir falando sobre o assunto da nossa maternidade com qualquer pessoa que estivesse à minha frente. Entendi muito rapidamente que essa seria a melhor "arma" a ser usada para enfrentar o preconceito, a homofobia, a lesbofobia; me esconder e esconder a minha família não era uma opção para transformar pensamentos e olhares. Passei a me sentir forte e a tratar o assunto com a maior naturalidade do mundo. Situações como ir à padaria e fazer o pedido: "Olá, me vê dois pães, por favor? É que a minha mulher está grávida de gêmeos e eu também vou amamentar nossos filhos" se tornaram comuns. E, na grande maioria das vezes, o assunto se estendia. Algumas pessoas queriam entender se era eu que estava grávida, outras queriam saber como eu ia amamentar, outras olhavam torto por eu falar em voz alta que era casada com uma mulher, e algumas em menor número simplesmente não estavam interessadas no assunto e fingiam não ter ouvido o que eu havia dito. No começo eu ainda dizia essas frases com algum frio na espinha, mas com o tempo naturalizei para mim o que já me era natural. E, organicamente, a minha maternidade se tornou um assunto quase que exclusivo, e eu não precisava mais escolher palavras num diálogo; as palavras saíam de maneira natural.

Algumas situações merecem destaque, como quando bateram no meu carro enquanto ele estava estacionado em frente à vila onde moramos. Depois de resolvido o caso e acionado o seguro, acompanhei o guincho até o mecânico e conversamos um pouco. Eu queria saber do prazo de entrega do veículo e contei a ele que "minha mulher estava grávida de gêmeos e em menos de duas semanas precisaria do carro para levá-la ao hospital". O mecânico me olhou, olhou para a minha barriga e me perguntou: "Desculpa, mas a senhora está grávida de gêmeos que já vão nascer?". Eu sorri e disse que não, expliquei que quem estava grávida era a minha esposa. Ele sorriu em silêncio e de repente deu um berro: "Claudinho, ô Claudinho, vem aqui. Ó, a moça aqui é casada com uma mulher que tá de barriga, vem falar com ela pra ajudar sua prima lá". Eu, sem entender nada, fiquei um pouco receosa daquela conversa, mas Claudinho se aproximou numa corrida rápida e animada e logo abriu um inquérito: "Nossa moça, você é esse papo de lésbica também? Minha prima que eu adoro é também, ela é casada com uma mulher. Vocês vão ter bebê, é? E fizeram como? Foi caro, é? Foi difícil? Moça, eu vou ligar aqui para a minha prima e você poderia falar com ela, por favor, explicar como fizeram? Elas estão loucas para ter bebê e não sabem como faz. Espera aí, tô ligando". E antes que eu pudesse pensar, estava com o telefone do Claudinho em mãos esperando a prima dele atender.

Outra vez estava numa papelaria conversando com a moça do caixa e não me lembro bem como chegamos ao assunto da gravidez da Mel. A caixa me olhou entretida: "Não é você que está grávida? É a sua mulher? Você é casada com uma mulher?". Respondi que sim, e ela em tom mais baixo me contou que a filha dela também tinha uma companheira e que ela queria muito ter um neto, mas a filha sempre dizia que era muito difícil duas mulheres terem filho; me perguntou se eu tinha rede social e se a filha podia conversar comigo para saber mais do nosso tratamento para termos filhos. Essas foram algumas das dezenas de conversas que já tive com as mais variadas pessoas, das mais variadas idades, nos mais inusitados lugares, e essas conversas só aconteceram porque tive a naturalidade de falar sobre o único assunto que a minha cabeça queria pensar naqueles meses que precediam a chegada dos meus filhos para o lado de fora da barriga. Nunca tive medo de falar sobre a nossa maternidade com homens ou com pessoas mais velhas, ou mesmo na presença de crianças. Enquanto éramos apenas eu e a Mel, podíamos, se achássemos melhor, esconder nosso namoro, podíamos apenas largar as mãos em algum lugar que não nos passasse segurança, podíamos fingir apenas amizade ou até que éramos irmãs, mas agora teríamos dois filhos, e fingir que não éramos mães deles se tornava uma situação simplesmente impossível. Portanto, falar sobre a nossa maternidade seria um exercício contínuo e sem fim, e eu entendia que o quanto antes começasse a falar sobre esse assunto, antes também poderia transformar pensamentos e olhares, poderia aumentar minha habilidade para responder perguntas e comentários espinhosos, e me fortaleceria para enfrentar o mundo quando meus filhos estivessem comigo.

Os meses da gestação passaram arrastados, nossa ansiedade para a chegada deles era tão grande que os dias pareciam não ter fim. Eu ia dia a dia me preparando para me tornar mãe, e mais uma vez parte da sociedade não ajudava nesse processo. Em quase todos os lugares em que estávamos juntas, as pessoas se dirigiam a Mel para falar sobre os assuntos que envolvem a maternidade. Era com ela que falavam sobre privação de sono, dificuldades de amamentação, melhores marcas de fraldas ou sobre banhos no balde. Muitos não sabiam nominar minha presença nessa Parentalidade. Obviamente, eu não seria um pai, já que era do gênero feminino, tampouco parecia ser mãe, já que havia no casal uma mulher grávida. Então, quem seria eu? Muitas vezes eu mesma me colocava dentro do assunto, estendia a mim as perguntas feitas à Mel, me incluía como parte das respostas, me fazia presente como mãe, assim como a Mel, mas com a diferença de ser uma mãe não gestante. Eu não poderia encarar nenhuma dessas situações como "preconceito ou homofobia"; elas eram nitidamente caracterizadas como um profundo desconhecimento do nosso modelo familiar, me mostravam o quanto essas pessoas desconheciam a dupla maternidade, como elas tinham dificuldade de encontrar as melhores palavras para se dirigir a um casal com duas mães e nenhum pai.

Até mesmo nos ditados eu não estava incluída, quando diziam que "a mãe se torna mãe no momento em que engravida, mas o pai se torna pai apenas na hora em que o bebê nasce". Mas e eu? Eu era uma mãe e não estava grávida, quando eu me tornaria mãe segundo a crendice popular? Eu já me sentia mãe no momento em que implantamos aqueles dois embriões, já me sentia mãe quando recebemos o positivo do exame de sangue, me sentia mãe quando vimos nossos dois filhos pelo ultrassom, mas muitas pessoas à minha volta ainda não me viam como mãe. Os nove meses de gestação da Mel serviram para me fazer pensar. Pensei muito, me coloquei inúmeras questões, tive tempo para absorver falas, frases e situações das mais variadas, as de exclusão, as de não inclusão, as de apagamento, as de desvalidação, tudo se tornava assunto para mim e me auxiliavam na construção solitária da minha maternidade.

Ser mãe não gestante parecia uma situação nova para a maioria das pessoas com as quais deparávamos, e a energia de explicar inúmeras vezes a mesma história em algumas ocasiões me consumia. Foram poucos os momentos em que isso aconteceu, mas sim, me senti por vezes muito solitária em nossa maternidade. Mesmo havendo duas mães e um grau de equidade incrível entre nós duas, para grande parte da sociedade eu parecia não existir, parecia não ter uma função clara. Afinal, cansamos de ler por aí que "mãe só tem uma", o que não era verdade na nossa família. E lutar o tempo todo para transformar olhares, pensamentos, palavras e gestos às vezes era muito cansativo. A Mel compreendia perfeitamente essa sensação, ficava sempre atenta para me incluir nas conversas, e toda vez que tinha oportunidade corrigia as frases como "descanse porque a mãe se desgasta ao amamentar", "durma tudo o que puder porque a mãe enfrenta uma barra com recém-nascido", "peça ajuda da Má, porque mãe sempre precisa de ajuda". Ela sempre lembrava que em casa haveria, e já havia, duas mães, mas mesmo assim ela nunca sentiria o que eu sentia ao não ser tratada como mãe. E foi a nossa doula quem me ajudou a ressignificar essa dor, me lembrando que eu teria a liberdade de criar o meu papel perante a sociedade, não cumpriria papéis preexistentes e, portanto, cheios de estigmas e de generalizações. Já que a sociedade não rotulava ainda o papel da mãe não gestante, que eu tivesse a alegria e a liberdade de criá-lo e exercê-lo com leveza e felicidade. Ali eu renasci, me encontrei como mãe. Independente da genética ou da barriga, independente do olhar do outro ou dos apagamentos, eu seria quem eu tivesse vontade de ser. E ao mundo caberia me respeitar.

A transformação no corpo da Melanie foi linda, a barriga crescia todos os dias, o peito aumentava de volume, o caminhar começava a ficar menos veloz e os pés e as pernas passavam a inchar um pouco mais. Já eu estava focada no protocolo da indução à lactação, tomando remédios e usando a bomba de tirar leite cinco vezes ao dia. Meu corpo também começava a se modificar, meus seios estavam maiores e o bico do meu peito também. No sétimo mês de gestação da Mel, eu estava tomando banho e fazendo a massagem de ordenha, como costumava fazer desde que comecei o protocolo, de forma despretensiosa, porque até esse momento nunca tinha saído nenhuma gota de leite. Mas dessa vez, quando apertei o bico do meu seio, vi uma gota sair, porém ela se desmanchou depressa com a água do chuveiro. Fiquei incrédula: será que era leite ou só alguma gota de água com cor diferente por conta de algum reflexo? Dei um passo à frente, saí de debaixo d'água e repeti o movimento. Então vi a cena mais aguardada dos últimos meses: uma gota branca imensa saltou do meu seio e ficou pendurada. Arregalei os olhos sem acreditar no que via, abri a porta do box e gritei incessantemente para Mel. Ela resmungou deitada na cama, achando que eu estava tendo um chilique por algum bicho voador que tivesse entrado pela janela. Quando abriu a porta do banheiro e me viu com a mão no peito e uma gota branca em destaque, abriu um sorriso largo: "Amor, não acredito, é leite! Meu Deus, você está produzindo leite! Espera aí, deixa eu bater uma foto", e correu para pegar o celular. Terminei o banho com velocidade e quando saí do banheiro nos abraçamos emocionadas. Eu estava produzindo leite sem estar grávida, era mesmo possível. Meu corpo estava respondendo ao protocolo. Eu não aguentei de alegria, enviei aquela fotografia para dezenas de amigos, familiares e para toda a nossa equipe médica. Uma chuva de mensagens lindas começou a chegar pelo celular. Nossa equipe médica estava em polvorosa; comemoramos a conquista. E eu mal pude dormir depois desse ocorrido. Meu corpo mulher começava a dar espaço para o meu corpo mãe, meu peito-sexo ia se tornando também um peito-alimento, e aos poucos eu ia descobrindo meu novo ser e existir no mundo.

Estávamos no nono mês de gestação, eu já tinha quase meio litro de leite congelado, a cada dia meu peito produzia mais leite, e eu estava mais ansiosa para a chegada dos nossos filhos. Já a Mel estava em outra ansiedade, pelo parto. Desde os primeiros ultrassons, o Bernardo, aquele que estava embaixo e nasceria primeiro, estava sentado, pélvico. Mel tentou todas as alternativas para que ele ficasse cefálico, mas a cada ultrassom a notícia era a mesma: ele continuava sentado. E o otimismo da Mel começou a dar lugar a uma angústia e a certa tristeza. Estávamos em momentos distintos da maternidade: eu, ansiosa pela chegada deles; ela angustiada pela maneira como eles viriam ao mundo. Me percebi distinta, distante e separada da Mel. Eu, que ao longo de toda a gestação me senti como habitando um só corpo, naquele momento nos percebia diferentes. Eu não ia parir, então a chegada deles ao mundo não tinha muita relevância. Já a Mel era o corpo que daria à luz, que tinha desejos e sonhos, que carregava expectativas e vontades, e não ter o parto normal e natural com que tanto sonhou foi um golpe bastante dolorido e regado a muito choro. Com 37 semanas e quatro dias, o último ultrassom revelava o que já imaginávamos: Iolanda estava com pouca água na bolsa, Bernardo já não tinha mais espaço para virar com seus quase três quilos, e para a Ioiô o mundo aqui fora era melhor do que o mundo ali dentro. Tinha chegado a hora de nascer. Numa última tentativa, nossa obstetra ainda tentou descolar o colo do útero para que ao menos a Mel entrasse em trabalho de parto, mas a tentativa foi em vão. O colo estava alto e duro, não seria possível. Foi um dos dias em que a Mel mais chorou, carregou a esperança até o último minuto, mas tivemos que marcar uma cesárea eletiva. Eu com alívio, ela com tristeza.

Sexta-feira à tarde chegamos ao hospital e demos entrada na internação. Os documentos obviamente me colocavam como pai ou acompanhante. Não existe um único documento a ser assinado em que esteja escrito "filiação" ou "parentalidade"; todos estão com campus de pai e mãe ou de mãe e acompanhante. A recepcionista que nitidamente nunca preencheu fichas de casais com duas mães, está um tanto perdida na papelada e também para encontrar as melhores palavras. Uma enfermeira se aproximou e perguntou se eu era a Marcela. Respondi que sim, e ela me perguntou se eu havia levado os exames de pré-natal atualizados. Disse que sim e tirei um calhamaço de papéis da minha mochila e a entreguei. Ela sumiu por uma porta de um consultório qualquer. Minutos depois, outra enfermeira veio buscar a Mel para os últimos exames de batimentos cardíacos. Terminei de preencher os documentos e segui para a mesma sala onde a Mel já estava. A enfermeira que pegou meus exames me disse que estava tudo o.k. e que estava aguardando a definição da diretora do hospital. Eu não disse nada porque aquele assunto já tinha me incomodado o suficiente.

Na última consulta com a Ana Thais, fui informada de que a diretora do hospital proibiria que eu amamentasse dentro das dependências do hospital. Quando ela me disse isso, quase dei um salto da cadeira para começar uma briga com alguém que não estava ali. Queria entender como alguém que não eu ou a Mel poderia definir quem amamentaria os nossos filhos? Como uma pessoa que não faz parte do casal poderia tomar essa decisão? Pautada em quê? Ela me explicou que para o hospital a dupla amamentação soava como uma "amamentação cruzada" — quando uma mulher amamenta o filho de outra mulher. Fiquei bastante incomodada, porque afirmar que faríamos uma "amamentação cruzada" era confirmar que eles não seriam meus filhos, quando tudo o que eu queria berrar era que eu poderia amamentá-los exatamente porque eram, sim, meus filhos! A Ana Thais, com sua paciência de outro planeta, me explicou os motivos, me explicou inclusive o posicionamento do Ministério da Saúde que eu desconhecia. Quando uma mulher amamenta um bebê, ela pode transmitir doenças por meio do leite. Quando é o filho que a mãe está gestando, significa que o bebê já tem imunidade para uma série de bactérias. Mas quando ele é amamentado por um peito diferente, os riscos de contágio são enormes. Fiquei em choque. Eu poderia infectar meus filhos? Ela me explicou, ainda, que por isso eu fazia a cada dois meses os mesmos exames que a Mel de pré-natal, os mesmos exames de sorologia, para que ficasse garantido que eu não transmitiria nenhuma doença para os bebês. E, por fim, me disse que num momento em que estaria tão vulnerável e contente, não valeria a pena brigar e que ela se responsabilizaria por conversar com a diretora para garantir que eu amamentasse meus filhos ainda na sala de parto. Depois de muita conversa entre as duas, a tal diretora aceitou minha presença lactante no hospital, mas pediu que eu levasse os exames de pré-natal realizados naquela semana mesmo. Era o calhamaço que eu havia entregado para a enfermeira.

Terminado o exame com a Mel, a enfermeira-chefe se aproximou de mim visivelmente encabulada. Ela tinha algo em mãos que eu não identifiquei, me olhou e disse: "Marcela, preciso te entregar uma coisa da qual não sinto nenhum orgulho e sinto certa vergonha de fazer. É uma pulseira que te dá acesso às dependências do hospital, mas se você preferir não usar, tudo bem, eu falo com a equipe de segurança e eles liberam seu acesso da mesma forma". Ela esticou as mãos e me entregou uma pulseira de borracha escrito "Sou papai". Eu, que estava sorrindo, fechei imediatamente os lábios e fiquei observando a pulseira. Levantei os olhos em direção à enfermeira-chefe e ela abaixou novamente o olhar. Eu conhecia ao menos outros oito casais de mulheres lésbicas que tinham tido filhos no mesmo hospital, algumas já fazia três anos. Como o hospital ainda não havia criado outra forma de acessar os quartos? Disse isso a ela, que não teve nenhuma resposta a me dar a não ser dizer incessantemente: "Você está certa". Por fim peguei a tal pulseira, coloquei no braço e fui acompanhar a Mel até a próxima sala para onde ela foi levada.

Enquanto a Mel foi encaminhada a uma sala de espera para o parto, fui direcionada a um vestiário para trocar de roupas. Estava pura ansiedade e angústia, não queria deixar a Mel sozinha nem por um segundo; ao mesmo tempo tudo era novidade para mim também. Nossa doula chegou, e meu alívio foi imediato ao ver um rosto amado e conhecido; na sequência vieram a Ana Thais e a Renata, nossa pediatra. Foi a primeira vez do dia em que dei uma risada descontraída. Subimos e encontramos a Mel deitada em uma cama junto da doula. Elas estavam conversando, e o rosto da Mel expressava apreensão e alegria na mesma medida. Fomos juntas para a sala de parto, a Mel foi preparada para a anestesia. Eu me abaixei e falei pela última vez com nossos filhos pela barriga, agradecendo por eles terem nos escolhido, e choramos juntas. A anestesia foi feita, a cirurgia começou. Fiquei atrás da Mel, preferindo não ver a cena dos cortes na barriga. De repente vejo um pé sair da barriga dela, o campo é abaixado, e juntas vemos o Bernardo sair de sua barriga com a perna direita esticada. Comecei um choro que me tomou o corpo todo. A cena mais impactante da minha vida toda: meu filho chegava ao mundo bem diante dos meus olhos. Minhas lágrimas embaçavam minha vista e meus soluços tomavam conta da sala. Bernardo foi para o peito da Mel e ficou aninhado, demorou um pouco para chorar. Ficou ali tranquilo, reconhecendo seu novo lugar de amor na Terra. Dois minutos depois, Iolanda chegou ao mundo ainda empelicada, a bolsa estourou nas mãos da Ana Thais. A sala foi banhada de água, e meu corpo, que ainda não tinha parado de chorar pela chegada do Bernardo, foi tomado de novo rompante de emoção, e fui só choro e sorriso. Ioiô foi a próxima a se aninhar no peito da Mel. Ficamos os quatro juntos, nos olhando e nos reconhecendo. Eu me sentei numa cadeira de escritório improvisada e a Renata levou o Bernardo ao meu colo. Fiquei ali, com aquele corpo tão pequeno entre os braços, num sorriso que não consegui fechar, conhecendo meu filho de perto pela primeira vez. Chorei. Ele abriu a boca e começou a procurar o meu peito, coloquei seu rosto perto do meu seio e ele encaixou a primeira mamada. Senti uma alegria imensa, mas soltei um grito de dor. Dói. Amamentar pela primeira vez me doeu. De olhos arregalados, fiquei na expectativa de uma próxima sugada, que aconteceu segundos depois. Dessa vez ele engatou, e eu comecei a me acostumar com aquele movimento de boca e peito. Algum tempo depois, trocamos. A Ioiô, que já estava mamando no peito da Mel, foi para o meu colo. Ela era bem menor que o Bê, bem mais leve. E eu fiquei ainda mais assustada com o tamanho daquele corpo perto do meu e segurei com afinco e muita atenção. Ioiô mamou, e eu segui sorrindo com a grandeza daquele momento.

Nossa "hora dourada" na verdade durou três horas, e parecia que o hospital inteiro, sabendo de nossa batalha para a dupla amamentação, estava com receio de se aproximar. Bê e Ioiô nasceram às nove da noite e só fomos encaminhadas para o quarto quase uma da manhã. Pouco tempo depois os bebês chegaram conosco no quarto, e a primeira madrugada da nossa família foi intensa. O leite da Mel ainda não havia descido, ela se sentia muito fraca e dolorida por conta da cesárea e não conseguiu amamentá-los. Fui eu que amamentei nossos filhos nas primeiras 48 horas de vida deles. Na manhã seguinte do parto, a Mel teve uma hemorragia, perdeu muito sangue, me deixando em pânico. Passamos o dia dentro do quarto com eles, sem dormir nada, tanto na madrugada quanto durante o dia, preocupadas e com dois bebês que choravam bastante. A segunda noite também passamos em claro. Mel faria uma transfusão de sangue no dia seguinte, sentia muita dor e fraqueza. Eu estava há quase 48 horas sem dormir, amamentando Bê e Ioiô de forma incessante, cansada e preocupada com toda a situação. Às três da manhã comecei a vomitar, amamentei o Bê por dez minutos, coloquei ele no berço, fui ao banheiro e vomitei. Voltei, amamentei a Ioiô por mais dez minutos, voltei ao banheiro e vomitei mais. Dessa vez foi a vez de a Mel entrar em pânico. Ela não conseguia se levantar, eles não paravam de chorar, eu não parava de vomitar e às 5h30 fui eu quem começou a chorar. Por cerca de quatro minutos nosso quarto era uma orquestra desritmada de choros confusos, cada qual pelo seu motivo. Eu já não conseguia me levantar do sofá e estava perdida, não sabia mais qual era a minha prioridade. Se eu mesma, se meus filhos, se a Mel. Liguei para a doula, ela me acalmou; liguei para a Renata e ela me pediu para ir imediatamente para o pronto-socorro e encaminhar os gêmeos ao berçário por duas horas. Liguei para a Ana Thais e ela já estava a caminho. Desci ao ps de cadeira de rodas, chorei muito e senti que ia desmaiar. Chego no ps e uma médica já estava à minha espera, já sabia que eu era a mãe não gestante que estava amamentando, me examinou e fez a medicação. Sentei-me na poltrona aos prantos, a enfermeira se aproximou, espetou a agulha, colocou o soro, o remédio, se abaixou, me abraçou e chorou comigo. Meu pai chegou esbaforido, me abraçou, chorou, choramos, e eu finalmente dormi. Quase meio-dia voltei ao nosso quarto com a maior saudade que poderia me habitar, parecia ter passado anos sem ter visto a minha família, queria abraçar, cheirar e beijar todos eles. Entrei no quarto e parecia outra vida. As janelas abertas, a Mel já havia transfundido uma bolsa de sangue e estava corada, animada, sorrindo e comendo, com a Ioiô no colo tentando encaixar a pegada. Kely, nossa "deusa sapatã", auxiliava com todo o cuidado Mel e Ioiô nessa pega, me ajudando a melhorar a pegada do Bê no meu peito também. A Ana Thais, com seu sorriso habitual, nos acolheu e nos deu segurança e, por fim, a Renata, que examinou meus filhos e confirmou que eles estavam ótimos e que tudo indicava que teríamos alta no dia seguinte.

Um dos lugares em que mais sofri preconceito e homofobia ao longo de todo esse processo foi dentro da área de saúde. Além da diretora do hospital, meu ex-ginecologista também tentou me convencer de que eu não deveria amamentar meus filhos para não me enquadrar na "amamentação cruzada". Quando o confrontei dizendo que a diferença é que Bernardo e Iolanda seriam meus filhos, ele me olhou nos olhos e me lembrou que aqueles bebês não teriam meu material genético e, portanto, a maternidade era discutível, assim como a amamentação. Ouvi de uma cardiologista que era importante eu tentar às vezes fazer o papel de pai para que nossa família não sofresse com essa falta. Enfermeiras muitas vezes não entendiam o meu papel como mãe, e sim como uma mulher que estaria ajudando a Mel. Um pediatra que me disse que essa novidade da dupla maternidade estava na moda e que precisava ser observada de perto por profissionais antes que fosse esquecida. A escolha da nossa equipe médica nos deixou aflita por um tempo. Aos cinco meses de gestação, quando conhecemos a clínica que nos atenderia, escolhemos uma equipe médica feminina e feminista. Aí nossa maternidade ganhou outros ares. Estarmos ali, naquele hospital, com medo, preocupadas, nos descobrindo e descobrindo nossos filhos e termos o amparo de uma equipe em que confiávamos e que nos tratava como mães de forma igualitária foi muito importante para que pudéssemos focar na nossa família e deixar que elas cuidassem da nossa saúde.

Agora tudo estava mais calmo, eu tinha conseguido dormir um pouco e me sentia melhor. Com a Mel muito mais forte e já amamentando, me lembrei que precisava registrar nossos filhos no cartório. Quase em sincronia, bate à porta do nosso quarto um rapaz que veio fazer o documento DNV (Declaração de Nascido Vivo) dos bebês. Começou a nos fazer as perguntas e foi preenchendo a ficha, e então veio a pergunta que o deixou sem reação: "Nome da mãe?". Respondemos ao mesmo tempo: são duas mães — Melanie e Marcela. Ele levantou os olhos e as sobrancelhas. E perguntou de maneira insistente: "Ah, sim, e qual das duas devo colocar no documento?". Nos olhamos um pouco atônitas: "As duas mães, uai, os dois nomes, nossos filhos não têm pai, e sim duas mães". Ele, por fim, entendeu que se tratava de um casal de mulheres lésbicas. Abaixou o olhar para a ficha, pensou um pouco e comentou: "Eu preciso falar com o meu supervisor, me desculpem; essa ficha só tem o nome do pai e da mãe. Acho que não posso rasurar, vamos ter que imprimir uma ficha nova. Olha, eu vou resolver isso e já volto". Ele saiu e ficamos um pouco aflitas. Pensamos e organizamos tanto a parte do cartório, a documentação, que esquecemos de pensar no documento de nascido vivo. O rapaz voltou menos de meia hora depois, nitidamente constrangido e preocupado, e nos explicou que esse documento é uma impressão direta do site do Ministério da Saúde, não sendo possível rasurar. E no documento do governo federal consta, em vez de filiação (como deveria ser em todo documento oficial), os campos pai e mãe. Foram segundos de pânico. Como poderíamos permitir que preenchessem que nossos filhos tinham apenas uma mãe? Mas ele nos explicou que aquele documento seria apenas para afirmar que nossos filhos nasceram vivos, que não haveria nenhuma interferência no cartório, no registro, em nada, apenas afirmariam a vida deles para o governo, e tanto fazia se tinham duas ou uma mãe. O que contaria mesmo era o documento do cartório, e o hospital ligaria para o cartório avisando do nosso caso. Ele disse que tinha a opção de colocar os nossos dois nomes em sequência, na mesma linha. Optamos por esse formato, mesmo sabendo que não era o ideal. Ele preencheu a declaração e eu fui imediatamente para o cartório com a documentação completa.

Segui pelos corredores do hospital com uma ansiedade terrível. Já havia ligado para o cartório a fim de entender se já tinham feito o registro de duas mães antes, e eles haviam dito que sim. Mas e se algo desse errado? Fui recebida por uma moça jovem, entreguei minha documentação. Ela analisou, permaneceu em silêncio. Eu perguntei se faltava algo. Ela não soube responder, nunca tinha feito documentação de dupla maternidade e não sabia como proceder. Meu estômago revirou. Medo, muito medo, mas a moça do guichê ao lado me tranquilizou, pois já havia feito registros de dupla maternidade antes e sabia o que fazer. Eu só precisaria esperar um pouco para que ela pudesse dar sequência ao pedido. Foram 25 minutos até que as certidões ficassem prontas, exatamente o mesmo tempo do pai que se sentou no guichê ao lado, nenhum minuto a mais ou a menos. Olhei com atenção os dois documentos. Estava cansada, recém--saída do ps, puérpera, mas precisava estar atenta para ver se havia algum erro nos documentos dos meus filhos. Tudo certo, meu peito se encheu de uma alegria inexplicável. Bernardo e Iolanda tinham duas mães, com um registro oficial no cartório, e protegidos pela lei. Voltei ao quarto correndo, entreguei os papéis para a Mel, nos olhamos sorrindo, emocionadas, aliviadas.

Na segunda-feira o dia amanheceu diferente. Estávamos descansadas, conhecendo nossos filhos minimamente, mais calmas e firmes. A Ana Thais e a Renata confirmaram a nossa alta. A partir daquele momento a nossa história começaria para nosso entorno, para a sociedade, para o mundo. Chegamos em casa e estávamos pela primeira vez a sós com dois bebês e pela primeira vez reconhecendo a maternidade de uma mãe ao lado de outra. Nessa nossa nova relação a palavra "ajudar" não existia ali. Ninguém ajudava ninguém. Era partilha, coletivo, igualdade de criação e de cuidados. Amamentar, dar banho, trocar a fralda, cozinhar, lavar, tirar o lixo, fazer supermercado, trabalhar, sustentar a casa, todas essas tarefas eram desempenhadas pelas duas, de forma equilibrada. Havia semanas em que eu trabalhava mais e a Mel ficava mais com eles; em outros momentos que o inverso acontecia. Entendemos logo que equilíbrio não era sinônimo de ser e estar exatamente igual todos os dias, mas saber que não haveria sobrecarga para nenhuma das duas porque os cuidados com eles, conosco e com a casa seria dividido igualmente. Nossa primeira noite com eles foi um pequeno caos particular, que hoje sei que todos os cuidadores passam em suas primeiras noites com o bebê em casa. Na hora de dormir simplesmente não sabíamos o que fazer com eles, onde colocá-los. Tentamos fazer ninhos com toalhas torcidas no meio da cama, entre nós duas, mas não havia espaço para eles e para nós com segurança. Levei o carrinho duplo, e tentamos transferi-los para lá. Choros, berros e urros, e então entendemos que também não daria certo. Nos olhamos em desespero. Tivemos nove meses para pensar onde eles dormiriam na primeira noite e não organizamos nada. Achávamos que eles dormiriam no berço, mas nossa sábia pediatra, a Renata, nos disse no primeiro dia de vida deles: "Por isso eles se chamam bebês de colo, porque gostam de ficar no colo". Eu me lembrava dessa frase a cada choro deles, quando tentávamos colocá-los em algum lugar longe da gente. Decidimos, então, que dormiríamos com eles no nosso colo, literalmente. Nos deitamos na cama com alguns travesseiros nas costas, e cada uma colocou um bebê sobre a barriga, e assim adormecemos, numa tentativa de fazer dois corpos habitarem o mesmo lugar no espaço.

Cada novo dia com nossos filhos em casa pareciam pequenas eternidades. Já não tínhamos mais uma rotina, eles dormiam e a gente tentava dormir junto, eles acordavam e a gente os colocava no *sling*. Nossas mães, meu pai e sua esposa ajudavam em tudo o que podiam, e junto das duas madrinhas deles se tornaram nossa maior rede de apoio. A dupla amamentação se mostrava a cada dia a escolha mais acertada. Não fazíamos nenhuma divisão definitiva. Se um bebê chorava, era a mãe que estava mais perto que resolvia a situação, fosse com colo, peito, atenção. Algumas vezes os dois choravam ao mesmo tempo, e a mãe que estivesse por perto começava a ginástica de colocar os dois recém-nascidos para mamar juntos: um pega o peito, o outro escorrega, levanta o que escorregou e aí o primeiro perdeu a pega. Às vezes eram longos minutos até todo mundo estar confortável mamando, incluindo a mãe que muitas vezes ficava bem torta para saciar as necessidades da duplinha. Mas a dupla amamentação não foi sinônimo de dupla facilidade, porque nosso processo de amamentar foi tudo, menos fácil!

Quando eles estavam com duas semanas de vida, fomos à consulta com a Renata, que conversou muito conosco e examinou os bebês. Tudo estava bem, mas eles estavam ganhando muito pouco peso, a minha produção de leite junto com a produção de leite da Mel não estava sendo suficiente para alimentar gêmeos. Sempre soubemos que isso poderia acontecer, a Mel tinha uma cirurgia antiga de redução de mama, e desde o princípio a Kely havia nos explicado que essa cirurgia podia ter alterado os dutos de leite e deixado mais difícil ou o fluxo ou a produção de leite dela. Quando eles nasceram, percebemos que, mesmo com a redução de mama, a Mel tinha uma produção de leite boa, mas uma vazão pelos dutos bastante diminuída; já eu tinha uma produção de leite razoável, porém longe de ser uma produção grande. Juntando as duas produções razoáveis, talvez conseguíssemos amamentar de forma exclusiva um único bebê, mas não estávamos dando conta de alimentar dois bebês. A Renata indicou o uso da fórmula, mas queria proteger a nossa amamentação. Então, junto da Kely, nos ensinaram o processo de relactação. Colocaríamos o leite da fórmula numa pequena mamadeira, cortaríamos o bico da mamadeira e passaríamos por ela uma sonda. Essa sonda também iria para o bico do nosso seio, e sendo assim o bebê mamaria do nosso seio o leite que vinha da fórmula, por meio da sonda, e ao mesmo tempo o nosso leite materno. Estimularia mais produção de leite e teria a nutrição garantida pela fórmula. Ainda no consultório choramos. Nossa expectativa obviamente era a de nutrir apenas com o leite do nosso peito, não queríamos a fórmula, mas estava fora do nosso controle, como tudo esteve até então. E assim seguiríamos os próximos meses, relactando entre três e sete vezes ao dia, cada uma. Um tal de lava a mamadeira, esteriliza a sonda, compra mais fórmula, transfere de potinho, armazena para fazer o leite na madrugada, uma loucura que faríamos exclusivamente com o desejo de proteger a nossa amamentação do risco de uma confusão de bicos. Esse processo nunca foi legal ou divertido. Não era o que imaginávamos ou almejávamos, mas desde o início da gestação entendemos que não estaríamos mais no controle de como as coisas aconteceriam, e deveríamos compreender as necessidades e fazê-las da melhor forma para todos os envolvidos.

Desde que começamos a falar publicamente sobre a dupla amamentação e sobre a nossa relação de maternidade lésbica, recebemos muitas mensagens e comentários de pessoas dizendo que era lindo, que a Mel tinha muita sorte em ter alguém para ajudar na amamentação, que tudo devia ser mais fácil e tranquilo entre duas mães. Mas isso tudo era verdade em partes, primeiro porque eu não estava ajudando a Mel a amamentar; eu estava amamentando meus filhos como toda mãe que deseja e consegue amamentar. Dizer que eu estava ajudando era invalidar a minha maternidade, me colocando num lugar diferente do de mãe. Depois de viver um puerpério duplo não foi tarefa simples. Nossos choros eram em dobro, nossa pequena depressão era em dobro, nosso cansaço era em dobro, nossas perdas ou dificuldade de memorizar datas e horários eram em dobro, tudo isso junto. Há muito mais compreensão, é claro, mas também muito mais dificuldade em não ter alguém mais desprendido das emoções para amparar nossas crises de choro. Nós nos comparamos diversas vezes: ela consegue fazer dessa forma e eu não, ela tirou tantos mililitros do peito com a bomba e eu não, ela conseguiu parar de chorar e eu não. Enfim, tínhamos nossas semelhanças, o que às vezes nos deixava para baixo no ato inconsciente e equivocado de nos comparar. Teve ainda um episódio tenso: quando a Iolanda tinha três meses, desmamou por oito dias do peito da Mel, sem aviso prévio. Ela simplesmente parou de aceitar o peito dela e só aceitava o meu. A Mel oferecia o peito e ela chorava, empurrava, berrava; eu oferecia o meu e ela mamava de imediato. A Mel chorou muito, se culpou, ficou tensa, e mais uma vez, com a ajuda da Kely, a Ioiô voltou a mamar no peito da Mel depois desse período — com muita insistência, tentativas e amor e passando por cima dos próprios sentimentos de mágoa. Tivemos ainda candidíase mamária, mastite, fissura no peito, e isso tudo tendo de ajudar uma à outra e às vezes acumular dois bebês mamando na mesma mãe para que a outra pudesse curar ou diminuir as dores e os incômodos que sentia no peito.

Enfim, as maternidades têm sempre suas questões próprias, e conosco nunca foi diferente. Tivemos privilégios e desgastes como todas as mães com bebês recém-nascidos. Ouvimos, ainda, de algumas outras mães lésbicas, que tratávamos nossa dupla amamentação de forma muito romântica, que muitas vezes parecia que eu buscava por meio do peito criar vínculos com os meus filhos e que a maneira como eu falava das minhas conquistas podia gerar frustração em outras mulheres, lésbicas ou não, que não conseguiram amamentar. Na primeira vez que ouvi isso, chorei, chorei muito, me questionei se tinha tomado a melhor decisão, se eu estava errada, me senti pequena e equivocada. Mas a Mel, a Kely, a Renata e tantas outras amigas me acolheram e fui entendendo com o tempo que as minhas escolhas diziam respeito única e exclusivamente a mim, e com calma fui me lembrando os porquês de tê-la tomado. Antes de mais nada, eu queria partilhar a tarefa da amamentação de gêmeos com a Mel; depois éramos autônomas e não teríamos direito à licença-maternidade, nenhuma das duas, portanto a volta ao trabalho era necessidade das duas, e por fim minha decisão de amamentar nada tinha a ver com criar vínculos com meus filhos, pois esses vínculos eram diariamente criados das mais variadas formas, para além da amamentação. Mas também me fez perceber que havia vínculo, sim, que a dupla amamentação havia criado um vínculo insubstituível, e esse vínculo era entre mim e a Mel.

Tudo o que vivemos e estávamos vivendo criava uma relação de tanta intensidade, de tanta parceria e pacto que, sim, a dupla amamentação havia criado um vínculo que não imaginávamos, e esse vínculo nos fez um bem danado. Essas críticas também me fizeram pensar muito e entender que as pessoas à minha volta precisavam compreender que eu não era "a voz" da maternidade lésbica, eu era apenas "mais uma voz" dessa maternidade, e dali para a frente eu sempre enfatizava a diferença entre ser "a voz" e ser "uma voz". E mesmo com todos esses dilemas, a cada momento que eu podia amamentar, não me arrependia de nada, entregava o meu peito e vivia ali uma experiência sensorial e corporal das mais alucinantes. Meu corpo era capaz de alimentar mesmo sem ter dado a vida, e repetir essa frase sempre me deixava emocionada.

Com doze dias de vida deles começamos a fazer pequenos passeios e saídas. O *sling* de pano era o melhor lugar para isso. Eles dormiam aquecidos, ninguém chegava muito perto deles por estarem cobertos, e o tecido abafava os possíveis barulhos de padarias, cafés e praças que começávamos a frequentar. As perguntas que sempre imaginamos que viriam de fato vieram, e as respostas que achávamos que sairiam de forma desencontrada saíram com a naturalidade que envolvia a nossa família. Perguntas como "Eles são filhos de qual das duas?" eram respondidas com: "Das duas". Às vezes uma sobrancelha se levantava com uma surpresa pela resposta; outras, uma sobrancelha se fechava pelo conteúdo da resposta, e em outras ainda uma nova pergunta: "Ah, achei que eram gêmeos. Então é um de cada uma?". E a resposta vinha natural outra vez: "São gêmeos e nós duas somos as mães", e para alguns insistentes a pergunta ainda variava para: "Ah, entendi, mas qual das duas é a mãe de verdade?". Pela insistência, me sentia no direito de falar mais sobre o equívoco da pergunta: não havia mãe de mentira, portanto ambas eram mães de verdade. Mas se a pergunta em questão era para saber qual das duas os havia gerado, a resposta era a Mel, mas que gestação não validava a maternidade de ninguém, e principalmente não gestar não invalidava a maternidade de ninguém. Dos desconhecidos ouvimos muitas perguntas parecidas. Não entendiam que éramos duas mães e demoravam um pouco para assimilar a informação, mas dos conhecidos uma pergunta sempre me incomodou bastante: "Agora que a Mel pariu, você não ficou com vontade de ter um filho seu também?". Essa pergunta me deixava incomodada demais, deixava claro nas entrelinhas que Bernardo e Iolanda não eram meus filhos, fazia uma ligação terrível de maternidade com gestação e parto, e sobretudo invalidava o exercício da dupla maternidade. Eu me recompunha e explicava tudo isso, e obviamente aquele que tinha feito a pergunta ficava bem sem graça, mas era importante que soubesse como eu me sentia diante de uma pergunta daquelas. E foi também graças a essa pergunta que me livrei da "culpa genética", aquela culpa que pais e mães genéticos sentem quando veem no filho alguma semelhança daquilo que não gostam em si mesmos. Eu ouvia bastante de amigos e de amigas pais e mães: "Poxa, puxou minha arcada dentária, vai ter que usar aparelho, tadinho", "Nossa, ele dorme supermal à noite, eu também dormia mal. Tanta coisa para puxar de mim e puxou justo isso?", "Já tô vendo que ele vai ser baixo como o pai, ai ai ai ai". Eu olhava para aquelas situações e me sentia livre. Se meus filhos dormissem mal, eu não me culpava. Afinal, geneticamente não havia nada meu ali. Se fossem baixos, altos, alérgicos, se tivessem ossos fracos, enfim, nada do que surgisse neles me faria sentir culpa genética, embora eu pense que nenhum pai ou mãe deva sentir essa culpa. E foi também por meio dessa pergunta que percebi o quanto a minha participação genética no nascimento dos meus filhos me era irrelevante. Não terem o meu sangue, não se parecerem comigo, não terem nenhum dos meus trejeitos, nada disso me incomodava em minha maternidade. Por algum momento pensei que isso pudesse ser um assunto de terapia, que estaria bem resolvido até eles nascerem, que depois eu mudaria de ideia, mas não. A sensação de quando tomamos a decisão de que não haveria minha participação genética na composição deles permanecia a mesma depois de eles nascidos.

Mas vale também pontuar os momentos de diálogos lindos que vivemos depois de nossos filhos nascidos. Certa tarde eu estava com o carrinho de gêmeos na fila do supermercado, e uma senhora que me contava ter feito recentemente oitenta anos me perguntou se o pai tinha os cabelos cacheados como o do Bernardo. Nos breves segundos que fiquei em silêncio, ponderei se uma senhora daquela idade seria capaz de assimilar a informação da dupla maternidade e do banco de sêmen. Arrisquei. Contei-lhe que eles não tinham pai, e sim um doador de sêmen, que no caso tinha mesmo o cabelo crespo. Ela então olhou para os meus filhos sorrindo, se abaixou um pouco e disse a eles: "Olha, o importante é que vocês têm dois, não importa se um papai e uma mamãe ou duas mamães, mas o importante é ter pessoas cuidando de vocês para quando vocês chorarem juntos terem um colo de amor para cada um". Ela fez o sinal da cruz sobre eles e partiu sorrindo. Sorri junto, e me envergonhei internamente por ter duvidado da capacidade de alguém. Ou uma vez na padaria que uma mulher me cutucou no ombro enquanto eu tomava um café e me mostrou na tela do celular uma foto da minha família na revista *Crescer*, me perguntando: "São vocês, não são?". Eu sorri e disse que sim. Ela me olhou animada e falou: "Sempre via vocês por aqui e não sabia que vocês eram uma família, mas agora li aqui nessa matéria e vi que sim, e que você deu o mamá mesmo sem ter pegado barriga. Eu achei isso bem lindo viu, parabéns". Ou uma garota atendente de uma farmácia ao lado de casa que um dia me abordou enquanto eu pegava um desodorante da prateleira e trazia Iolanda no colo e me disse: "Eu me lembro de você e de sua companheira aqui comprando o exame de gravidez, depois você comprando a fórmula e a fralda, e agora seus filhos já estão correndo pelos corredores. Que lindo!". As situações de acolhimento foram muitas e recorrentes, e sempre exercitamos dentro de nós a capacidade de nos apegarmos mais às situações de afeto do que às de repulsa em nossa rotina de maternar.

Conforme eles cresciam, os desafios iam se modificando e íamos encontrando as maneiras de ter duas mães em casa cumprindo ora as mesmas tarefas, ora tarefas diferentes. O que víamos acontecendo em muitas casas em que as tarefas femininas eram aquelas vinculadas ao cuidado da casa e dos filhos, e as masculinas aquelas vinculadas a tecnologias, instalações, peso e levar dinheiro para a casa, não se assemelhava em nada com a rotina da nossa casa. Mel sempre gostou de cozinhar, e eu sempre preferi lavar a louça; era eu quem tirava o lixo, era ela quem limpava e organizava a geladeira; eu que lavava e pendurava a roupa, ela que varria e passava pano no chão. Se tinha alguma coisa pesada para levantar, era quem tinha mais força naquele momento que o fazia; se aparecesse uma barata, era quem estava com mais coragem que ia enfrentá-la. E quanto à parte financeira, ambos os trabalhos foram priorizados. Ao longo da gestação da Mel, muita gente me dizia que uma de nós duas deveria se ocupar das tarefas da casa para dentro e a outra das tarefas da casa para fora, e que como eu não teria acabado de parir, era melhor que eu cuidasse das questões da casa para fora. Isso envolvia supermercado, compras, lixo e, obviamente, trabalhar e prover a casa. Mas para nós duas essas divisões não faziam o menor sentido, pois tanto eu como a Mel queríamos voltar a trabalhar. Nós duas queríamos cuidar dos nossos filhos, e as duas precisavam cuidar da casa. E nossa rotina sempre seguiu dessa forma.

Eles tinham perto de quarenta dias quando precisei viajar para outra cidade para uma série de reuniões. Conversamos e decidimos que a família toda iria junto. Acordamos nesse dia, arrumamos a mala deles, nossas coisas, as comidas, e seguimos para Jundiaí. Das onze da manhã às quatro da tarde eu ficaria numa sala em reuniões seguidas. Um deles ficou o tempo todo comigo no *sling*, enquanto a Mel ficou com o outro, entre o *sling* e o carrinho. Amamentei enquanto trabalhava, troquei fralda em cima da mesa de reunião, fiz dormir enquanto comandava o encontro de educadores. Para muitos ali presentes, aquela cena parecia um pouco absurda, mas para nós fazia todo sentido. Ficaria muito pesado para a Mel ficar com eles sozinha em casa, e eu, além de angustiada pela distância, ficaria com o peito dolorido por passar tantas horas sem amamentar. Além disso, para nós duas seria gostoso mudar os ares e sair um pouco de casa, ver gente, movimento e outras paisagens. O dia passou de forma tranquila, tivemos uma pausa para o almoço, trocamos os bebês, voltei para finalizar as reuniões e voltamos para casa completamente acabadas pelo dia intenso, mas felizes por termos sido capazes de tantos revezamentos e de tanta cumplicidade na criação deles e no zelo de uma com a outra.

Eles estavam com pouco mais de três meses quando finalmente senti que eu estava saindo do puerpério! Minha cabeça já estava mais atenta, a memória mais ativa, já sentia vontade de me movimentar mais, de comer menos, e não tinha mais acessos de choro. Depois que fizemos os bebês dormirem, contei para a Mel como estava me sentindo. Disse a ela, aliviada, que parecia estar saindo do puerpério, sorri. E ela me olhou chorando, a abracei sem entender o motivo. Ela apenas chorou, chorou muito. Acolhi, acalmei, e quando ela conseguiu parar de chorar, me disse a dor que sentia por me ver bem, feliz, saindo do puerpério e do quanto ela se sentia completamente afundada em seu próprio puerpério, do quanto ela se comparava a mim, e do quanto se sentia perdida por perder a companhia de tristezas repentinas e de choros sem motivo aparente. Ali vivemos um pouco das nossas solidões mesmo estando em dupla. Ser mãe ao lado de outra mãe era algo que nunca tínhamos vivido antes, éramos mulher vivendo ao lado de outra mulher, mas agora tudo tinha mudado de figura; nossas reações e sensações eram totalmente novas, e mesmo nos conhecendo muito bem, ainda desconhecíamos a nós mesmas no papel de mãe. O puerpério da Mel só passaria por completo mais de um ano depois dos nossos filhos nascidos, e nesses mais de dez meses em que vivi ao lado de uma mãe puérpera já não estando mais em meu puerpério, aprendi muito sobre ser, viver, amparar e acolher.

Eles tinham perto de quatro meses de idade quando uma senhora me perguntou em meio a uma conversa sem nenhuma intimidade como eu faria para explicar para os meus filhos que eles não tinham pai. Achei a pergunta curiosa, e me lembro que simplesmente olhei para os gêmeos que estavam no carrinho e disse: "Assim, ó, Bê e Ioiô, vocês não têm papai e têm duas mamães". A senhora sorriu totalmente sem graça e seguiu seu caminho; voltei para a casa reflexiva. Aquela não seria nem a primeira nem a última vez que as pessoas nos perguntariam como faríamos para explicar a ausência de um pai aos nossos filhos. E parecia que toda a minha relação com a Mel era permeada por perguntas: "E como vocês vão explicar...?". Como nossos pais e familiares tinham reagido quando contamos que éramos lésbicas, como a clínica de reprodução humana tinha reagido ao saber que seríamos duas mães, como seria quando nossos filhos estivessem na escola, como explicaríamos que eram meus filhos mesmo sem a minha genética, e por aí vai? Parecia que tínhamos o tempo todo que explicar as coisas para as pessoas, tínhamos que dar satisfações de tudo que rodeava a nossa vida, que não seguíamos a "normalidade" como se a normalidade existisse em algum lugar. Mas o fato é que não explicaríamos algo que não seria segredo para ninguém. Explicar significa "tornar claro o que é obscuro", e não entendíamos a nossa configuração familiar como obscura. Nossa escolha sempre foi pelo diálogo e por naturalizar nossas escolhas e nossa família. E passei o resto do dia pensando como parte da sociedade tem dificuldades com o diálogo aberto, com a naturalização de suas escolhas, como querem definir idades para falar sobre assuntos. Com que idade falaríamos que eles não tinham pai? Com que idade contaríamos que eles foram concebidos com um banco de sêmen? Com que idade diríamos que não havia minha parte genética no corpo deles? E cada dia ficava mais claro que não haveria idade certa, e sim curiosidade ou chances de diálogos. Falaríamos quando o assunto surgisse, contaríamos quando perguntassem, diríamos quando alguma situação fosse propícia.

Conforme eles cresciam, crescia também nossa rede de apoio, pois a maternidade foi nos trazendo amigas e amigos mães e pais e recheando nossos dias e fins de semana de encontros entre cuidadores e bebês, em ambientes preparados para receber os pequenos e onde o choro e o cansaço eram totalmente validados. Mães heterossexuais se uniram a nós para nos fortalecermos em dias de pleno caos com filhos pequenos. A vida com recém-nascidos parecia uma prisão muitas vezes. As pessoas achavam que não podíamos sair, passear, tomar um gole de cerveja, viajar, jantar fora; tínhamos que ficar em casa, e aquilo nos deprimia. Quando formamos esse grupo de amigas e amigos que a maternidade nos trouxe, o puerpério ficou mais ameno, os dias mais agradáveis, e nos sentíamos mais acolhidas por famílias que viviam exatamente os mesmos dramas que nós duas. Mas também queríamos conhecer famílias de duas mães, e nossos perfis nas redes sociais uma vez mais foi importante, pois ali começamos a nos comunicar com outras famílias de duas mães e tivemos nosso primeiro encontro de mães. Dali para a frente, as mães lésbicas se uniram a nós para que pudéssemos, juntas, perceber que as nossas famílias eram exatamente iguais a tantas outras. Eu e a Mel tiramos de vez nossa maternidade da solidão. Convivíamos com essas mães quase que diariamente, na casa de uma, de outra, na praça, no parque, no restaurante, no café, e percebíamos com esses convívios que a nossa maternidade não era diferente, não era melhor, não era pior nem era mais cansativa. Não queríamos nos sentir isoladas nem queríamos conviver apenas com outras famílias homoafetivas ou só com famílias heteronormativas; queríamos apenas viver na coletividade, trocar experiências e dicas de cuidados. Foi talvez a melhor escolha que tomamos, a de conviver com nossos pares, e assim nos sentirmos menos sozinhas e mais pertencentes.

Provavelmente das situações mais cansativas da maternidade lésbica seja mesmo a parte burocrática, aquela de fazer documentos, preencher fichas e fazer carteirinhas. Em quase todos os lugares o campus a ser preenchido é de pai e mãe. Cansativo não só para mim, mas imagino que para as milhares de famílias que não têm pai, ou mãe, ou pai e mãe e são cuidados por avós, padrinhos etc. Quando fomos fazer o RG dos bebês, estávamos cada uma com um bebê no colo, cada uma com uma senha, e fomos chamadas em guichês diferentes. A moça que me atendeu olhou a certidão de nascimento do Bernardo, que estava comigo, e perguntou se ele não tinha pai. Eu disse que não, que eram duas mães e que eram gêmeos, e apontei para o guichê atrás dela. Ela sorriu e logo se virou para trás, onde estava a moça que atendia a Mel com a Iolanda no colo. Ambas conversaram, observaram a tela do computador, se questionaram, e juntas decidiram por uma estratégia em específico. Nós duas não entendemos muito a razão de tanta conversa entre elas, mas logo imaginamos que tinha algo a ver com o preenchimento do campus filiação. Algum tempo se passou, e elas seguiam se comunicando de vez em quando, e então entendemos que mesmo no documento impresso saindo "filiação", na tela do computador, no sistema do governo aparecia pai e mãe, e elas não sabiam muito bem onde colocar cada um dos nossos nomes. Seguiram as ordens do supervisor: deveriam colocar nossos nomes na linha de cima, que no sistema correspondia a mãe, e uma na sequência da outra. Achamos aquela a melhor solução, fizemos as fotos das crianças e voltamos para a casa. Na semana seguinte, quando fomos buscar o documento, a surpresa: no RG do Bernardo eu constava como a primeira mãe, no RG da Iolanda era o nome da Melanie que aparecia em primeiro. Sendo assim, quando alguém pegava o RG dos dois e olhava depressa, eles não pareciam ter a mesma mãe. Constatamos ainda que por termos nomes muito longos, no documento nossos sobrenomes saíram abreviados e com dois erros de digitação. Não ficamos bravas nem chateadas com ninguém, acompanhamos todo o processo e vimos de perto o desconhecimento das atendentes em fazer os documentos. Sabíamos que precisaríamos fazer outros documentos retificando os erros, mas, antes de mais nada, ficamos felizes por termos em mãos documentos legítimos do governo que atestavam que nossos filhos tinham mesmo duas mães.

Ver nossos filhos crescendo, convivendo, descobrindo, partilhando era cada dia mais lindo. Dia a dia nos percebíamos como mães, nos reconhecíamos como pessoas diferentes das que éramos. Estivemos com eles em casa até um ano de vida. Vimos o engatinhar, o primeiro passo, a coordenação motora se aprimorando, as primeiras palavras, as disputas entre os dois, as descobertas de que tinham sempre a companhia um do outro. E quando eles completaram um ano, decidimos que havia chegado o momento de frequentarem uma escola. Angústia e frio na barriga, primeiro porque seria a primeira vez que nos distanciaríamos deles, depois porque ainda amamentávamos, as duas, em livre demanda, e terceiro porque escolher uma escola que respeite e acolha a diversidade era complexo e dava medo, não só para nós, mas para quase todas as famílias homoafetivas. As escolinhas do bairro eram uma fortuna, e sempre que passávamos na frente de uma não nos identificávamos com o lugar e com as pessoas que ali frequentavam. Decidimos ir a uma escola pública ali perto que parecia muito bacana e era bem grande. Mas na visita ao lugar descobrimos que o horário seria das oito da manhã às 17h45, sem possibilidade de deixar por menos tempo. Fomos então a um quintal de livre brincar, conhecemos o espaço, vimos as outras crianças brincando, fomos recebidas sem nenhuma distinção e nos pareceu que aquela seria a decisão acertada. Na primeira semana de adaptação, ficávamos sempre com o coração na mão, com medo de qualquer tipo de exclusão, preconceito ou piadas por parte das outras crianças ou dos pais. E foi numa reunião de cuidadores no quintal de brincar que descobrimos o quanto a nossa família era amada por lá. As educadoras nos contaram de uma tarde em que duas crianças mais velhas brincavam de casinha, duas meninas, e um menino se juntou a elas para brincar, ele disse que seria o papai, mas foi logo impedido pelas meninas, que responderam de forma tranquila: "Na nossa casinha só tem duas mamães e dois filhinhos, não tem papai; se você quiser brincar, pode ser um dos filhinhos". Nessa hora nós duas quase choramos de emoção, e as mães e os pais dessas crianças envolvidas riram lembrando de seus filhos contando o episódio ao chegarem em casa, e a chance que tiveram de falar sobre a diversidade e as possibilidades de diferentes composições familiares. Uma mãe nos contou ainda que sua filha havia ganhado uma casinha de boneca de aniversário, e elas foram até uma loja de brinquedos educativos escolher uma família de bonecos de pano para habitar a casinha. A criança correu para o setor dos bonecos e voltou com uma sacola nas mãos e disse contente: "Mamãe, quero essa família aqui, ó, tem duas mamães, três bebês e dois cachorros". Nosso coração fica aliviado e cheio de esperança de que as próximas gerações possam mudar a forma de conviver com as diversidades e de se relacionar como sociedade.

Eles tinham perto de um ano e seis meses quando começaram a falar suas primeiras palavras: água, mamãe, banana, tetê. Era uma nova fase entre nós, porque da mesma forma que começaram a falar, também passaram a entender o que dizíamos. E foi numa manhã que Iolanda nos presenteou com duas palavras que lembraremos para sempre. Ela havia acordado da soneca, estava no meu colo, ainda sonolenta, estava de ótimo humor porque tinha descansado bastante e eu lhe fazia cócegas, enquanto ela ria e esfregava os olhos no meu ombro. Ela, então, olhou para o lado e disse o nome do irmão "Bá" — era como ela chamava o Bernardo. Eu, então, disse a ela: "Tem o Bá e tem a Ioiô", e apontei para ela mesma. "Tem ainda as mamães." Ela me olhou atenta, apontou para a Mel e disse "mamãe"; nós duas sorrimos. Ela, então, me olhou, apontou e disse "mami". Ficamos atônitas, insistimos, apontei para a Mel e perguntei: "Quem é ela, filha?". Ela repetiu "mamãe", apontou para mim e perguntei: "E esta, quem é?". Ela repetiu "mami". Nós a abraçamos em festa; ela não entendeu muito bem, mas gargalhou conosco. Foi a primeira vez que eles distinguiram as duas mães da maneira como escolheram. Nós nunca ensinamos como deveriam nos chamar, nunca insinuamos nenhuma forma, nem nos chamávamos de maneiras distintas. Foram eles que decidiram se fariam alguma distinção e como a fariam. Dali para a frente, Bernardo também passou a me chamar de mami e a chamar a Mel de mamãe.

Foi também nessa mesma época que vivemos um dos processos mais intensos e malucos da dupla amamentação, pois decidimos que havia chegado a hora do duplo desmame! Eles tinham dois anos e por mais que procurássemos outros casais de mulheres que haviam amamentado até essa idade, ou semelhante, não encontrávamos. A maioria tinha feito o desmame de uma das mães antes de um ano, por diferentes motivos: pelo fluxo do leite, pelo cansaço, pela volta ao trabalho, pela preferência do bebê por um par de peitos... Nos vimos mais uma vez mergulhadas numa situação em que não encontramos precedentes (e eles devem ter existido), sem saber direito como fazer e por onde começar. A primeira tentativa tinha acontecido quando eles tinham pouco mais de um ano. Eu comecei a regular as mamadas enquanto a Mel seguia em livre demanda. Nossa vida ficou insana. Eles vinham para o meu peito o tempo todo, eu os encaminhava para o peito da Mel, e ela ficou com uma sobrecarga maluca de peito, e para piorar ela estava começando num emprego novo, saindo para reuniões, e eu ficando a sós com os dois, desisti depois de duas semanas e voltamos a ficar na livre demanda. Meses depois tentamos as duas a regulada de mamada. Estava dando certo, eles entendendo que nossos peitos viriam em horas programadas, com protestos, claro, mas com compreensão, e, então, veio a pandemia; recuamos. Agora queríamos que fosse para valer, e mergulhamos no desconhecido com o amparo da Kely e da Renata. Traçamos uma estratégia e nos lançamos. Um dia após o aniversário de dois anos deles, conversei com ambos que não queria mais dar o peito, que poderíamos criar outras formas de afeto, carinho e contato. Iolanda se sentou no meu colo e encostou a bochecha dela na minha, ficou me fazendo um chamego e começou a chorar, Bernardo saiu correndo para a cozinha e foi mexer na gaveta de talheres, reações completamente diferentes. Foram mais três dias dando o peito apenas quando eles acordavam e durante o dia explicando que não haveria mais o mamá e oferecendo outras atividades e experiências possíveis. E foi assim que numa sexta-feira pela manhã, quatro dias depois da decisão de encaminhar o desmame, que a Iolanda acordou ao meu lado, passou por cima de mim, ficou em pé no chão e caminhou até a sala para brincar com um livrinho de adesivos, não me pediu para mamar, eu não ofereci, e aquele seria o momento simbólico do fim do tetê. A Mel seguiu amamentando o Bernardo por mais uma semana ainda. A Iolanda já não pedia mais o peito para ela nem para mim; o Bê ainda pedia e ganhava apenas quando acordava pela manhã. E o duplo desmame que tinha gerado tanta expectativa, angústia, tentativas frustradas ao longo de um ano, dessa vez aconteceu de forma serena, tranquila e cheia de parceria entre nós duas e eles dois.

Mas o início do processo de fala dos meus filhos também nos trouxe algumas realidades bastante incômodas. Bê e Ioiô começaram, perto dos dois anos, a assistir um pouco de televisão. Na maioria das vezes eram desenhos animados que envolviam músicas e danças, as quais eles repetiam ao longo do dia, bastante animados. A televisão era um dos muitos estímulos que eles tinham entre livros, bicicleta, brinquedos de montar, piscina, coleta de folhas e sementes no jardim e tantas outras brincadeiras e investigações que fazíamos juntos ao longo da semana. Mas começamos a reparar que eles apontavam para os bichos de pelúcia, imagens de livros, pessoas na rua e diziam "mamãe e papai". Aproveitávamos o ensejo para dizer que podiam ser duas mamães, dois papais, uma mamãe e um papai, só uma mamãe, enfim, explicávamos que existem muitas maneiras de formar uma família. Mas eles passaram muito tempo insistindo que mamãe vinha junto de papai. Essas observações nunca nos preocuparam, pois na mesma época eles apontavam para determinados objetos e diziam ser dinossauros, outros eram morcegos, e por aí ia; não daríamos o peso errado para a descoberta de uma palavra nova e pouco usada em casa: papai. E foi assistindo junto deles alguns desenhos animados na TV que percebemos que em todos, simplesmente todos, os desenhos em que apareciam cuidadores, estes eram personificados na figura de pai e de mãe. Buscamos na internet informações sobre desenhos que envolvessem a diversidade, a dupla maternidade ou paternidade, e desenhos nesse formato para a primeira infância não existiam. Conversávamos com outras mães lésbicas e percebíamos que o problema era geral. Todas sentiam falta e necessidade de representatividade.

Militante que sou, passei a mandar mensagens por uma rede social para grupos musicais de conteúdo destinado à infância, para perfis de desenhos animados da primeira infância e até para editoras de livros perguntando se não tinham alguma música, desenho ou livro que mostrasse a diversidade. As respostas eram as mais desanimadoras possíveis: "Temos interesse e já está em nossos planos futuros", "Nossas músicas falam sobre o nosso lugar de fala que é representado por pai e mãe", "Temos um desenho musicado que mostra duas mães, mas que na letra diz que uma é a titia". Enfim, meus filhos estavam próximos de fazer dois anos, já falavam, descreviam o mundo e nominavam os objetos e personagens, e a televisão não estava preocupada em dar representatividade às nossas famílias. Meus filhos cresceriam sem ser representados dentro daquela mídia que tinha um alcance extraordinário. Eu obviamente não podia fazer nada para mudar aquilo naquele momento, mas sabia que podia fazer muito para mudar aquela realidade para as próximas gerações. A televisão, os livros, as contações de história, as músicas, o cinema, tudo isso faria parte da realidade das crianças com duas mães ou com dois pais, e não fazer nada era corroborar para que os nossos filhos seguissem não se vendo representados em lugar nenhum, e que nossas famílias seguissem não sendo representadas. Apertei os cintos, me joguei de cabeça nas redes sociais, comecei a escrever livros, elaborar conteúdos, organizar cursos e palestras, e me lancei com toda a vontade e desejo de que essa representatividade chegasse o mais rápido possível em todas as mídias de grande ou de pequeno alcance, e que meus filhos pudessem ter uma infância em que se percebessem dentro, e não mais fora. No momento em que digito estas palavras neste livro, nada posso falar sobre o futuro ou sobre o que de fato mudou, se é que mudou, mas posso dizer que ao perceber essa realidade decidi lutar, decidi buscar meios para fazer as transformações acontecerem e assim optei por tornar a diversidade um assunto de responsabilidade de todos nós, e não só das famílias não heteronormativas. Quanto mais pessoas se juntarem, mais força terá a nossa voz, e é no diálogo, na colaboração e na partilha que pauto minha militância atual. Vocês todos estão convidados a se juntar a essa luta.

* * *

Agora me pego a pensar no futuro, e tudo o que contei até aqui já foi vivido e experienciado. Algumas situações estavam previstas, outras nos pegaram de surpresa. Mas e agora, o que está por vir? O que eu desejo que esteja por vir? O que eu não gostaria que viesse? Minha maternidade parece sempre se pautar em perguntas. Prefiro às vezes me adiantar a fazê-las e buscar respostas, mesmo que imaginárias, em parte porque assim consigo me preparar de antemão para o que está por vir, mas sobretudo porque é assim que sei existir no mundo. Está por vir uma maternidade a que poucas pessoas tiveram acesso. Mãe ao lado de outra mãe nunca foi normatizado, e desejamos que seja a partir da nossa geração que esse e outros formatos de famílias possam se tornar comuns. Está por vir uma revolução escolar, em que professores, cuidadores, alunos, diretores e funcionários se relacionem com nossos filhos e famílias da mesma forma como se relacionam com todas as outras crianças que estudam ali. Está por vir um mundo menos silencioso, em que preconceitos, homofobias, exclusões serão denunciadas, gritadas, discutidas e levadas adiante para que em algum momento elas cessem de vez. Está por vir uma revolução social com famílias que não se escondem nem recuam diante de olhares, de falas ou de perguntas. O que desejo todos os dias é força, partilha e muito acolhimento para que os meus filhos possam ser apenas crianças e adolescentes seguros e felizes, e nós, mães tranquilas nos preocupando apenas com as questões que cada idade nos trará. É difícil pensar no que virá, mas é fácil desejar as situações ideais que gostaríamos de viver. Eu sempre me imaginei mãe, e hoje estou no lugar onde gostaria de estar, maternando e construindo uma família. Espero que os sonhos do passado possam concretizar um presente e um futuro cheio de sorrisos e amores.

E para você que está lendo este texto e é mulher e deseja construir uma família ao lado de outra mulher, queria muito te dizer: siga em frente! Os últimos anos trouxeram mudanças fundamentais para que nossas famílias, para além de resistir, também possam existir. Ao responder entrevistas sobre as "novas configurações familiares", sempre digo que nossas configurações familiares não são novas, são tão antigas quanto a existência da humanidade, porém nunca tiveram a chance de existir de forma plena e digna diante da sociedade. Mas refletir dessa maneira — como se fossem novas configurações — faz todo o sentido se pensarmos nas leis, no casamento civil ou na união estável de casais homoafetivos no Brasil, que só foram regularizadas e aprovadas em 2013. Só em 2016 casais homoafetivos puderam registrar seus filhos em nome de duas mães em território nacional, e ainda assim apenas se fizeram o procedimento por meio de inseminação artificial ou in vitro. De fato, por essa ótica, nossas famílias são consideradas diante da lei como "novas configurações", e ainda temos muito por que lutar e para conquistar. A diferença é que agora somos muitas e não seremos mais silenciadas. As prateleiras das livrarias já trazem livros sobre a dupla maternidade, existem livros infantis sobre o tema; jornais, sites e revistas de grande circulação trazem matérias interessantes acerca da maternidade lésbica. As redes sociais estão repletas de arrobas de duas mães. Essas famílias sempre existiram, mas agora elas têm a possibilidade de mostrar seus rostos e sorrisos. Por mais que o medo ainda exista, estaremos juntas para enfrentá-lo e para mostrar ao mundo que a diversidade existe e que nossas famílias são como todas aquelas que tanto admiramos: baseadas no amor.

Pisando firme nesse solo

Ligia Moreiras

VIVENDO A MATERNIDADE SOLO, COMO FILHA E COMO MÃE

Escrevo este capítulo tendo vivido 42 anos. O que significa que fui criança na década de 1980 e adolescente na década de 1990. Ou seja, o que vou contar aqui não faz assim tanto tempo. É algo da nossa história recente e que me marcou, assim como certamente deve ter marcado a geração de mulheres da minha idade. E não digo isso porque acho, digo porque sei: sim, histórias semelhantes a essa marcaram a imensa maioria de nós, mulheres.

Sou a primeira de três filhas, mas a segunda gestação. Minha mãe se casou muito jovem, aos dezessete anos, meu pai aos 24. Nasci poucos meses depois de a minha mãe completar vinte anos. Papai, mamãe, filhinha. Nossa primeira casa como família foi construída pelo meu avô, imigrante português que veio para o Brasil com a minha avó e o meu tio para fugir da pobreza. Nós morávamos na parte de cima, o meu avô e a minha avó moravam na parte de baixo. Papai, mamãe, filhinha, vovô e vovó. Meu único tio materno morava próximo a nós, com a minha tia, a minha prima, pouco mais velha que eu, e, algum tempo depois do meu nascimento, o meu primo. Titio, titia, priminha, priminho. Pouco tempo depois, nasceram minhas irmãs. Passamos a ser papai, mamãe e filhinhas. Uma família relativamente pequena, mas muito intensa. Por muitos anos, ficamos nossos domingos todos juntos: papai, mamãe, filhinhas, titio, titia, priminhos, vovô e vovó.

Ao meu redor, entre as famílias vizinhas e coleguinhas de escola, aqueles com os quais eu convivia mais intensamente seguiam o mesmo formato: papai, mamãe, filhinhos. Todos buscando esconder seus dramas pessoais, driblando fofocas, lustrando a face polida das aparências para defender um modelo que foi muito explorado na década de 1980 — e que permanece até hoje: a família do comercial de margarina. Um homem, uma mulher, em geral duas crianças. Tudo gente branca. Vestidos de branco. Um cachorro de grande porte, uma mesa de café da manhã impecavelmente posta, todos muito sorridentes. Faz sol, invariavelmente faz sol na vida dessa família. Todos se dão bem, sorriem e se respeitam. Há paz, harmonia, passarinhos cantando e uma grande janela que dá para o jardim ao fundo. E essa imagem, impressa de maneira sistemática em nosso imaginário, moldou nossos anseios e nossas definições sobre o que vem a ser uma "família". E nos fixamos nisso, herança de uma sociedade patriarcal que relegou à mulher o lugar de cuidadora e ao homem o papel de provedor. Claro, com todas as exigências que cada um desses lugares impõe. E assim seguimos, décadas a fio, desejando ser a família margarina. Nem sequer nos importando com um fato bastante óbvio: margarina é horrível e faz mal.

Então vamos conversar sobre isso, vamos falar sobre a margarina. Vou te contar uma história que você provavelmente não conhece, de como a margarina foi inventada.

A França teve alguns imperadores, talvez você saiba disso. Um deles foi Napoleão III, sobrinho e herdeiro do outro Napoleão, aquele mais famoso. Em 1860, Napoleão III, preocupado em não jogar dinheiro fora com quem era pobre — porque cuidar de pobres, e de mães solo, sempre foi visto como gasto desnecessário de dinheiro, e não como política pública estrutural —, ofereceu uma recompensa para quem descobrisse um substituto mais barato para a manteiga. Assim, os pobres poderiam fazer uso desse substituto de segunda classe, e os nobres não seriam privados de sua preciosa manteiga. Nove anos depois, um químico extraiu um composto utilizando como base gordura de vaca submetida à alta pressão. Estava criada a margarina, a partir de um subproduto descartado, a partir do resto. Para ser barato. Para ser destinado aos pobres. Eis a margarina. Claro que a sua composição passou por inúmeras modificações ao longo de tantas décadas, inclusive para dar a ela um ar menos danoso. Mas história é história, e essa é a da margarina.

O que quero dizer com isso? Quero dizer que foi criado todo um esforço imagético para vender algo que é um subproduto, de baixíssimo valor nutricional: a imagem da família patriarcal mononuclear, ou seja, a família inculcada no subconsciente por um esforço mercadológico é a família que se alimenta de uma pasta de gordura. E, ainda assim, muitas de nós seguimos a vida nutrindo e cultivando essa expectativa. A "família comercial de margarina", composta por papai, mamãe e filhinhos, é uma ode às aparências. Mas isso não impediu que trouxéssemos esse ícone com a gente em nossa formação enquanto meninas, adolescentes, jovens, mulheres. Crescemos desejando ter e ser aquilo que nos venderam como bom — mesmo que nem sempre seja...

Fui essa menina criada assistindo a comerciais de margarina e consumindo-a. Aprendendo que uma família é formada por um homem, uma mulher e as crianças. E que o que divergisse disso era considerado problemático, trágico, exceção, tabu. Melhor não falar, não perguntar, deixar isso para lá, não é da sua conta. E eu tinha a minha própria família que seguia essa configuração para onde quer que olhasse: mãe e pai, avós, tios. Estava tudo como mandava a "tradição". Tudo como precisava ser visto. De fora.

Mas... e por dentro, como estávamos? Machucados. Tristes. Feridos. Não estávamos bem... Havia brigas, havia desrespeitos, violências das mais sutis às mais escancaradas, dores profundas, ressentimentos, mágoas e muros que se faziam intransponíveis. E as crianças crescendo em meio a isso. Mas o importante é que a estrutura da "família" estava mantida. Para todos os efeitos, tínhamos papai, mamãe, filhinhas, vovô e vovó. Engole esse choro e segue a vida.

E, então, no início da década de 1990, meus pais se separaram... E isso depois de muita dor vivida em conjunto por todos nós, depois de abrir mão da minha própria cama por quase dois anos para o meu pai, depois de presenciar brigas angustiantes, de acordar no meio da noite ouvindo discussões e de colocar música em volume mais alto que as ofensas para que as minhas irmãs não pudessem ouvir. Exatamente como acontecia com boa parte das famílias ao meu redor. E toda a minha vida mudou a partir de então. Para sempre.

A separação dos meus pais, feita de uma maneira desastrosa para todos nós, também foi desastrosa para a criança, para a jovem e para a mulher que fui. Não mais para a mulher que sou hoje, mas para a mulher que fui, para a crisálida que abandonei há alguns anos. Foi uma das primeiras grandes experiências de dor psíquica que tive na vida, antes mesmo das perdas familiares que vivemos depois — que foram muitas —, e só isso reflete um imenso lugar de privilégio.

Para a criança que fui, a partir daquele momento minha família estava quebrada. Partida. Como um espelho que estilhaça e, mesmo colado, tem sua imagem alterada para sempre. E assim eu conheci, ainda que naquela época não recebesse esse nome, a maternidade solo. Não como mãe, mas como filha. Filha de uma mãe que havia se tornado mãe solo. Naquela época, três décadas passadas, ainda não debatíamos muitos conceitos ou, quando debatidos, permaneciam no interior das discussões acadêmicas elitistas, pouco ou nada chegando até nós. O que havia de mais próximo a essa condição era chamado de "mãe solteira" e que, infeliz e equivocadamente, ainda é uma expressão utilizada até hoje, embora não sejam sinônimos — e mais adiante vou explicar o porquê. Foi quando minha mãe se tornou, na casa dos trinta anos, uma mãe solteira para a sua época. Mamãe, filhinha, filhinha e filhinha. Muita coisa mudou na nossa vida a partir dali. E eu passei a presenciar, pelo menos nos dez anos seguintes, uma mulher lutando incansavelmente para criar as filhas. Minto. Não foi incansavelmente. Foi às custas de muito cansaço, sim... Lembro-me da dificuldade com que ela recebeu acolhimento por parte da minha avó, a favor do casamento a qualquer custo. Lembro-me das dificuldades financeiras, das preocupações e dos desesperos vividos pela minha mãe. Lembro-me de vê-la vender quase tudo dentro da nossa casa. De sentir o cheiro da fumaça do cigarro no meio da madrugada, vindo da sala, onde ela estava sozinha sentada na poltrona tentando encontrar uma forma de seguir. Vi uma mulher se transformar na minha frente. Vi essa mulher trocar de pele, vestir uma armadura, deixar suas ilusões e erguer em torno de si uma muralha. Vi essa moça, tão jovem, sorrir menos. Uma mulher tentando sobreviver. Uma mulher e três meninas tentando sobreviver. Uma mulher e três meninas: uma *família*. Enquanto isso, meu pai, de sua parte, também tentava o mesmo, lutando contra seus demônios e dificuldades. Não foi fácil para nenhum de nós. Mas ela tinha três pintinhos debaixo de sua asa, vinte e quatro horas por dia, sete dias por semana. Meu pai era ele e só. Poder lutar contra seus próprios demônios é um privilégio... Mães solo não têm muito tempo para isso — disseram.

E foi assim que eu cresci e me tornei uma jovem e, depois, uma mulher: desejando a todo custo que, se um dia eu tivesse uma família, ela fosse como aquelas que eu considerava "inteiras" do meu entorno de infância. Embora eu não desse esse nome, era exatamente isso que povoava o meu imaginário: a família do comercial de margarina era a que eu queria, se por acaso acabasse por constituir uma.

Mas acontece que nunca fui uma garota nos moldes que se esperava de uma garota, na concepção sexista de mundo que atribui delicadeza às meninas e agressividade aos meninos e condena qualquer divergência desse modelo limitado. Sempre fui a corajosa, a estudiosa, a inteligente, a desbocada, a que mete as caras, a que não para, a cheia de energia, a indelicada, a que quer desbravar o mundo. De forma que não me preocupava tanto com essa questão, patriarcalmente atribuída às mulheres, de ter ou não uma família minha, que eu constituísse. Já tinha que lidar com toda a confusão que era a família de onde vinha e à qual pertencia, não queria pensar nisso. Eu queria era estudar e me tornar uma cientista, e só isso me interessava. Exatamente como os meninos são incentivados na concepção sexista. E ao contrário do que perguntam às meninas. "Você quer ter filhos quando crescer, Ligia?" "Eu quero é ser cientista". E assim segui. Também para desviar da dor familiar que vivíamos, foquei em minha formação e me joguei em desabalada carreira.

Graduação, mestrado e doutorado nas melhores universidades públicas deste país era o que eu queria. Públicas, sim, porque minha mãe não poderia arcar com os custos de universidades privadas. Eu só tinha uma chance: passar ou passar. E canalizei toda a dor que sentia, por ver minha família em frangalhos, para os estudos. Bem, parece que deu certo: hoje sou graduada em ciências biológicas pela Universidade Estadual Paulista, mestra em psicobiologia pela Universidade de São Paulo e doutora em ciências e em saúde coletiva pela Universidade Federal de Santa Catarina. Comecei tudo isso impulsionada pela dor que eu sentia ao ver minha família "se partir ao meio", em minha concepção ainda limitada de mundo, e que canalizei para os estudos. E concluí meu segundo doutorado tendo à minha frente um auditório lotado de pessoas, na banca algumas das principais referências científicas brasileiras da minha área e, segurando minha mão, minha filha, na época com apenas seis anos. Como objeto de estudo, vida e interesse, tanto da tese quanto da minha existência: as mães. Eu, que um dia disse que faria de tudo para não viver um novo rompimento familiar, defendi minha segunda tese sendo uma mãe solo. E essa foi a segunda e mais importante vez que conheci a maternidade solo: agora sendo a mãe.

E foi também quando entendi que uma mãe solo não é fruto de uma família "partida ao meio", como um dia limitada e "margarinamente" acreditei. A mãe solo e suas crianças são uma família inteira. Muitas vezes mais inteira que tantas famílias patriarcais. E isso nos sinaliza algo poderosamente relevante: ser partido ao meio ou ser inteiro não acontece em função de seu estado civil, nem da presença de um homem; acontece em função da coerência entre o que valorizamos, o que desejamos ver no mundo, o que queremos ensinar às nossas crianças e o reflexo de tudo isso em nossa própria vida. Práxis, já dizia Paulo Freire — Paulo, irmão de Stela, Armando e Temístocles. Filho de Edeltrudes Neves Freire, que alfabetizou sozinha o filho riscando a terra batida do quintal com gravetos. Obrigada, dona Tudinha, mãe solo de Paulo Freire e de seus irmãos desde a morte do seu marido, quando Paulo tinha treze anos.

Foi a partir do início da maternidade solo da minha mãe que reuni em mim a força de que eu precisava para conquistar o meu sonho de ser cientista e ser, também, sem que eu pudesse saber naquele momento, uma mãe solo, apoiando milhares de outras.

Hoje, no momento em que escrevo estas linhas, exatos trinta anos separam a menina que fui, que conhecia pela primeira vez a maternidade solo na condição de filha, da mulher que sou, inteira, forte, firme, feliz com minha própria trajetória e ainda mais feliz pelo trabalho ao qual me dedico: ser uma apoiadora de outras mulheres, que são mães. E o que me cura, fortalece, impulsiona e engrandece é saber que faço tudo isso sendo, também, uma mãe solo.

Nos últimos dez anos, aprendi muito sobre maternidade, sobre ser mãe, sobre diferentes configurações e toda a imensa diversidade que a maternidade traz consigo. Mas digo sem medo de errar que o que mais me ensina sobre essa condição não vem de estudar a respeito dela, nem está na ciência, nem li nos livros: vem de viver a maternidade solo. Eu, que enfiei a cara nos livros e nos estudos para fugir da dor familiar e me tornar uma cientista, acabei me tornando a Cientista Que Virou Mãe. Solo. Filha de outra mulher idem. Estou perto da minha árvore. E isso me faz libertar minha filha para que ela possa estar em qualquer lugar quando for a sua vez — se assim ela quiser. Hoje conheço a maternidade solo dos dois lados, reconheço suas dores e desafios. Mas credito a ela grande parte do que me tornei. Se hoje vejo a maternidade como uma das principais promotoras da emancipação de uma mulher, ao contrário do que a sociedade deseja, não é apenas porque sou mãe, mas é, fundamentalmente, porque sou mãe solo. Por viver a maternidade solo, estive em lugares dentro de mim que desejei não estar. Estive em situações das quais desejei fugir uma vida inteira. Conheci minhas sombras e dores. Mas também vislumbrei toda a minha luz e potência. E ver minha filha crescendo sem as dores que eu senti cura a mim mesma agora e no passado, para que, juntas, possamos seguir honrando e curando todas as mulheres da nossa família que vieram antes de nós. E que não puderam viver como nós vivemos.

Maternidade solo, para mim, é o encontro com uma das faces mais desafiadoras da maternidade. Ela acontece de diferentes maneiras, voluntária ou involuntariamente, por escolha ou compulsoriamente, estando casada ou solteira. E precisamos falar muito mais sobre ela, não apenas para que a conheçamos melhor, mas, sobretudo, para que tantas de nós se sintam vistas, compreendidas, valorizadas e fortalecidas. Nesse sentido, antes que eu continue a contar como me constituí como uma cientista que passou a viver a maternidade solo e a conhecer suas diferentes nuances, acredito que seja necessário explicar um pouco mais em detalhes o que, de fato, a maternidade solo é. Especialmente num contexto em que ela é muitas vezes confundida com estado civil — quando se utiliza a expressão "mãe solteira" como sinônimo de "mãe solo", o que é um equívoco — e em função de sua invisibilização. Maternidade solo não se trata apenas de quem cuida da criança. Não é, também, o estado civil dessa mãe. Nem se ela conta com divisão dos cuidados por parte do pai, ou da mãe, quando há um pai ou outra mãe. Maternidade solo são os desafios que essa mãe vive em função dessa configuração de maternidade. É o tamanho da remada que ela precisa dar. O fato de haver ou não outra pessoa para dar essa remada com ela, em seu dia a dia, em suas dores, em suas vivências relacionadas a ser mãe. Ser mãe solo não é quem apoia e cuida da criança; o apoio e o cuidado que essa mãe recebe, ou deixa de receber, por ser mãe dessa criança. Ser mãe solo é o tratamento que essa mãe recebe por parte de toda a sociedade. São as limitações ou entraves que ela passa a encontrar no mercado de trabalho. São, também, as perguntas que ela acaba sempre ouvindo por criar uma criança sem ser casada com o pai dessa criança, se houver um. É o tipo de planejamento, diário e de vida, que essa mulher precisa ter porque sabe que, quando está com a criança, só pode contar consigo mesma para responder por ela. É viver a síndrome do ninho vazio quando os filhotes ainda são pintinhos. Ser mãe solo é sentir um profundo pânico na eventualidade de uma pandemia letal, pois quem vai se voluntariar a cuidar de uma criança que teve contato com o vírus, caso essa mãe se contamine? É, muitas vezes, não se sentir no direito de adoecer, de sofrer, de morrer, porque essa criança só pode contar com ela, seja lá em qual dimensão for, financeira, afetiva, legal ou outra. É não ter muitas escolhas. É, muitas vezes, não ter com quem deixar. É recusar propostas de emprego porque se você não buscá-la na escola naquele horário, não sabe quem buscará. São as perguntas que as pessoas te fazem apenas porque você não anda com um homem a tiracolo: "Mas o pai morreu?", "Mas ela não tem pai?", "Mas você não tem medo de viverem só vocês?", "Mas onde está a criança, se você está na rua?", "Mas você deixou a criança com quem?". E eu poderia continuar com essas perguntas por mais uma dúzia de páginas.

Com isso em vista, fica claro que não se trata de estar casada, separada, solteira, vivendo junto ou não. Uma mulher pode ser casada e, ainda assim, ser uma mãe solo? Se voltarmos ao parágrafo anterior e relermos tudo o que escrevi sobre ser uma mãe solo, é possível concluir que, sim, que uma mãe casada pode se sentir uma mãe solo. E isso é muito cruel. Porque subentende a presença de um homem, um pai, que escolhe não exercer o seu papel, relegando à mulher obrigatoriamente a execução das tarefas que ele próprio não faz. Ou seja, fica bastante claro como ser uma mãe solo não é sinônimo de ser uma mãe solteira. Porque maternidade solo não é sobre estado civil nem coloca o relacionamento afetivo da mulher como prioritário em seu entendimento. É, como acabamos de ver, sobre o que uma mulher precisa viver para criar seus filhos em uma sociedade que a condena por sua configuração familiar. Porém, é importante ressaltar que, ainda que a situação de uma mãe casada, que se veja como mãe solo, seja uma das piores vividas por uma mulher, perante a sociedade essa mulher ainda não viverá o que as mães solo sem a presença de um homem vivem. Porque a sociedade não se importa com a qualidade da relação estabelecida dentro dessa família pela presença desse pai, a sociedade nem sequer se importa em saber se esse pai é pai de fato ou é apenas um pai de *selfie*, aquele sujeito que só quer os filhos por perto para tirar fotos que serão postadas em datas especiais. A sociedade quer apenas o direito de exigir a presença do homem e só. O que ele faz ou deixa de fazer no interior dessa família é problema da família. "Em briga de marido e mulher não se mete a colher." Mete-se sim.

Ser mãe solo, portanto, pode acontecer nas mais diversas configurações: sendo mãe de criança que não conta com os cuidados do pai; sendo mãe de criança que o pai cuida só quando quer; sendo mãe de criança que o pai cuida igualmente, mas que não vive junto; sendo mãe tendo escolhido não existir um pai; sendo mãe de criança cujo pai faleceu; sendo mãe de criança cujo pai não quis saber de sua existência; sendo mãe que cria a criança sem a presença da outra mãe — e aí temos duas mães solos, entre outras configurações. E todas essas mães vivem desafios muito semelhantes. Com nuances distintas, mas um pano de fundo parecido perante o coletivo.

ERA POR MEDO QUE EU NÃO QUERIA SER MÃE. E FOI COM MEDO QUE ME TORNEI UMA

Então, agora que já falei um pouco sobre o que é, de fato, ser uma mãe solo e viver a maternidade solo, volto a passear com vocês pela linha do tempo da minha vida para contar como foi que ela me aconteceu. Não fui uma menina, adolescente ou jovem adulta que teve a maternidade como desejo. Eu não pensava em ter filhos. Meu foco estava na construção de uma carreira científica, em ter tempo para os estudos, para me especializar na área da neurociência.

Pressupor que todas as meninas e mulheres desejam ser mães apenas porque nasceram com um aparato biológico que, pelo menos em teoria, as tornam aptas a ter filhos é nutrir uma visão biologizante da vida e do mundo com a qual não compactuo e nunca compactuei. E olha que sou bióloga... Mas sempre busquei enxergar as pessoas de maneira integral: seus anseios, suas histórias, seus valores. Tudo isso sempre foi muito mais importante para mim do que o corpo que habitam ou o que fazem com ele. E não cresci sendo incentivada a ver na maternidade um fato óbvio. Não. Minha mãe a todo momento nos incentivava a seguir os estudos como prioridade, talvez por ter sido mãe muito jovem e porque a maternidade tirou dela a chance de seguir a formação universitária que gostaria de ter tido, em função de sua realidade e do momento histórico em que viveu. Com todas as muitas dificuldades pelas quais passamos, nós, suas três filhas, conseguimos concluir nossos cursos de graduação, e esse era um sonho dela, pelo qual lutou e trabalhou muito.

Fui a primeira da minha família a cursar universidade pública, num campus distante da casa materna. Eu tinha ainda dezessete anos quando saiu o resultado do vestibular. Acordei cedo, desci a ladeira da rua em que morávamos, fui até a banca de jornal, que ficava dentro de uma padaria. Eu havia crescido naquele bairro, então o dono da padaria, que me conhecia, perguntou: "É hoje que sai, menina?". Disse que sim e que eu estava muito nervosa. Chorei antes de abrir o jornal. Eu não sabia se teria outra chance... Ao que ele respondeu: "Pois abra logo esse jornal e se você passou, te dou um refrigerante". Sentei-me no meio-fio em frente à padaria. Abri as muitas e muitas páginas com centenas de nomes. E entre eles, o meu... Gritei muito alto, um grito que saiu de alguma região inóspita dentro de mim, e comecei a chorar ali mesmo. Um choro sentido, de uma família que passava por muitas necessidades, muita dor, mas que colocava, naquele exato momento, sua primeira membra dentro de uma universidade pública. Eu não havia conseguido: nós conseguimos. Cada uma de nós. Todas nós. Presente, passado e futuro. O dono da padaria, ao me ver chorando, veio lá de dentro tendo nas mãos uma garrafinha de refrigerante daquelas dos anos 1990, de vidro, redondinha. Entregou nas minhas mãos e disse: "Parabéns, garota. Toma o seu refrigerante e corre subir a ladeira para contar para a sua mãe". E foi o que eu fiz. Fui correndo por aquela ladeira que tantas vezes subi a contragosto, voltando do cursinho que ela pagou com tanto aperto para tornar possível o meu, o nosso sonho de fazer uma faculdade. Abri o portão fazendo estardalhaço. Ela ainda dormia. Abri a porta do quarto. Ela acordou no mesmo instante e sem pestanejar, perguntou:

— Saiu?!

— Saiu. Eu passei, mãe.

Choramos juntas ali, abraçadas. Minhas irmãs acordaram — estávamos todas ansiosas. Choramos todas. Na verdade, um pouco choramos, um pouco gritamos, um pouco nos jogamos umas em cima das outras. Choramos. Eu, de emoção por ter conseguido. Minhas irmãs, porque nos despediríamos, já que eu iria morar em outro lugar. Minha mãe, de emoção, alívio, agonia. Mas então ela parou, assustada. Olhou para mim e disse:

— É longe, né? É a do interior?

— É, mãe... — eu disse, já sabendo o que custaria a todas nós, sabendo que seria difícil, que se ela já fazia muito, teria que fazer ainda mais. Quase sozinha. Porque, sim, meu pai contribuía financeiramente com o valor da pensão alimentícia descontado direto de sua folha de pagamento. Mas jamais foi um valor suficiente para dar uma noite de descanso para ela. Contemplava o valor das comidas, mas não do trabalho que ela nos destinava. Esse valor precisava ser arduamente complementado para tornar nossa vida possível. Vi nossa garagem ser transformada numa oficina de restauração de móveis. Eu a ouvi trabalhando demais até muito tarde da madrugada. E tudo isso sem um minuto de descanso, sendo mãe no esquema plantão vinte e quatro por sete.

De uma maneira quase irracional e instintiva, de repente ela saltou da cama, tirou o pijama, colocou uma roupa, arrumou os cabelos com as mãos mesmo e disse: "Temos que encontrar alguém que tenha família lá, que possa nos dar uma luz". E aquela mulher saiu ensandecida porta afora. Eu e as minhas irmãs olhando incrédulas para o que estava acontecendo. "Não, ela não vai fazer isso...", "Eu acho que vai", "Não, não é possível..."

E, sim, ela fez! Foi para a rua e bateu de porta em porta em todas as casas vizinhas perguntando se alguém conhecia alguém que morasse na cidade onde ficava o campus da faculdade para onde eu iria me mudar. Uma cena que certamente teria inspirado Almodóvar a criar alguma diva cinematográfica daquelas cheias de complexidades que ele adora criar — e não é por menos ou por descuido que tenho tatuado em meu braço direito a capa do filme *Tudo sobre minha mãe*, desse cineasta de quem gosto tanto. E, sim, ela encontrou! Encontrou uma vizinha que tinha família morando naquela cidade, que se prontificou a nos ajudar, a nos ciceronear enquanto procurávamos um lugar onde eu pudesse morar. E foi só tarde da noite naquele mesmo dia que eu a vi relaxar, abrir uma cerveja e dizer:

— Puta que o pariu. Você passou... Você vai fazer faculdade pública...

Perdoem-me pela transcrição da frase tal qual foi dita. Mas tem coisas que não podemos amenizar. Ela passou horas dizendo aquilo, madrugada adentro, sentada em sua poltrona na sala, porta aberta para a rua, fumando seu cigarro, de tempos em tempos, paralisada, deixando escapar um "Puta que o pariu. Você passou... Você vai fazer faculdade pública". Olhar vago, para onde nem eu mesma sei, acho que tampouco ela sabia. Uma mãe solo colocou sua primeira filha dentro da universidade. Pública. E isso era gigantesco. Ainda é.

Dois meses depois, no exato dia em que o grupo musical Mamonas Assassinas sofreu a fatal queda do avião em que estavam, eu abracei minha mãe e me despedi dela. Ela havia me deixado na quitinete onde eu moraria por pelo menos um ano e meio, na nova cidade onde eu então viveria. Não tínhamos dinheiro para comprar móveis, então levamos os móveis do meu quarto de infância e adolescência, o que me fez perder meu quarto na casa materna — e a memória daquele quarto. Simplesmente não consigo me lembrar do que aquele espaço se tornou... E aquela foi uma das noites mais difíceis de toda a minha vida.

Chorei a madrugada inteira, na véspera do meu primeiro dia de aula na faculdade. Chorei de medo, de culpa por estar vivendo em outro lugar enquanto muita coisa faltava para as minhas irmãs, de preocupação por minha mãe, de receio do desconhecido, tudo junto. Ouvi barulhos que eu sabia que não estavam ali e tive uma das primeiras insônias das quais me lembro. E é como se fosse hoje que me recordo de ouvi-la dizer, com a cara de brava que lhe é típica:

— Volte para casa com um diploma nos braços, não com um bebê.

Foram quatro anos intensamente loucos da minha vida — e difíceis para ela. Formei-me em dezembro de 1999. Em todas as fotos que tenho da minha formatura, fotos tiradas por nós, minha mãe está com o rosto inchado de tanto chorar. Claro, porque era eu me formando, mas era uma conquista dela. Dali, segui para outra cidade para fazer meu mestrado.

Foram dois anos, agora mantendo a mim mesma financeiramente com o valor da bolsa de estudos que eu recebia do cnpq — o que permitiu que minha irmã do meio começasse a faculdade dela. Mais uma vez, minha mãe batalhando a graduação de outra filha.

E o tempo foi passando... Nenhuma vontade de ter filhos, nada relacionado a isso, muito pelo contrário: uma ânsia por sorver cada gole da vida, da juventude, da ciência. Sem planos de maternidade. Aliás, com um medo profundo disso. "A maternidade não foi feita para uma pessoa como eu, que mal sabe cuidar de si." Era uma frase que eu repetia muito. Não me considerava bem-sucedida nos cuidados que destinava a mim mesma, como poderia cuidar bem de uma criança?

Aos 27 anos, num relacionamento de dois anos, mudei-me para a cidade em que vivo hoje. Vim, entre outras coisas, movida pela vontade de concluir minha formação acadêmica, tendo sido aprovada para o doutorado na minha área de pesquisa num dos melhores departamentos do Brasil. Foram mais quatro anos de formação acadêmica. No último ano desse doutorado, terminei meu relacionamento e me vi sozinha na cidade e sem uma rede consistente de amigos, longe da minha família. Mais uma vez, como em tantas de fragilidade emocional, apeguei-me aos estudos e escrevi minha primeira tese. A realização do meu sonho estava muito próxima, faltava muito pouco para ser uma doutora e poder fazer voos solo como uma cientista, docente, pesquisadora.

Enquanto escrevia minha tese, fui fortalecendo uma pequena rede de amigos que construí aos poucos e que, felizmente, me acompanham até hoje. Uma delas se tornou uma amiga muito importante por sua presença constante, não apenas em minha vida, mas na nossa vida, minha e da minha filha, de quem se tornou madrinha, embora naquela época não imaginássemos que isso fosse acontecer. Jogávamos vôlei juntas num clube da cidade, que era a única atividade fora da conclusão do doutorado que eu me permitia fazer. Fomos nos aproximando muito, e eu sempre a admirei por sua sensibilidade, amorosidade, jeito doce, gentil e amigo de ser, com certeza alguém que, se eu tivesse uma filha — coisa que eu não pensava em ter —, seria ótimo ter como modelo por perto. Foi por meio dela que conheci o pai da minha filha. Não sei o que deu naquela cabeça que ela achou que deveríamos nos conhecer e um dia simplesmente caí numa emboscada: ela me convidou para tomar um café no meio da tarde, tanto para que pudéssemos colocar o papo em dia, quanto para me tirar um pouco de cima da tese, que eu passava horas a fio escrevendo. Aceitei. Mas como eu estava com a mobilidade reduzida por ter rompido os ligamentos do joelho, ela precisou ir me buscar e eu fiquei dependendo dela para ir, voltar etc. E foi aí que ela me pegou: me levou a uma agência de comunicação para, supostamente, pegar uma nota fiscal com um amigo e me largou lá com a desculpa de que tinha esquecido não sei o quê não sei onde. E lá ficamos apenas eu e esse amigo, sendo obrigados a nos conhecer, a conversar, e isso durante mais de uma hora — porque, sim, ela demorou horrores para voltar, de propósito. Quando voltou, estávamos superentretidos um com o outro, rindo e combinando de nos encontrarmos de novo. No carro, quando perguntei por que havia me deixado lá daquele jeito, ela simplesmente respondeu, com a maior cara de pau: "Achei que vocês deviam se conhecer...".

Depois de muita enrolação e confusão, e eu ainda escrevendo a tese, o nosso relacionamento se firmou. Numa terça-feira. E na sexta-feira imediatamente a seguir eu defenderia minha tese. E então, no dia 23 de outubro de 2009, finalmente me tornei uma doutora. Numa sala cheia de gente, tendo ao meu lado novos amigos muito queridos e aquele que era, então, meu namorado, ouvi que estava aprovada com louvor e que, portanto, era doutora em ciências, área de concentração em farmacologia. E, naquela noite, em meio às comemorações pela conquista imensa que isso representava, após apenas três dias da oficialização do nosso namoro, fiquei grávida... Quem diria que meu voo solo seria justamente outro?

Soube que estava grávida exatamente um mês depois, no dia 23 de novembro de 2009, pouco mais de um mês após o início do namoro, embora já estivéssemos nos enrolando há alguns meses. E soube meio sem querer. Eu era professora na universidade em que havia defendido minha tese e, fim de ano como era, havia passado a madrugada de sábado corrigindo provas da turma da odontologia. Já cansada, disse ao meu novo namorado: "Chega, vamos embora" e, ao me levantar, senti uma tontura forte e precisei ser amparada por ele para não cair. Eu tinha certeza absoluta de que estava tendo uma crise de labirintite, mas ele me olhava estranho, desconfiado. E simplesmente disse: "Você está grávida...".

Mas que sandice era aquela? Claro que eu não estava grávida. "Eu não fico grávida", disse. De onde tirei isso, não faço a menor ideia. Mas, sim, eu estava mesmo. Na segunda-feira seguinte, dois dias depois, procurei um médico para começar um tratamento para a labirintite — ainda convicta de que se tratava disso. O médico pediu uma bateria de exames para ver se não havia outra alteração porque, segundo ele brincou comigo, "Já vi muita labirintite nascer nove meses depois, Ligia...". E não havia nenhuma alteração, exceto em um exame. Esse mesmo: concentrações elevadas do hormônio gonadotrofina coriônica humana diziam que eu estava grávida. Eu estava sozinha no apartamento quando li o resultado na tela do computador. Entrei em choque. E é também por ter tido essa experiência que até hoje, quando uma mulher me conta que descobriu estar grávida, não faço como a imensa maioria das pessoas, que simples e automaticamente diz: "Parabéns! Que bênção". Não. Porque não sabemos como uma mulher recebe uma notícia como essa. Não sabemos como é isso para ela. E, hoje sei, há uma imensa chance de que não seja uma notícia tranquila... Hoje sei que 55% das mães brasileiras não desejavam ser mães naquele momento. Ou seja, faço parte da maioria das mães brasileiras, aquelas mulheres que são mães sem ter desejado ou planejado ser. Esse é um dado sobre o qual hoje, também doutora em saúde coletiva, falo exaustivamente nos cursos e nas palestras da área da saúde da mulher que ministro. Ao ver o resultado, o medo tomou conta de mim e eliciou um choro convulsivo. Eu jamais seria uma boa mãe. Eu tinha uma história muito difícil ligada à maternidade que vivi como filha. Não me considerava apta a cuidar de uma criança, tinha medo de replicar o ambiente violento em que vivi, eu não queria ver uma criança sofrer. Medo, medo, medo. Liguei para o meu namorado e pedi que fosse ao meu encontro. Ao abrir a porta do apartamento e me ver de rosto inchado de tanto chorar, matou a charada na mesma hora:

— Você está grávida!

E disse isso com um tom de felicidade, uma alegria esfuziante que me deixou ainda mais desesperada. Meus planos todos seriam alterados se eu seguisse com aquela gravidez.

Quem, num país machista, misógino, em que as mulheres são preteridas nas vagas de trabalho apenas por serem mulheres, contrataria como docente uma mulher grávida? Eu ainda sabia muito pouco sobre a vida das mulheres mães, mas disso eu sabia... Horas de muita conversa se seguiram sobre aquela situação, mesclando choro, racionalidade, emocionalidade, imprevisibilidade. Mas o que me fez decidir me tornar, de fato, mãe, foi a resposta que recebi a uma pergunta. Sequei as lágrimas, lavei o rosto, respirei fundo e perguntei a ele:

— Você tem total e absoluta condição de criar essa criança sem qualquer resquício de violência?

E o "sim" de modo veemente que ele disse foi seguido de um: "Então vamos nessa".

Naquele dia, comecei a me tornar mãe. Uma mãe que engravidou sem planejar, sem desejar, sem se imaginar mãe, sentindo-se incapaz de criar uma nova vida, sentindo-se ignorante em cada um e absolutamente cada um dos tópicos envolvidos em criar uma criança e duas novas vidas — a minha e a dela. E, sinceramente, que bom que essa ignorância me tomou! Que bom que eu nada sabia sobre bebês, crianças, gestação, parto, amamentação, tudo! Que bom! Porque foi só porque eu nunca quis ser mãe e, portanto, nunca procurei saber nada a respeito, que decidi dedicar minha vida a aprender. E foi aí que entendi uma frase budista que diz que é preciso nada querer para tudo ter...

Se hoje sou uma mãe em construção que fez da maternidade um caminho por onde, percorrendo, também ajudo outras mulheres a percorrerem, trazendo seus filhos e filhas pelas mãos, foi só porque eu não quis ser mãe. E precisei aprender a ser. E enfrentar os meus piores medos: o de reproduzir a violência e, ainda mais apavorante, o de não conseguir construir a minha família de comercial de pasta gordurosa. Papai, mamãe, filhinha. E foi sentindo medo de viver tudo isso que eu vivi. A vida me esperou terminar tudo aquilo com o qual passei a vida sonhando para me entregar o maior desafio, que estudo nenhum havia me preparado para enfrentar. Depois de todos os meus diplomas nos braços, agora eu também seguraria um bebê. *"Volte para casa com um diploma nos braços, não com um bebê"*. Pronto. Três diplomas. E agora também um bebê. E eu não sabia, mas ainda não estavam todos os meus diplomas nos meus braços. Ainda faltava um. E foi justamente meu bebê que me fez ir em busca...

GESTEI DUAS PESSOAS AO MESMO TEMPO: ELA E EU

Tendo decidido seguir com a gravidez, passei a estudar minha nova condição: uma mãe. Tudo: gestação, parto, mudanças emocionais, mudanças sociais, amamentação, educação infantil. Sou estudiosa por natureza, preciso tentar entender o máximo possível de uma situação, ainda mais quando ela diz respeito a vidas humanas. E foi precisamente esse caminho de estudo, de descoberta, de investigação, numa espécie de imersão de corpo, mente e alma nos mais diferentes aspectos da maternidade, que representou o grande ponto de mutação na minha vida. Sobretudo no que diz respeito ao meu conhecimento da realidade de vida das mulheres brasileiras.

Não posso dizer que tenha sido uma criança, adolescente ou jovem alienada, jamais. O espírito crítico e o comprometimento com questões sociais sempre foram uma marca minha, fruto, também, da educação familiar que tivemos, mas, principalmente, advinda de toda a mudança de vida que a maternidade solo da minha mãe trouxe a nós, filhas. Além disso, o imenso interesse pelas questões sociais e políticas sempre foi uma marca evidente em minha personalidade, a ativistinha eleita presidenta da rua que fazia coleta de alimentos para os que estavam em risco social, tendo apenas onze anos de idade. Porém eu sentia que flutuava na superficialidade dos debates, fruto de todos os privilégios dos quais usufruí — e ainda usufruo: mulher branca, numa sociedade extremamente racista como a brasileira, que teve acesso à universidade pública. Privilégios não podem te engessar, mas precisam ser usados a favor de quem não os tem. E esse também foi um aprendizado decorrente da grande mudança que ter me tornado mãe trouxe à minha vida, para além da mudança óbvia de me tornar mãe. Todas essas reflexões, que foram muito fortes e impactantes justamente num dos momentos mais delicados da vida de uma mulher que se torna mãe, o puerpério, tiraram-me, para sempre, de um lugar de relativa normose e me jogaram no mundo. Não mais como consumidora passiva de recursos e de pessoas, mas como trabalhadora em busca de transformar aquilo que precisa ser transformado.

Com um bebê no colo, o peito jorrando leite e um sentimento de inadequação, de não saber a que lugar eu pertencia agora, senti na pele o despreparo de todas as dimensões da sociedade para acolher a nova mãe e suas necessidades. Desde a ausência de um local apropriado para tirar o leite que se acumula durante seu horário de trabalho, estando longe do seu bebê, até frases cruéis que são ditas como se fossem aceitáveis. Em meio a toda essa crise de valores pela qual eu passava, tendo sido tirada da passividade pela maternidade recente, uma frase me impactou de forma devastadora — hoje sei que devastadoramente positiva ou positivamente devastadora. Mas no exato momento em que aconteceu, não foi nada positiva... Jogou-me num lugar profundo de solidão social, o qual decidi nunca mais visitar. Eu conversava com um antigo amigo sobre como me sentia desconfortável com tudo o que estava descobrindo sobre maternidade, sobre a vida das mulheres, como tudo me parecia tão problemático, desde a chamada na revista de comportamento que dizia "Aprenda a fazer o seu corpo voltar ao normal após a gestação" até a exigência do mercado de trabalho para que você mantivesse sua produtividade no mesmo nível anterior à maternidade, desconsiderando por completo a existência de um novo ser, agora sob seus cuidados, quando ele simplesmente me disse: "Deixa de frescura. A vida das mães sempre foi assim e isso não vai mudar. Aceita que dói menos. Volta logo do ponto onde você parou porque, afinal, você é uma doutora e esse era o seu sonho". Eu me lembro exatamente da minha reação logo após essa fala dele. Fiquei atônita, parada, olhando fixo para ele. Levantei-me e saí da sala onde conversávamos.

Nunca mais dirigi minha voz a ele, apaguei-o da minha vida, nem sequer busquei notícias. Morto e enterrado ali mesmo. E ele foi apenas uma das pessoas de quem me afastei por não representarem a vida e o mundo dos quais a maternidade me ajudou a me sentir parte. Eu ainda não conseguia formular esse pensamento de maneira completa, mas sabia que ali estava alguém que fazia parte do problema que eu passava a enxergar. Enquanto eu andava no corredor, tendo ainda aquelas palavras reverberando em minha mente, senti: "Vai mudar. Vai mudar, sim. Não aceito. Vou ajudar a mudar, do jeito que eu puder, nos limites das minhas pernas. Mas vai mudar".

Três meses depois eu já não era mais uma pesquisadora da área da neurociência e da neurofarmacologia. Já era uma nova aluna de doutorado. De novo. A maternidade trouxe a mim tantas revoluções íntimas que não foi possível permanecer em minha antiga carreira. Eu sentia que podia fazer algo a mais para ajudar as mulheres que se tornavam mães a terem vidas melhores, mais respeitadas, menos violentadas. E foi assim que deixei minha primeira carreira científica para trás e me tornei, também, doutora em saúde coletiva, tendo a vida das mulheres e o impacto da violência sobre elas e as crianças como meu foco central de estudo, pesquisa e interesse. Não apenas científico. Mas de existência. Pari Clara sendo cientista. Clara pariu a Cientista Que Virou Mãe. Tornei-me uma mãe ativista não apenas para nunca mais visitar aquele lugar de solidão social onde fui jogada pela frase daquele ser humano misógino e sem qualquer empatia, mas também para ajudar outras mulheres a não aceitarem visitá-lo. Tornei-me uma mãe ativista para colocar um aviso luminoso nesse lugar, um aviso que diz: "ESSE NÃO É O SEU LUGAR. VOCÊ NÃO PERTENCE A ELE. E SE TENTAREM DIZER QUE SIM, GRITE". Transformei tudo isso em estudo, de novo, agora a favor de mães e de crianças. E com a minha bebê no colo.

Assim, a maternidade funcionou e continua funcionando como a cura para o meu relativo sonambulismo, me fazendo despertar e enxergar inúmeras questões relativas à nossa vida como mulheres e me chamando a participar de forma ativa nas mudanças que quero ver acontecer. Foi por meio da maternidade que passei a analisar criticamente os meus valores, o caminho que eu estava percorrendo e foi, de fato, o que me impulsionou para mudar definitivamente quem sou e o que faço nesta existência.

E, ENFIM, MEU VOO SOLO...

Enquanto tudo isso começava a acontecer, eu ainda estava no relacionamento com o pai da minha filha. Estava formando a minha família de comercial de margarina — papai, mamãe, filhinha —, estava me esforçando muito para conseguir, mas não estava feliz, não estava conseguindo. Alguma coisa estava dando errado... E essa infelicidade não estava na gestação, ou no fato de ter me tornado mãe, ou no nascimento da minha filha, ou no puerpério, ou numa suposta dificuldade de adaptação ao novo contexto. Nada disso. A infelicidade estava fora disso tudo.

Não tive uma gestação tranquila. Tive uma gestação saudável, mas não posso dizer que tenha sido tranquila. Foram muitos meses vivendo o conflito, absolutamente normal, hoje sei, entre quem eu era e quem eu estava me tornando. E não era apenas o fato de estar gestando um bebê sem nunca ter planejado isso. Era também precisar me adaptar à mudança que decidimos fazer, de irmos morar juntos, eu e o pai dela, sem sequer nos conhecermos direito. Decidimos morar juntos pouco mais de um mês após descobrirmos que seríamos mãe e pai dela, ou seja, com dois ou três meses de namoro. Eu estava vivendo a maior confusão de sentimentos de toda a minha vida. Era um sentimento de total falta de controle, de estar perdida num túnel que não sabia aonde chegaria, de que todos os meus planos estavam sendo alterados. Estava paralisada naquele plano de formar uma família. E o que mais me paralisava não era a constatação de que, para sempre, eu não seria mais sozinha porque teria uma filha ligada a mim. Eu podia lidar bem com isso, na verdade gostava dessa ideia. Mas não conseguia lidar bem com o fato de que, para sempre, eu estaria ligada a um outro adulto, um homem, pai da minha filha. Não era nem uma questão pessoal, relacionada a ele. Era uma questão relacionada a mim, sempre muito independente, muito livre. E constatar esse meu conflito foi absolutamente traumático para mim, que havia desejado uma família nos moldes do comercial de margarina, caso ela me acontecesse. Foram muitos meses de conflito, durante a gestação, entre querer e não querer aquilo que passei a vida admirando. Eu simplesmente não sabia como fazer aquilo ser real. Não me sentia sorridente nos cafés da manhã, não gostava de roupa branca, os passarinhos não cantavam ao fundo e eu não conseguia me encaixar naquela cena que aprendi durante anos a desejar. Fui muito feliz com minha barriga, fui muito feliz ao sentir meu bebê dando trancos e se virando; isso me emocionava, me enternecia, fazia meu coração vibrar. Eu estava me apaixonando cada dia mais por aquela experiência, estava sendo muito bom me tornar mãe aos poucos. Mas não conseguia lidar com o fato de que estava construindo uma família. O que tinha acontecido com a ideia de começar a minha própria família? Por que eu não estava me sentindo radiante com essa ideia?

Toda a nossa preparação para o parto foi incrível. Eu estudei muito, busquei grupos de apoio ao parto humanizado, buscamos alternativas, encontramos muitas outras mulheres que fugiam do modelo medicalizado de nascimento e acredito fortemente que foi também isso — conhecer uma forma diferente de nascer — que me mostrou que eu poderia fazer tudo diferente. Se havia uma forma diferente de nascer, mais humanista, gentil e acolhedora, poderia haver formas diferentes de se fazer tudo dentro dos domínios da maternidade: amar, educar, alimentar, trabalhar, viver, tudo. Embora eu nunca tivesse desejado ativamente ser mãe, o nascimento da minha filha foi completamente avassalador para mim, positivamente falando, para além das complexidades inerentes ao puerpério que, sim, também vivi. Mas a entrega que experimentei e a forma orgânica e fluida como tudo foi me acontecendo foi, talvez, a maior surpresa que já experimentei. Eu me vi mãe e, ao contrário do que esperava que fosse acontecer, sentia que sabia o que estava fazendo — o que, em se tratando de maternidade de primeira viagem, é quase um milagre. Aquela bebê não me assustava, eu não me desesperava; sentia que tinha controle da situação. Eu conseguia interpretar seus choros, entender o que ela tentava comunicar, uma coisa muito louca. E a explicação a que cheguei sobre isso não tem absolutamente nada a ver com instinto, por incrível que pareça, considerando que sou bióloga. Para mim, era mais uma coisa de sensibilidade. Eu apenas me entreguei, me joguei, entrei de cabeça e devorei cada nuance. Tive, como todas as mães puérperas, aqueles momentos que achei que nada daria certo, que para sempre eu seria vista como uma "mãezinha", mas logo essas sensações passavam e davam lugar à tranquilidade. E os privilégios de ter podido estar com ela durante toda a sua primeira infância — tanto por trabalhar em casa quanto por contar com os cuidados paternos — tiveram clara influência nisso. Mas, ainda assim, o tempo passava e eu não me via feliz naquela família que eu estava construindo... E ainda não sabia exatamente o porquê.

Ele se mostrou um ótimo pai, completamente apaixonado e cuidadoso com a nossa filha. Tivemos excelentes momentos, mas havia um buraco que não se preenchia. Havia um bebê delicioso, uma pequena menina crescendo e desabrochando, engatinhando, depois andando, falando suas primeiras palavras, vivendo com a gente 24 horas por dia, mas eu ainda não me sentia "em família". Ambos mudamos nossas vidas profissionais e a trouxemos para dentro de casa para, juntos, criarmos a nossa filha de maneira próxima. Mas isso não nos aproximou, muito pelo contrário. A intensidade de viver, trabalhar, criar, educar, tudo junto simultaneamente no mesmo espaço, apenas desgastou uma relação que já começou de maneira tensa, com uma gravidez inesperada. Todo mundo que precisou se manter em *home office* durante a quarentena da covid-19 deve entender bem o que estou falando. Se viver junto já não é uma tarefa das mais fáceis, viver junto, trabalhar junto, educar junto, o tempo todo e 24 horas por dia, é quase um atentado contra as relações. Em especial às relações que não estão bem, pois tudo fica mais intenso e escancarado. E era assim que eu me sentia: insatisfeita.

E como grande parte das mulheres que vivem em famílias patriarcais, eu fingia que não, mas, no fundo, sabia a resposta para a pergunta "Por que não estou feliz, mesmo tendo construído a minha família?". E a resposta era: porque eu não estava num bom relacionamento. Eu estava num relacionamento bastante insatisfatório. Havíamos, ambos, sido atropelados pela notícia de uma gestação não planejada no início de um namoro. Estávamos trocando fraldas quando deveríamos estar nos conhecendo, saindo para jantar ou fazendo viagens divertidas. E a vida não está nem aí para suas más resoluções emocionais, ela vem nua e crua e esfrega na sua cara que tudo aquilo que você idealiza pode ser, na verdade, um imenso castelo de areia. E assim foi comigo... A rotina me mostrou que não, não seria como eu (achava) que queria. Seria tudo absolutamente diferente. Seria pasta de gordura hidrogenada mesmo, não seria manteiga. Mas e aí?! E agora?! Como rejeitar a possibilidade de ter uma família nuclear composta por papai, mamãe, filhinha, ainda que eu estivesse infeliz, se por tanto tempo foi justamente aquilo que eu secretamente desejei por ter sido ensinada a desejar? Tinha uma bebê muito amada no meu colo. Aprendi a enfrentar todos os desafios do puerpério — inclusive a falar essa palavra que nunca tinha feito parte do meu vocabulário. Mudei de carreira, estava me encontrando no mundo, fazendo um novo doutorado, sentindo prazer em conhecer mais sobre a vida das mulheres e a saúde coletiva. Estava tudo aparentemente indo bem. Eu estava feliz com a maternidade. Mas ainda estava infeliz naquele formato de vida. Não havia margarina na minha mesa, quanto mais pijamas brancos, gente feliz e pia com louça lavada, oras! Eu não estava feliz... E o problema não estava em ser mãe.

E então, por pelo menos dois anos, permaneci acorrentada às tão conhecidas frases que o senso comum subliminarmente e com sucesso impregnou em mim, em nós:

"Você tem uma filha. Ela não merece viver a dor que você viveu de ter pais separados."

"Você não tem o direito de desfazer uma união e privar sua filha de ter uma família 'inteira'."

"Vale a pena qualquer sacrifício para manter o que é importante para a sua filha."

"Anule-se, mas preserve a família dela."

"Não faça sua filha viver com uma família *desfeita*."

Enquanto isso, aquela menininha linda e cheia de vida não sabia, mas estava crescendo em meio ao desamor. Não meu por ela, não de seu pai por ela, porque isso nunca nos faltou, sempre fomos uma mãe e um pai que nos desdobramos em muitos para cuidar dela, fazendo jus ao que prometemos no dia 23 de novembro de 2009 — "em total condições de criar essa criança sem qualquer resquício de violência". E isso não era aceitável para mim. Eu não podia simplesmente aceitar que minha filha vivesse num lar onde não havia entendimento ou respeito entre seus pais, eu me recusava a ensinar a ela que isso é um modelo possível de vida, de família. Não podia naturalizar o desamor como forma de se relacionar. Sim, eu havia sofrido muito por ter visto minha família se partir. Mas, naquele momento, eu já sabia que o problema que havíamos vivido na separação dos meus pais não era a ruptura em si. Foi a forma como tudo foi feito, como nós, crianças, não fomos poupadas e fomos envolvidas em cada ato doloroso. E isso não era culpa de ninguém, nem da minha mãe, nem do meu pai. Eles também não receberam nenhum tipo de apoio empático e acolhedor para que lidassem bem com todas as suas dores, eles também não sabiam o que fazer; eram jovens, sentiam medo, estavam tristes. Ninguém se machucou por desejar se machucar. A vida apenas é assim...

E então chegou a minha hora... Chegou a hora de enfrentar um medo que me mantinha numa relação insatisfatória e mostrar a mim mesma e à minha filha — mas também a todas as mulheres que precisaram existir antes de mim, bem como a todas que ainda virão por meio de nós, se essa for sua escolha — que era possível ser feliz numa outra configuração, num outro modelo de família.

Era hora de criar o meu modo de viver sendo "Mamãe e filhinha". Era chegada a hora de enfrentar meu medo mais profundo e me tornar uma mãe solo. E desbravar essa seara. E me ressignificar. E reconstruir a mim mesma em tão profundos níveis que mal os sei contar. E me mover para romper as correntes que me prendiam, como bem disse Rosa Luxemburgo. E eu fui. Tornei-me. Tornei-me mãe solo com a disposição de romper o, talvez, mais pernicioso ciclo de infelicidade da minha vida: o de desejar, a todo custo, às custas de mim mesma, uma família mononuclear e patriarcal. Não, eu não queria uma família para seguir uma regra. Queria apenas uma família feliz — seja lá como ela fosse. Mais do que tudo, queria viver uma forma mais feliz e, de fato, inteira, de família. Onde pessoas pudessem conviver com suas diferenças, com seus amores, com o direito que todos temos de reconstruirmos nossas vidas, de amarmos de diferentes maneiras. E queria que minha filha também pudesse vivenciar a diversidade das relações. Estava disposta a mostrar a ela, ao contrário do que me foi mostrado por uma sociedade alheia à dor das pessoas, que tudo era possível em termos de amor. E que ela seria muito feliz tendo uma mãe e um pai vivendo separados, que poderiam ou não amar outras pessoas e constituir novos núcleos, e que ela poderia viver bem em todos eles, simplesmente porque a vida é assim. A vida nos mostra todos os dias diferentes formas de amar. Pessoas vivem nas mais diferentes configurações de família e há bastante amor nessa diversidade. E era isso o que eu verdadeiramente queria para ela: que fosse livre para perceber todo esse amor.

Eu me separei quando ela tinha quase quatro anos. E prometi a mim mesma que faria todo o possível para que ela percebesse que nós não éramos uma "família desfeita", ao contrário do que toda a estrutura patriarcal se esforça por parecer ser. E não apenas na dimensão do subjetivo, do julgamento das pessoas e dos valores subjetivos que são nutridos sobre o que é uma família. Mas nos números também.

Vejam: de acordo com o último Censo Demográfico feito no Brasil, que é de 2010, 16% das famílias brasileiras vivem em configuração não tradicional, chamadas de "famílias reconstituídas". Essa é a expressão utilizada: reconstituídas.

Péssima escolha. O que queriam dizer com "reconstituídas"? Para tentar compreender, fui em busca dos dados. Baixei dezenas de planilhas e, enfim, consegui entender onde estava o problema — porque, sim, eu sabia que havia um problema aí, porque eu sabia que tínhamos muito mais que 16% de famílias vivendo em configuração não tradicional, papai, mamãe, filhinhos. E, sim, encontrei o erro: está em considerar como "família não tradicional" apenas as formadas por novos casamentos. Excluindo, entre outras, TODAS AS FAMÍLIAS COMPOSTAS APENAS POR MULHERES E SEUS FILHOS. Como cheguei a essa conclusão? Simples: analisei o número de mulheres vivendo sem cônjuges e com filhos no Brasil de acordo com o Censo de 2010: 6 milhões e 93 mil mulheres. Isso significa que são 6 milhões e 93 mil mulheres vivendo em famílias sem a velha estrutura patriarcal. São 6 milhões e 93 mil famílias formadas por mamãe e filhinhos, por matriarcas. E isso é muito mais que 16%... Ou seja, esses milhões de mulheres, dentre as quais faço parte, não foram nem consideradas, pelo Censo, como "famílias reconstituídas". Porque para uma sociedade conservadora, machista, misógina e patriarcal como a nossa, uma família só é validada quando há a presença de um casal heterossexual, de preferência "liderado" pelo homem. Nós, que não seguimos essa lógica, não somos sequer consideradas famílias... Sendo nós, mulheres, com nossos filhos, em pleno século XXI ainda ouvimos a pergunta: "São só vocês?". Sim, somos TODAS NÓS. E não nos falta ninguém que nos valide como família. Inclusive, muitas vezes, somos até mais família.

115

"SÃO SÓ VOCÊS?"

Não foi nada fácil atravessar a fase de mudança para me tornar uma mãe solo. E não digo apenas em função de todo o processo de finalização de um relacionamento, que por si só pode ser muito doloroso — e foi, no meu caso. Mas, sobretudo, pela quebra obrigatória, na marra, da ideia de família que se encontrava impregnada no meu imaginário, aquela sobre a qual detalhei anteriormente, a tal da família patriarcal mononuclear. Papai, mamãe, filhinha. Por mais que tenhamos acesso à informação, que consigamos desconstruir uma série de valores alicerçados em supostos papéis de gênero, que tenhamos total condições de analisar criticamente todas essas questões, não se pode menosprezar o poder da cultura sobre a formação das pessoas e toda a emocionalidade construída justamente sobre valores distorcidos ao longo de tantos anos. E tudo isso aliado à nossa própria história, às vivências anteriores que marcaram o nosso ser psíquico e que, no meu caso, com relação à separação dos meus próprios pais, foram bastante dolorosas. Eu sentia muito medo de não conseguir romper com esse padrão, de replicar o que havia acontecido antes, quando eu era a filha. O medo de que ela sofresse tanto quanto eu me acompanhava todos os dias. Essa pressão funcionou, durante um bom tempo, como uma presença fantasmagórica, me lembrando não apenas da complexidade do momento que eu estava vivendo como, também, de tudo o que eu havia vivido no passado. Gatilho em cima de gatilho.

Porém, sem qualquer dúvida, o que tornou a chegada da maternidade solo à minha vida um momento de muita vulnerabilidade emocional foi constatar a forma como a sociedade trata a mãe solo. Eu já era mais uma vez aluna do doutorado em saúde coletiva, já estava profundamente imersa nos determinantes sociais do processo de saúde e de doença, estava mergulhada por completo nas discussões sociopolíticas sobre a vida das mulheres. Ou seja, as questões relacionadas a desigualdades e iniquidades não eram desconhecidas para mim. Mas nem isso impediu que eu me surpreendesse negativamente, mais uma vez, ao constatar o que vivem as mães solo. Invisibilidade, desqualificação, anulação, insegurança financeira, habitacional, trabalhista. Redução salarial ainda mais acentuada, julgamentos de modos de vida, tentativa de assexualização. Insegurança jurídica, ameaça patrimonial, diminuição da autoestima, esgotamento físico e mental. Sim, tudo isso afeta grande parte das mulheres que são mães solo no Brasil, mais do que as outras mulheres.

Mas de tudo isso, o que mais me transtornava era não ser enxergada como suficiente para ser uma família. Não ter minha família reconhecida como tal. Às vezes, infelizmente, inclusive por mim mesma, até que eu me fortalecesse o bastante para lutar contra meus próprios traumas. E isso ficou muito explícito quando ouvi, pela primeira vez, a frase: "São só vocês?".

Pouco tempo depois de me tornar mãe solo, ainda fragilizada com a mudança de vida e tentando, de novo, entender o contexto do qual eu passara a fazer parte, decidi sair com minha filha num domingo para almoçarmos num restaurante. Num domingo, que parece ter sido eleito o Dia Internacional de Celebração da Família Margarina. Peguei minha menina conversadeira e saímos. Era o fim de semana que ela ficaria comigo, e não com o pai dela, e eu ainda estava tentando lidar com tudo o que essa nova condição me trazia. Chegamos ao restaurante, escolhemos uma mesa, nos sentamos. Então veio o garçom. E, como se fosse lógico, como se fosse óbvio, como se fosse regra, simplesmente colocou três pratos sobre a mesa, com três jogos de talheres. Havia duas pessoas sentadas, mas ele colocou três pratos. Olhei e entendi na mesma hora. Aquilo calou fundo em mim... Olhei ao redor. Éramos a menor família ali presente. Não nos deixou sequer um cardápio. Aguardamos, com certeza ele voltaria, pensei. Cerca de quinze minutos se passaram sem que ele voltasse. Estranhei. Estendi o braço e acenei. Ele veio. Pedi o cardápio. E então ele me respondeu:

— Puxa, senhora, me desculpe. Eu estava aguardando que outra pessoa chegasse para atender vocês.

— Que outra pessoa? — perguntei calmamente.

— Ah, tá. São só vocês?

Foi doloroso ouvir aquela pergunta... Como assim "só nós"? Aquela foi a primeira vez que era escancarado para mim o fato de que uma família nem sempre é vista como tal numa sociedade patriarcal e machista. Para ser vista como uma família, aparentemente as pessoas exigem a presença de "outra pessoa". E essa pessoa tem um gênero definido: um homem. Mas acontece que essa dor não era a da minha filha, que estava crescendo sem as dores que eu mesma sentia. E então, ela simplesmente respondeu, com a imensa sabedoria dos seus quatro aninhos:

— Somos uma família de duas pessoas. Ah, e tem o Bebê Onça também.

Bebê Onça é uma oncinha de pelúcia que ela ganhou quando era muito pequenininha e que a acompanhava sempre. Quando menor, ela não saía sem ele. Bebê Onça nos acompanhou em muitas palestras que fui ministrar pelo Brasil levando minha filha junto e a acompanhava nas transições entre a casa da mãe e a casa do pai. Bebê Onça, passados muitos anos, ainda está em cima da cama dela. E sempre que ela não está em casa comigo por estar com seu pai, eu olho aquele bichinho e me lembro de que minha família, hoje, é muito diversa: tem mãe, tem filha, tem onça, tem uma gata linda, a Nina Simone, tem planta, tem paz. Tem respeito. Tem gente feliz. Não tem brigas nem desrespeitos. Tem horizontalidade, empatia, debate político, colinho, comida feita com amor, correria, desafios, educação sem violência, valores feministas. E tudo isso sendo composta por duas pessoas: eu e ela. Então, alto lá ao se referir a nós como "só nós". Respeite-nos.

Claro que essa reflexão em torno daquela situação eu consigo fazer hoje, muitos anos depois. Mas naquele dia foi muito intenso. Precisei respirar fundo várias vezes para conter o choro e a emoção de ouvir minha filha lidar tão maravilhosamente bem com a situação. "Somos uma família de duas pessoas." O nome disso? Cura. Mas, de fato, fiquei abalada... E essa foi a primeira vez que isso nos aconteceu. De muitas. Acontece que na segunda, algo extremamente especial ocorreu. Nessa segunda vez, era Dia das Mães. Saímos de novo para passear e aproveitamos para almoçar. Escolhemos um restaurante menos lotado, o que parece ser tarefa difícil em datas como essa. Nos sentamos. O garçom, então: "São só vocês duas?". Simplesmente respondi que sim, que éramos nós duas e que não chegaria mais ninguém. Mas era Dia das Mães... Eu ainda tinha todo o mito da família grande e cheia de potes de pasta de gordura para desconstruir. Então fiquei um pouco desanimada naquele momento... E talvez tenha deixado transparecer aquele desânimo em meu rosto. Minha filha começou a desenhar e eu me absorvi em meus pensamentos. Eis que uma senhora sentada ao lado, com um monte de gente na mesa, aproximou-se de mim e disse:

— Estou olhando para você e lembrando de mim quando meus filhos tinham a idade da sua. Eu também saía para almoçar com eles, apenas nós três, e muita gente olhava como se fosse algo estranho, ainda mais na minha época. Vocês serão muito amigas, muito companheiras. Olha o tamanho dos meus, hoje.

Eu fiquei tão enternecida que não consegui responder. Apenas olhei para a sua mesa, com muitos adultos, mulheres e homens, levantei-me e a abracei. Não. Não somos "só" nós. Somos muitas. Hoje, ainda perguntam para gente se somos "só nós", seja em restaurantes, hotéis, passeios. E sorrimos ao responder: "Sim, somos todas nós". Porque isso nos basta.

É claro que nos últimos cinquenta anos vivemos e convivemos com as mais diferentes configurações familiares. Mas achar que essa diversidade é bem-vista e bem-aceita é bastante ingênuo — e as dores individuais e coletivas de tantas mulheres estão aí e aqui, para mostrar que não, que ainda estamos longe disso. Eu pensava que era um problema meu. Uma má resolução emocional que precisava urgentemente ser trabalhada em terapia e foi para lá que corri, com certeza, porque terapia sempre salva a vida — e é por isso que deveria ser política pública altamente incentivada dentro das estratégias de saúde coletiva. Mas tanto meus estudos quanto minha própria vivência cotidiana com centenas de mulheres me mostraram que não. Não se tratava apenas de uma vivência pessoal minha. Há algo estrutural nesse sentimento de inadequação e invisibilidade que muitas famílias de mãe solo vivem.

Hoje, entre minhas atividades profissionais, também está ser mentora/orientadora de mulheres, sobretudo de mulheres que são mães. Atendo todos os dias muitas mulheres para, com um olhar científico, feminista, empático e também fortalecido pela minha própria experiência, ajudá-las a atravessar diferentes desafios, oferecendo sugestões práticas e direcionamentos que muitas vezes nos faltam, e isso nas mais diferentes áreas da vida delas: profissional, afetiva, relacional, disciplina positiva, empoderamento materno, entre outras. E posso dizer, sem sombra de dúvidas, que as situações mais frequentes que chegam até mim dizem respeito ao processo de transição para se tornar uma mãe solo.

São centenas, milhares de mulheres que se sentem incompletas, inadequadas, às vezes até mesmo envergonhadas de desbravarem o mundo sem a presença de um homem, independentemente de sua orientação sexual. E isso não é culpa delas. Isso é responsabilidade de toda a estrutura patriarcal que deseja enfiar goela abaixo a sua própria definição de família. Também por isso me sinto muito satisfeita por este capítulo compor um livro que trata, justamente, da imensa riqueza e diversidade da maternidade, incluindo aí a realidade das mães lésbicas, das mães que, por definição, não criam suas crianças com homens. O que torna imperioso analisar todo esse sentimento de inadequação vivido por tantas mães solo, toda essa angústia ou sentimento de incompletude, também sob a ótica de uma sociedade heteronormativa que exclui todas as demais configurações familiares e de amor desde que somos crianças. Quando crescemos numa bolha pouco diversa, crescemos achando que só há um modo de amar, de ter filho, de criar criança, de se tornar mãe e de formar uma família. E isso influencia diretamente o que sentimos ao longo de toda a nossa experiência de maternidade. É preciso, ainda, muita força para caminharmos para desconstruir toda essa rede de crenças sociais, desde a infância. E também para que possamos criar formas mais saudáveis e menos sofridas de viver a maternidade e todas as suas consequências para a vida de uma mulher.

Atender todos os dias todas essas mulheres, interagir com milhares de mães via redes sociais, ter entrevistado mais de 1200 mães em minha segunda tese de doutorado me mostrou que esse sentimento de ser invisível ou de não ser reconhecida como família não era um problema meu, mas um problema coletivo: mulheres sofrem de diferentes maneiras em função dos valores patriarcais atribuídos à família mononuclear. Sofrem ao tentar manter uniões infelizes. Sofrem ao romper essas uniões infelizes e ser julgadas por todos ao redor. Sofrem por ainda nutrir dentro de si as crenças com as quais cresceram. Essa normatização do conceito de família e sua aceitação (quase) generalizada faz com que as famílias que não cumpram uma estrutura patriarcal acabem não recebendo apoio, amparo e amor para que possam se refazer emocionalmente. Em geral, é dor e julgamento em cima de dor e julgamento, inclusive muitas vezes partindo das pessoas mais próximas. Como uma boa sociedade moralista assim deseja: culpabilizar e julgar os que fogem à norma, à regra e que representam um chamado para que outros enxerguem outras possibilidades. É frequente uma mãe solo não ser vista como líder de sua família e, sim, como membro de uma "família desfeita". Pode parecer apenas uma expressão, "família desfeita", uma equivocada expressão. Mas não é apenas isso. É um rótulo, uma insígnia, uma expressão que se infiltra no nosso emocional e nos devasta aos poucos. O filósofo Michel Foucault, em seu livro *As palavras e as coisas*, afirma que as palavras têm o poder de construir as realidades. E concordo verdadeiramente. Uma mulher que cresceu ouvindo que uma família é composta por homem, mulher e filhos e que a sua, por não ser assim, é uma família desfeita, pode, de fato, introjetar isso em sua interpretação de mundo e seguir vida adentro com essa marca interna em si. Isso não é uma bobagem. Causa intenso sofrimento a milhares de mulheres, é tema de sessões de terapia e de leituras as mais profundas.

Somos famílias que, por escolha ou por compulsoriedade, decidiram viver em um modelo diferente da norma, daquilo que se convencionou chamar "tradição". Inclusive, aqui é necessária outra ressalva. O que é essa tal "família tradicional" de que tanto se fala e que tanto se enaltece, sobretudo em momentos de avanço de um conservadorismo que tem feito muitas vítimas? Muitos respondem que é aquela família do passado que, invariavelmente, era composta por um homem provedor, uma mulher cuidadora e crianças — que deviam obediência à autoridade primeiro do homem da família, o pai, e, depois, à mãe, e que aprendiam que eram totalmente subalternas às vontades dos adultos. Mas até isso é uma generalização equivocada. E deixo aqui uma pergunta: quantas mulheres na família de vocês criaram filhos sozinhas? Quantas mães, avós, bisavós lutaram uma vida inteira para botar comida na mesa e roupa no guarda-roupa para as crianças? Quantas mulheres neste Brasil foram a mãe, a chefe, a líder, a que manteve a vida funcionando? Milhares. Centenas de milhares. Milhões. Então, não, a família tradicional também não é aquilo que desejam que seja. Quem "deseja"? Aqueles que, de certa forma, se beneficiam dessa estrutura que mantém mulheres em relacionamentos infelizes, sobrecarregadas, com uma péssima qualidade de vida sexual, convivendo com violências das mais sutis às mais declaradas, mas mantendo a estrutura da casa e da vida para que outros, e não ela mesma, possam alçar seus voos... E que se mantêm dentro dessa estrutura por medo de sentir dor, por medo de ser excluída, por medo de passar necessidade.

"A SUA CASA AQUI, A SUA CASA LÁ"

Hoje em dia, minha filha vive metade do tempo comigo e metade do tempo com seu pai. E adora essa condição. Vive assim há, no momento em que escrevo, quase sete anos. E sempre gostou. Nunca foi sofrido. Pelo menos não para ela... Para mim, bem, essa é outra história, que conto mais adiante. Ela tem uma estrutura em nossa casa e tem uma estrutura na casa dela com o pai. E eu sempre usei exatamente essas expressões: "A sua casa aqui. A sua casa lá". Porque acho que isso ajuda a criança a construir pertencimento: não é a casa da mãe ou a casa do pai; é a sua casa com a sua mãe e a sua casa com o seu pai, você pertence a ambos os lugares e ambos os lugares te pertencem.

Mas é importante dizer que fiz assim porque, de fato, é assim que é aqui. Porém, se seu pai não se dedicasse a construir um ambiente acolhedor para ela lá também, ou não fizesse questão da sua presença, certamente eu não agiria como ajo hoje, certamente a ajudaria a compreender que a sua casa, o seu lar é onde ela é amada, querida, esperada e protegida. Aprendi que é possível — e necessário — lidar com a realidade tal qual ela é, inclusive para que essa realidade, a médio prazo, possa ser transformada. Se a gente passa uma vida negando problemas, esses problemas não se resolverão sozinhos.

Há quem ache ruim uma criança ter duas casas e, de fato, em minha experiência acolhendo centenas de mulheres mães, essa é uma das principais angústias de uma mãe que se torna mãe solo: o medo de que seja prejudicial para a criança. Bem, quando me dizem isso, que é ruim para a criança que ela cresça com dois referenciais de casa, de lar, peço os estudos científicos atuais que balizem essa opinião. E bons estudos atuais nesse sentido, que cheguem a essa conclusão, não existem. Portanto, não considero a opinião de quem "acha" uma coisa que não diz respeito à sua vida porque entendo que há, ali, apenas uma opinião pessoal, uma construção histórica, envolvida. E opinião pessoal sobre a vida do outro é ótima. Quando solicitada. Quando não, pode muito bem ficar acondicionada dentro de você mesma ou, no máximo, para sua analista. E se tem um grupo de mulheres que vive recebendo opinião não solicitada, é o de mães solo: "Não acho que é bom ter namorados, pode confundir suas crianças", "Não acho que seja seu direito viajar sozinha sem levar a criança", "Não acho que seja saudável para ela crescer sem a figura de um pai", "Não acho que seja bom uma criança viver em duas casas". Tudo a mesma coisa: pitaco. E que, numa análise mais ampla, também significa tentativa de tutelar a vida de uma mulher.

As pessoas acham que a vida das mulheres é passível de tutela. Quando não há a presença de um homem, então, aí ainda mais — "Temos que ajudá-la a decidir o que fazer" —, num processo de infantilização que desconsidera nossa própria subjetividade, valores, história e autonomia. E é muito importante considerar que isso também é uma forma de violência. Quando não consideramos uma mulher como capaz de exercer sua autonomia, substituímos essa autonomia pela heteronomia. É como se disséssemos: "Como você não tem condições de decidir, decidirei por você". E, como discuto longamente em minha segunda tese de doutorado, a heteronomia é a porta de entrada da violência. Quando achamos que uma mulher não é suficientemente capaz de decidir por si mesma, de tomar decisões sobre a própria vida e a de seus filhos, à luz de informação e, sobretudo, de apoio social, temos uma porta aberta para violentá-la, tirando dela o direito de ser quem é.

Então, quando ouço alguém dizer que não é positivo uma criança viver em dois lares, sempre procuro levantar duas questões principais. Primeiro: quem acredita nisso supõe que, para a criança, melhor seria viver em apenas um lar. Tenho uma notícia: grande parte das violências cometidas contra crianças acontecem justamente no interior da família patriarcal. Lá onde há papai, mamãe, filhinhos. Infelizmente, a violência conjugal contra a mulher com frequência se mostra atrelada à violência contra a criança. São poucas as famílias em que existe violência contra a mulher, mas não contra as crianças. Então, para que seja positivo para uma criança, o número de lares em que ela vive não é mais importante do que o que acontece nesses lares, ou até mesmo se são, de fato, lares. O mais importante a ser considerado é a vida integral dessa criança, as vivências que ela tem, o cuidado, o amparo, o carinho e a proteção que recebe. E, segundo: uma opinião nunca é apenas uma opinião. Ela representa um conjunto de crenças e de valores que estão a serviço de uma estrutura, de uma visão de mundo. Qual você pensa ser a visão de mundo de uma pessoa que acredita que, invariavelmente, é ruim para a criança viver em dois lares? Tenho cá comigo dois palpites: ou ela supõe que a criança deva viver obrigatoriamente com a mãe, porque esse é o papel da mulher, ou ela não acredita que uma família que não seja patriarcal seja, de fato, uma família. E, definitivamente, essa pessoa não me interessa, quanto mais a sua opinião.

Minha filha gosta muito desse esquema de vida e diz que encontra uma coisa diferente em cada lar. Nunca a vi chorar ou reclamar por ir para a casa em que vive com seu pai ou por voltar para nossa casa. Mas, a despeito de sempre tê-la visto bem com essa situação, isso não impediu que o início dessa vida "lá e cá" fosse difícil para mim. Lembro-

-me até hoje de como foi e como me senti no primeiro fim de semana em que ela passou apenas com o seu pai, sem a minha presença. Passei o fim de semana absolutamente inteiro chorando. A casa parecia ter o dobro do tamanho. O silêncio se mostrou ensurdecedor. Acostumada a cozinhar sempre para ela, mal comi. Chorei de tristeza por muitas coisas. Hoje sei que grande parte delas, a imensa parte, não dizia respeito ao momento em si e, sim, ao passado e ao futuro. Foram alguns meses sentindo uma profunda solidão... Não tenho família biológica por perto, embora considere como família minhas amigas mais próximas. E foi só porque recebi todo colo e apoio dessas mulheres que passei por essa fase em direção à próxima. Dizem que a síndrome do ninho vazio só acomete mães de filhos que se tornaram adultos e saem de casa. Mas isso apenas porque, mais uma vez, esquecem das mães solo cujos filhos dividem seu tempo de vida entre mãe e pai. Foi verdadeiramente doído, também porque eu estava lidando com o fim do relacionamento e com todas as questões judiciais envolvidas. Quando oriento as mulheres que me procuram em busca de apoio e sei que elas estão atravessando exatamente esse período, sempre digo: "Coloque toda sua força agora. Navegue forte. Segure o leme porque a correnteza é violenta. Mas essa é a pior fase. E você vai passar por ela".

E, sim, ela passa... Terapia para salvar essa alma, amigas por perto dando carinho e conforto e, aos poucos, fui compreendendo a importância do que eu mesma estava construindo para a minha vida e para a vida dela. E fui criando uma nova forma de viver. Hoje, vivemos assim há sete anos. E, honestamente, eu não trocaria por outra forma de vida. Juro. E por quê? Porque vi que foi apenas dessa forma que eu, de fato, tive meu tempo como mulher e como mãe respeitado. São inúmeras as mulheres mães que vivem com os pais dos filhos e, ainda assim, levam uma vida como se fossem mães solo: sobrecarregadas, fazem absolutamente tudo o que diz respeito à vida das crianças; é como se o pai sequer existisse... Não têm tempo para si, vivem entre as crianças e o trabalho, às vezes tudo junto e misturado, não dormem bem, não comem bem, não se cuidam, nem sequer tomam um banho em paz. Exatamente como uma mãe solo cujo pai é ausente. E eu não levo essa vida. Com a guarda compartilhada, com a garantia de que esse pai também faria a sua obrigação, que é cuidar bem dessa criança, com a divisão igualitária do que precisa ser feito, passei a ter tempo para, além de mãe, ser mulher. A dor da separação da minha filha foi, aos poucos, dando lugar ao reconhecimento de que — se prepare, porque essa vai doer — uma mãe não é a coisa mais importante da vida de uma criança. E compreender o significado disso faz um bem danado para a nossa mente, para o nosso psiquismo, para a nossa saúde mental. Mas não se engane... Não há paraíso na vida de uma mãe solo, qualquer que seja a configuração dessa maternidade solo. Hoje, em geral uso o tempo em que ela não está comigo para trabalhar ainda mais. E, com frequência, quando ela chega, já estou exausta. Mas, ainda assim, não trocaria essa forma de vida. E reconheço um grande privilégio nessa condição: uma criança ter um pai que se faz presente não é regra neste país onde vivem mais de 5,5 milhões de crianças, involuntariamente, sem o nome do pai na certidão de nascimento. É pura exceção. Vou bater palma para esse guerreiro? Não vou. Está apenas fazendo seu papel, assim como estou fazendo o meu. E isso sem sofrer as desigualdades estruturais ligadas ao seu gênero como eu sofro, como nós sofremos.

MUITAS E DIVERSAS

Infelizmente, eu e o pai da minha filha não temos um relacionamento fluido. Muita coisa restou de mágoa e de dor do fim do nosso relacionamento e essa rusga permaneceu, acentuada sobretudo pelo fato de que exigi, assim que nos separamos, todas as medidas legais que garantissem tanto os direitos dela quanto os meus. Não me importo com isso, não estou aqui para que ele goste de mim ou para que aprove minhas decisões. Estou aqui para defender a mim mesma e à minha filha. Assim farei e assim também sempre oriento que outras mulheres mães o façam. Porém, no que diz respeito à educação e aos cuidados com a nossa filha, pelo menos até o presente momento dialogamos e tentamos, no mínimo, estabelecer acordos, porque sabemos como isso é importante para o seu bom desenvolvimento. Ademais, em relação a valores de vida e orientações políticas — porque, sim, tudo nessa vida é político, inclusive achar que não é —, temos certo alinhamento: somos ambos totalmente contrários a qualquer forma de violência contra a criança, não incentivamos o ódio, o preconceito e a discriminação, coisas fundamentais para se educar um filho, em minha visão. Mas, sim, há uma grande dificuldade de diálogo e me sinto sempre vigilante, sempre observando e analisando todos os aspectos relacionados a isso. Em resumo: sou muito chata, com orgulho. É o que eu sempre digo: "Que eu seja a cientista chata. Mas que eu te faça pensar de novo". Não arredo o pé nos acordos. Exijo que as coisas sejam feitas como precisam ser, e não aceito desigualdades, iniquidades, injustiças ou sobrecargas.

Certo dia, irritado por eu não ter concordado com algum aspecto, ele simplesmente disse que nem mãe solo eu era.

"Você nem é mãe solo. Eu cuido dela tanto quanto você."
E isso, em sua opinião, me descaracterizava como mãe solo.
Para mim, apenas uma coisa ficou óbvia nessa frase: ele,
como grande parte da população, nem sequer sabe o que é,
de fato, uma mãe solo. Se eu parei tudo o que estava fazendo para ensiná-lo e para explicar a ele o que é uma mãe
solo? Não. Porque acredito que nós, mulheres, não estamos
aqui para educar homens adultos, esse papel já velho conhecido que sempre nos foi atribuído por esta sociedade patriarcal e machista; estamos aqui para cuidar da nossa vida.
Se são homens, se são adultos, precisam aprender a ir em
busca da informação que os levem à equidade, a sair de suas
bolhas de privilégios e a caminhar sem que uma mulher
sempre tenha que pegá-los pelas mãos e dizer: "Venha cá,
meu amor, vou te ensinar". Acho uma afronta quando sou
cobrada por outras pessoas para que eu faça mais palestras
e cursos para homens ou escreva mais para os pais, e não
somente para mães. Oras, como se nós, mães, já não tivéssemos bastante coisa para fazer e muitas iniquidades contra
as quais lutar! Há uma série de homens por aí querendo se
apropriar do debate de aspectos que só dizem respeito à vida
das mulheres. Eles que tratem de assumir suas partes nesse
latifúndio e que comecem a apoiar seus pares. No lugar de
explicar a ele como esse seu julgamento era injusto, além
de absolutamente equivocado, publiquei um texto em minhas redes sociais para que milhares de outras pessoas também pudessem se apropriar desse debate.

Mas o mais importante aqui é analisar que esse equívoco cometido por ele, e por tantas outras pessoas, vem do fato
de que acreditam que só existe uma forma de sermos mães
solo, que a maternidade solo é única e padrão. Não é. Somos
muitas, somos diversas. Como já dito, há a mãe solo que se

tornou mãe solo compulsoriamente, há aquela que é viúva, há a que está casada, enfim, inúmeras configurações. Nesse sentido, conversei com uma mãe solo que escolheu ser mãe solo. Não foi uma maternidade solo compulsória ou fruto de uma separação conjugal, foi escolhida: ela escolheu que sua criança não tivesse um pai ou outra mãe. E quis conversar com ela porque as imensas dificuldades e desigualdades que a grande maioria das mães solo vive, sobretudo quando essa maternidade solo é compulsória, nós já conhecemos. Mas o que pode motivar uma mulher a se tornar mãe solo por escolha estruturante? O que ela quer priorizar? O que ela não quer em sua vida? São respostas que podem trazer pistas sobre um outro lado da maternidade solo sobre o qual pouco se fala: o da escolha. Para preservar sua identidade, utilizarei aqui apenas seu primeiro nome, Kelly, inclusive para preservar a identidade de sua filha que, por ser muito pequena, ainda não pode escolher. Quando perguntei a ela o motivo de ter escolhido ser uma mãe solo desde o início, desde a fecundação, Kelly me disse que nunca desejou se casar, nem quando pequena, e que demorou muitos anos para entender que não se enquadrava naquele papel de mulher que a sociedade patriarcal exige. "Mas ser mãe sempre foi um desejo. No meu caso, ser uma mãe que gestasse e experimentasse esse processo de mudança, mais especificamente. Entendendo que eu não viveria um relacionamento afetivo com outro homem, optei pela fertilização in vitro com sêmen de doador (por banco de sêmen)." Kelly escolheu que fosse assim. Mas ter o privilégio de poder fazer essa escolha não a impede de viver inúmeros desafios como mãe solo. "Sem dúvida, o maior desafio é a falta de rede de apoio. É um trabalho de vinte e quatro horas, sete dias por semana, sem pausa e sem ter com quem contar para um momento de respiro. Sendo mãe solo, sem família próxima e/ou participativa, a única opção acaba sendo a rede de apoio paga. Sei que existem julgamentos em razão da escolha feita: ser mãe solo de uma forma não típica. Isso não me afeta, pois sempre estive muito certa da minha opção."

Em sua opinião, mesmo que precise enfrentar muitos desafios em função de ser mãe solo, os benefícios ainda os superam nessa configuração: "[São] muitos! Pensando na questão prática, não há discussão com o genitor, por exemplo, sobre o tipo de educação a ser oferecida. Eu estudo e defino o que entendo ser melhor para o nosso estilo de vida. Eu que sou responsável, única e exclusivamente, por determinar o tipo de alimentação que ela recebe, quais atividades que apresento para que ela desenvolva, se pode ou não ter acesso à tela etc. Isso evita um desgaste imenso. A energia pode ser aproveitada de forma produtiva, e não tentando convencer o outro sobre as escolhas feitas". Para Kelly, a diferença entre sua maternidade e a maternidade exercida por uma mulher casada se dá pelo fato de que não há a perspectiva de apoio de outra pessoa, e isso evita a frustração.

De fato, são inúmeros os depoimentos de mulheres que dizem ter se "desapaixonado" de seus companheiros após se tornarem mães. Não pela experiência de maternidade em si, mas pela frustração de os verem delegando a elas toda a responsabilidade da educação e criação das crianças, eximindo-se de qualquer envolvimento ativo. Embora no caso de Kelly tenha havido uma escolha pela não frustração com a paternidade, sabemos que o caminho percorrido por grande parte das mães solo é justamente esse. "São várias as configurações da maternidade solo, e só posso imaginar como é vivenciar cada uma delas. Posso dizer que, no meu caso, tem sido muito positivo e engrandecedor. Nasci como mãe no mesmo dia em que minha filha veio ao mundo e, junto dela, descubro, desenvolvo e evoluo. É com ela que estou descobrindo capacidades, amorosidade e a força de ser mulher", diz Kelly, que se mostra muito feliz e satisfeita com a sua escolha.

Embora tão diversas na forma de vivermos a maternidade solo, nós, mães solo, infelizmente ainda não somos reconhecidas cientificamente como deveríamos. E essa foi uma constatação bastante frustrante para mim. Sim, a ciência vem cada vez mais frequentemente discutindo a questão do aumento exponencial das famílias uniparentais.

Uniparental, como o próprio nome diz, remete à presença, na família, de um único responsável pelos filhos. Mas o que tem chamado a atenção, sobretudo na literatura científica brasileira, é o fato de a expressão "famílias uniparentais" estar sendo empregada, via de regra, como sinônimo para "famílias em que a única figura de cuidado parental é a mulher, a mãe". É quase desconsiderada a possível associação entre "família uniparental" e ser uma família em que está presente apenas o pai. E por quê? Porque isso é muito raro. Esse emprego de uma suposta sinonímia se dá em função dos números: no Brasil, mais de 40% das famílias são chefiadas por mulheres. O que poderia ser interpretado — e muitas vezes de fato é, ainda que isso seja um equívoco — como uma mudança paradigmática positiva, em que o papel da mulher enquanto profissional estaria sendo mais valorizado, indo na contramão dos valores patriarcais de subjugação e inferiorização da mulher numa sociedade machista e misógina, na verdade esconde algo muito menos digno e mais problemático: o abandono paterno e o depósito compulsório da parentalidade e dos cuidados com as crianças sobre as mulheres que são mães. Em busca de artigos científicos que destinassem esforços para conceituar a "maternidade solo", encontrei uma primeira iniquidade: não há atualmente, na ciência brasileira, o reconhecimento da maternidade solo. O que há é o uso do conceito de "mães solteiras" como sinônimo. E, como já mencionado, são coisas bastante distintas.

Ainda que representadas cientificamente por um termo equivocado — "mães solteiras" —, as mães solo não apenas existem, como representam grande parte das mulheres brasileiras e, em ainda maior número, as únicas responsáveis pela saúde não apenas dos filhos, mas também de si mesmas. De acordo com o Instituto Brasileiro de Geografia e Estatística (IBGE), em 2010, 38,7% dos 57,3 milhões de domicílios registrados eram comandados por mulheres.* Segundo a Secretaria de Políticas para as Mulheres (SPM), ainda existente naquela data, em mais de 42% desses lares viviam mulheres com seus filhos sem a presença de marido ou companheiro.** Surgiram mais de 1 milhão de novas famílias compostas por mãe sem cônjuge nos últimos dez anos, alcançando o número de mais de 11,5 milhões de famílias de mães solo em 2015. E é importante ressaltar que o número da maternidade solo é ainda maior, porque nesses 11,5 milhões não estão sendo consideradas aquelas mães que se reconhecem como solo, em função de serem as únicas responsáveis pelos cuidados com os filhos, ainda que vivam com cônjuges.

---

* BRASIL. Governo Federal. Mulheres comandam 40% dos lares brasileiros. Disponível em: <www.brasil.gov.br/cidadania-e-justica/2015/05/mulheres-comandam-40-dos-lares-brasileiros>. Acesso em: 10 abr. 2019.

** BRASIL. Senado Federal. Congresso lembrará os 100 anos de instituição do Dia das Mães em sessão solene. Disponível em: <www12.senado.leg.br/noticias/materias/2018/05/04/congresso-lembrara-os-100-anos-de-instituicao-do-dia-das-maes-em-sessao-solene/>. Acesso em: 15 abr. 2021.

"NÃO TEM PREÇO." TEM SIM

Após me separar do pai da minha filha e começar minha vida como mãe solo, passamos a dividir a guarda, o tempo, os cuidados e os gastos com ela. E aqui quero enfatizar uma palavra: gastos. Não romantize isso. Há muita gente que se recusa a dizer "gastos" com um filho e prefere dizer "investimento". É claro que o que fazemos por nossos filhos é um investimento neles e em sua qualidade de vida. Ou pelo menos deveria ser... Porém, é importante usar a palavra certa e, nesse contexto, a palavra é "gastos". E por quê?

Porque investimento é algo que você faz de forma opcional, facultativa. Ninguém investe em algo obrigado a investir, o investimento é uma escolha. E o fato é que criar uma criança envolve dinheiro para pagar os inúmeros itens, e não de maneira opcional... Obrigatoriamente. Não dá para escolher. Compulsoriamente, precisamos comprar comida, remédios, itens de higiene pessoal, roupas e toda as demais coisas que ajudam a manter uma vida. Então, por mais que tudo isso represente, sim, um investimento na vida das crianças, são gastos. Não romantize isso. Porque a nossa romantização não é apenas uma atitude individual — "eu escolho que quero falar assim e fim" —, é uma atitude coletiva, ajuda a criar a realidade e pode invisibilizar muitas.

E a realidade da imensa maioria das mães solo brasileiras mostra que elas acabam assumindo todos esses gastos sozinhas, e não porque quiseram. Porque foram obrigadas. E quando a companhia de luz ou de água for cobrar a conta no fim do mês, não vão aliviar para o lado de uma mãe solo porque, afinal, "é um investimento nas crianças". É um gasto. E isso é muito importante de ser tornado explícito, e precisamos falar cada vez mais disso, porque uma das principais violências sofridas por mães que se tornam solo num contexto de separação conjugal é, justamente, a violência financeira e patrimonial e a ausência paterna na manutenção dos gastos relacionados tanto à criança quanto ao próprio tempo da mãe dedicado a ela. E muitas mulheres, também em função da dor que isso representa, ou do medo de serem violentadas pelos pais dos filhos, acabam de forma ilusória amenizando para si mesmas, usando a expressão: "Mas eu faço isso por amor, deixa pra lá...". Pensar assim é uma escolha? Pode ser que seja. Mas eu, por ter como objetivo de vida defender as mulheres, sobretudo as que são mães, estou certa de que boas escolhas só podem ser feitas à luz de informação, no que chamamos de "escolha informada". E é por isso que preciso dizer: o que chamam de amor, muitas vezes é trabalho não remunerado...

A filósofa e professora italiana Silvia Federici fala muito sobre isso em todos os seus livros, mas em especial em *O ponto zero da revolução: Trabalho doméstico, reprodução e luta feminista*, que eu, sinceramente, acho que toda mulher precisa ler, sobretudo as que são mães. Não confundam amor com trabalho, nem trabalho com amor. Inclusive para o bem das crianças, para que saibam o que é amor e o que não é. Muitas mães solo fazem grande parte de sua rotina com seus filhos não porque os amam, mas porque são obrigadas a fazer, porque se não o fizerem, ninguém mais fará. Amor é o que as faz ter consciência disso e continuar fazendo. Mas o ato em si é um trabalho. E, muitas vezes, um trabalho não remunerado.

Eu divido os gastos relacionados à minha filha com o pai dela e fiz questão de que isso fosse registrado judicialmente, está no nosso acordo — coisa que também acho muito relevante existir no contexto de maternidade solo onde há um pai. E é importante que a criança, na medida do seu entendimento, saiba disso. Não se pode invisibilizar isso em prol de uma suposta "paz". Não há paz quando há sobrecarga materna. Pergunte para uma mãe solo cansada, exausta e invisibilizada se ela se sente em paz.

MATERNIDADE SOLO, DESIGUALDADES E JUSTIÇA

Para a maior parte das mulheres que são mães solo, a questão da sustentabilidade financeira representa um imenso desafio. E isso porque são elas que mais assumem cargos temporários ou que são preteridas em vagas de emprego ou que acabam por trabalhar em condições instáveis e precárias. Não é coincidência o fato de que, no Brasil, 56,9% das famílias comandadas por mulheres vivem abaixo da linha de pobreza. O que, por si só, já se mostra como consequência direta de inúmeras dificuldades de acesso: moradia, saúde, espaços públicos e trabalho digno.

Moradia, por exemplo, é um problema recorrente entre mães solo. E isso porque vivemos em uma sociedade que, além de misógina, também é pedofóbica, ou seja, não gosta de crianças e não acolhe crianças. Aqui na cidade em que vivo, por exemplo, é muito frequente encontrarmos anúncios de imóveis para locação que não aceitam crianças. Aceitam animais de estimação, mas não aceitam crianças. A justificativa dada, na maior parte dos casos, é que as crianças fazem barulho ou perturbam a ordem. Sim, crianças fazem barulho. Mas, me desculpem dizer: nada pode ser tão barulhento, perturbador da ordem e inadequado do que um adulto sem noção. A exclusão das crianças dos espaços públicos é, por si só, um grave problema, que reflete uma sociedade higienista, capitalista e patriarcal, onde apenas os que têm poder de consumo são bem-vindos. Mas ela traz consigo um outro problema: o da exclusão das mães solo. Onde há exclusão das crianças, há exclusão de mães solo. E isso é evidente sobretudo dentro das instituições de ensino, que, por não disporem de uma estrutura que acolha crianças, acabam por excluir as mães.

Vivi essa questão da vulnerabilidade financeira logo após me tornar mãe solo. E foi, inclusive, como acontece com tantas outras mães brasileiras, um motivo para ser assediada pelo pai da minha filha. É tão esperado, ou até mesmo desejado pela sociedade que uma mulher não consiga se sustentar e aos seus filhos sem a presença de um homem, que essa situação é quase tida como certa. No fim do meu relacionamento com o pai dela, contrariado pelas minhas decisões, lembro-me do dia em que ele simplesmente me disse: "Estarei aqui para te ver não conseguir pagar o aluguel sozinha". E talvez tenha sido essa frase um dos principais fatores a me gerar um medo que acompanha milhares de mães solo no Brasil: o medo da escassez, da falta, de não darem conta de bancar moradia, comida e saúde para as suas crianças. Nesse ponto, é imprescindível que tragamos à tona a completa ausência de cuidado diferencial que as mães solo recebem do Estado. Sim, quer você acredite nisso ou não, o Estado deveria se responsabilizar integralmente por prover os itens básicos a toda a população, mais ainda às mães solo. Porque essas mulheres enfrentam desigualdades de acesso muito maiores a serviços e a condições básicas de vida. E isso enquanto estão criando a próxima geração de trabalhadores e cidadãos. É dever do Estado, em todas as esferas, a criação de políticas públicas diferenciais de apoio e de impulsionamento para mães solo. O que nos traz uma implicação política óbvia: é preciso colocar nas esferas legislativas cada vez mais mulheres. Mas não quaisquer mulheres. Mulheres que estejam, de fato, comprometidas de todo a cuidar da maternidade no Brasil, em especial as maternidades diversas, aquelas que mais sofrem os efeitos das desigualdades e das iniquidades, e este livro contempla algumas delas.

No fantástico livro *O ponto zero da revolução*, que mencionei há pouco, há uma extensa e profunda discussão sobre esse aspecto. Silvia, inclusive, afirma que a primeira manifestação de feminismo na década de 1960, nos Estados Unidos, foi justamente a luta das mães por auxílios sociais.

Lideradas por afro-americanas inspiradas no movimento dos direitos civis, essas mulheres se mobilizaram a fim de reivindicar do Estado um salário pelo trabalho de educar seus próprios filhos, estabelecendo as bases sobre as quais cresceram organizações como a Wages for Housework. (p. 24)

Eis um ponto crucial: entender que a reivindicação das mães, sobretudo das mães solo, pelo reconhecimento de que o que fazem para criar as crianças não pode apenas ser chamado de amor, portanto é, sim, um trabalho não remunerado, não implica que seja apenas o homem a remunerar esse trabalho. Muitos homens se perdem nessa discussão porque acham que reivindicamos que sejam eles a nos remunerar, com justiça, pelo trabalho desigual que fica a nosso encargo. Mas a discussão não é essa, é estrutural, e sobre isso Silvia diz o seguinte:

[...] também víamos a WfH [Wages for Housework — em livre tradução, Salários para o Trabalho Doméstico] como revolucionária porque ela colocou um fim à naturalização do trabalho doméstico, desconstruindo o mito de que se trata de "trabalho feminino", e porque, em vez de batalhar por mais trabalho, exigíamos que as mulheres fossem pagas pelo trabalho que já exerciam. Devo salientar ainda que lutávamos por salários para o trabalho doméstico, não para donas de casa, pois estávamos convencidas de que essa demanda percorreria um longo caminho até que esse trabalho fosse "degenerificado". Além disso, reivindicamos que esses salários fossem pagos não pelos maridos, mas pelo Estado, como representante do capital coletivo — o verdadeiro "homem" que se beneficia do trabalho doméstico. (p. 27)

Não se engane: não é apenas seu filho ou sua filha que se beneficia do cuidado, do tempo, da atenção e do carinho que você destina a ele. O Estado também se beneficia disso. Nós, mães, somos as principais cuidadoras das crianças no Brasil. Nós, mães, estamos criando a nova geração, que trará divisas, conhecimento, afetos e mudanças. Nós, mães, precisamos ser reconhecidas nessa tarefa, protegidas e valorizadas. Em especial as que são mães solo, porque sobre elas recaem as maiores explorações e dificuldades. E é também por isso, mas não somente por isso, que em grande parte do meu tempo me dedico a ajudar mulheres mães a compreenderem que, sim, maternidade é política. Talvez seja o maior ato político da existência da vida de uma mulher quando ela se torna mãe.

Como disse, sou hoje, também, mentora e apoiadora de mulheres, e muitas me procuram nessa fase de mudança de vida que a maternidade solo nos traz. Quando pergunto a elas quais são as providências jurídicas que estão tomando para que seus direitos e os das crianças sejam resguardados, a imensa maioria diz que prefere deixar isso de lado... A principal justificativa para isso é que não querem iniciar um processo de disputa, também pelo medo de terem seus filhos tirados dela por uma paternidade — e um Estado — machista e misógina, ou por serem penalizadas de outras maneiras por terem reivindicado legalmente aquilo que lhes é de direito. Eu compreendo de fato esse medo e essa angústia. Porque só uma mãe que enfrentou um litígio sabe como é realmente dolorosa essa fase. Porém, em minha opinião e vivência, não apenas como mãe solo que recorreu a isso, mas, também, como pesquisadora, o que vejo é que somos ainda mais penalizadas, a médio e longo prazo, quando não fazemos isso... Se sua maternidade solo está associada a uma separação conjugal, se existe um pai, é direito seu e das crianças serem resguardadas. E a Justiça está aí para ser usada. É preciso que geremos demanda a fim de que ela se instrumentalize eficientemente em defesa das mulheres mães. Muito temos falado sobre os problemas da judicialização das questões da vida cotidiana. E concordo com a visão de que isso tem um lado estruturalmente nocivo que não pode ser relevado. Porém, quando consideramos todas as desigualdades e iniquidades que uma mulher que é mãe solo já vive também de maneira estrutural, é fácil perceber que ela é a primeira a ser atingida quando não se judicializa a busca por seus direitos.

Quando uma mulher que está se tornando mãe solo num contexto em que há um pai me procura e me pergunta o que acho que ela deve fazer, minha orientação é clara, entre muitas outras: procure uma advogada, tenha essa conversa, veja o que é seu direito e direito das crianças. E sempre reforço: não basta ser uma advogada. É preciso ser uma advogada que tenha uma perspectiva dos direitos e da vida das mulheres e, acima de tudo, que esteja comprometida com as questões da maternidade. Infelizmente, esbarramos mais uma vez nas iniquidades de acesso à Justiça por grande parte de nossa população. E é isso, também, que deve nos mobilizar para exigir do poder público que tenhamos atendimento acessível. Enquanto isso não acontece de forma estrutural, há inúmeros coletivos e redes de mulheres que se disponibilizam para fazer a ponte entre a mulher que necessita de ajuda jurídica e as advogadas com perspectiva feminista que atendam em condições sociais.

Para trazer a vocês uma perspectiva mais precisa das questões jurídicas que afetam uma mãe solo, tive uma conversa com a advogada Ana Lúcia Dias. Ela não é apenas advogada. É uma advogada feminista, ativista pelos direitos das mulheres e das crianças, que há décadas vem se especializando nos direitos das mulheres que são mães e ela também é mãe — o que faz toda diferença, acreditem.

ENTREVISTA COM A ESPECIALISTA

Ligia Moreiras: Em sua experiência profissional como advogada especializada em direito materno, de que forma as mães solo são com mais frequência prejudicadas judicialmente?

Ana Lúcia Dias: O direito, por ser patriarcal e fundado em regras legais muitas vezes ultrapassadas e que privilegiam o sistema vigente na sociedade, não acompanhou a evolução das questões de gênero e a função social da mulher. No direito, ainda que existam legislações para a equidade, a visão majoritária é de que a criação dos filhos cabe à figura materna, em geral, a mãe e ou a genitora.

Quando se trata do exercício da maternidade solo, a mulher, além de ser responsável por toda a estrutura de cuidado dos filhos, é igualmente a responsável por prover sustento, alimentos, saúde, lazer, vida social. Em geral, aplica-se ao homem a obrigação de um percentual salarial, muitas vezes de um terço, sem considerar a real necessidade da criança. Grande parte das mulheres não quer associar valor material ao amor dado aos filhos, posto que está incutido socialmente no estereótipo da mulher mãe que ser mãe não tem preço e que o amor deve ser incondicional. Contudo, amor incondicional é bem diferente de comprar pão, manteiga, leite, queijo, arroz, feijão, uniforme e todos os demais itens necessários para a vida da criança, sobretudo os itens que são esquecidos e que também custam.

LM: Quando a mãe se separa e se torna uma mãe solo, o que precisa ser calculado na subsistência financeira da criança?

ALD: É imperioso, por medida de justiça e de equidade, que no cálculo dos alimentos dos menores estejam contempladas as horas de cuidado e de disponibilidade integral de uma mulher para com seu filho. Até porque maternagem não é estar responsável por exatamente todas as atribuições com os filhos, tampouco está atrelado ao gênero, visto que muitas dessas funções podem ser delegadas para um profissional. É preciso computar na conta da despesa do filho o capital invisível investido na maternidade porque ele impacta diretamente na vida da mulher, e não raro é partilhado ou considerado num cálculo de alimentos: as horas em que a mulher atuou como motorista das crianças, as horas de sono não dormidas para levar a criança ao hospital e que vão afetar o rendimento profissional no dia seguinte, as horas que a mulher deixa de produzir monetariamente para passar as roupas, ou as despesas com remédios para enxaqueca pela noite acordada, ou seja, tudo o que tira de um indivíduo o tempo para produzir materialmente porque se está investindo em outro é despesa. E quando falamos de criança cuja responsabilidade é de dois, e levando-se em conta a obrigação da divisão de poder familiar, é imprescindível computar essas horas de trabalho no cálculo de pensão alimentícia de uma criança. E, sim, dividir o quanto custa de forma equânime.

LM: Embora isso seja o ideal, sabemos que esse cenário não representa a vida da imensa parte das mães solo brasileiras em contexto em que há a figura paterna. Como podemos interpretar essa desigualdade no cuidado com as crianças, que em geral sempre se apresenta para o lado da mulher?

ALD: Se uma mulher é obrigada a uma demanda desproporcional com os filhos pelo simples fato de ela ser a mãe, isso se configura como discriminação de gênero, porque só à mulher cabe ser mãe. E toda discriminação de gênero é considerada violência contra a mulher e violação de direitos humanos. A lei determina a obrigação de ambos os genitores com os cuidados da criança. E, assim, é preciso computar e dividir cada pedaço. Porque amor não tem preço, mas cuidados, tempo de dedicação e a assunção de várias funções têm preço. E esse preço deve ser partilhado.

LM: Então, o que se recomenda a uma mãe que está se tornando mãe solo, quando há a figura paterna, a fim de que ela tenha seus direitos como mulher e como mãe assegurados?

ALD: É importante alinhar juridicamente as divisões, sempre que possível, com o(a) outro(a) progenitor(a). Isso pode ser por meio de escritura pública, em que os responsáveis, de comum acordo, estabelecem as obrigações de cada um no cuidado com a prole, seja no tempo de cuidado, na escolha de padrão de vida (e a manutenção desse), de maneira pormenorizada (o máximo que puder). Inclusive, esses termos podem compor um pacto antinupcial ou a própria escritura de união estável. Quando não é possível, é importante o empoderamento jurídico, que é a informação e o conhecimento das opções, das legislações e dos caminhos para a busca de um equilíbrio que possibilite à mulher uma vida não sobrecarregada e que lhe garanta tanto a preservação de direitos quanto o cumprimento dos deveres relacionados ao responsável pelo exercício do poder familiar. Para isso, consultar um profissional de direito é muito recomendável. De preferência uma advogada mulher, que trabalhe pela equidade, que tenha empatia real com a maternidade e que conheça a realidade das mães solos no Brasil.

Portanto, Ana Lúcia e eu somos enfáticas nisso: há amor pelas crianças? Há. Muito. E somente nós mesmas sabemos quanto. Mas também há muita cilada... Há sobrecarga, há estereotipagem, há invisibilidade. Não se acanhe por buscar ajuda jurídica, é seu direito. E, mais que isso: também ensina às crianças que é preciso garantir os nossos direitos e lutar por eles. Sobretudo quando nos configuramos como um grupo sobre o qual recaem mais desigualdades, iniquidades e dificuldades de acesso.

Foi doloroso para mim percorrer essa fase do trajeto, não vou negar. Foi doloroso precisar aguardar uma justiça morosa, comparecer a audiências, ver duas mulheres que se intitulam feministas defender um homem que agiu de maneira violenta comigo. Mas eu faria tudo de novo. E também recomendo que outras mães sigam em frente. Porque esse é um lugar que nos pertence e precisa ser ocupado. E eu ocupei não apenas por mim, mas, também, para ensinar a minha filha que não devemos ter medo. Que há cadeiras em que é difícil estar sentada enquanto mulher. Mas sentaremos mesmo assim. Porque se as mulheres do passado não tivessem feito isso, não teríamos esse direito hoje. Somos essas mulheres do passado para as meninas que estão aí. É por mim, é por ela, é por todas. Marielle Franco dizia e eu faço coro: eu sou porque nós somos. Não existe maternidade em solitude, ela apenas faz sentido no coletivo. Por mais diferentes que sejam as nossas vidas e as dores que nos atingem, todas as sentimos.

É SOBRE RECOMEÇOS

Esse é, agora, para me encaminhar ao fim desta conversa sobre maternidade solo, um papo de pé de ouvido e café passado com aquelas mães que já se enxergaram como mães solo, ainda que estejam casadas, que já perceberam a sobrecarga, a desvalorização, a desigualdade existente nos cuidados com os filhos dentro do seu relacionamento, que se sabem vivendo numa realidade insuficiente, em que uns têm

146

garantidas todas as condições de alçar seus voos, enquanto a elas restou a falta de tempo, a falta de ânimo, a impossibilidade de se desenvolver profissionalmente, de se cuidar e também de voar.

Muitas de nós permanecemos em relacionamentos infelizes por medo de ficarmos sozinhas. E isso se aprofunda quando temos filhos. Por inúmeros motivos, mas, especialmente porque, no caso de o pai também assumir sua responsabilidade na presença e cuidado com as crianças — coisa que se espera que aconteça —, significa que poderá haver também aquela sensação de ninho vazio. Já passei por isso e sei: sim, de fato pode não ser fácil. Pode não ser fácil psíquica, financeira e socialmente. E essa dificuldade durou até o dia em que percebi: não se trata do fim, é um recomeço. É voltar a se olhar. É justiça. É se negar a passar esse modelo desigual adiante.

Quando temos filhos, somos convencidas de que, a partir de então, onde quer que estejamos, não somos mais nós. Passamos a ser "nósenossosfilhos". Assim junto, assim inseparável. Mas isso não é verdade. É desejável para o modelo socioeconômico vigente que sintamos que é assim, que isso é real. Mas não é real. Não deixamos de ter nossa individualidade por nos tornarmos mães, e a diluição dessa individualidade nos faz muito mal. Nos apaga. Nos invisibiliza. Nos aniquila. Quero dizer às mães que se separam que esse sentimento de vazio que muitas vezes surge não é real, é construído — construído por uma sociedade que não nos vê verdadeiramente como mulheres plenas, mas como apêndices de outras pessoas ou como papéis sociais desejados.

Não permaneçam em relacionamentos infelizes e muito aquém do que vocês merecem apenas porque sentem medo da solidão. Muitas vezes a solidão já existe, ainda que acompanhada, nessa pseudocompanhia, nessa presença fantasmagórica de alguém que não te vê, não cuida de você, não te valoriza, nem te apoia — mas usufrui de todas as vantagens que ter uma cuidadora, limpadora, cozinheira e educadora lhe confere. Entendo que existam medos e, em alguns casos, eles são bem reais. Mas não permita que o medo da solidão seja um deles. Não há solidão em estar sozinha. Há uma porta escancarada para si mesma, convidando generosamente para que você entre.

Do outro lado dessa porta há milhares de nós. Mães solos que estão seguindo a vida desconstruindo muitos traumas passados, abandonando muitos modelos arcaicos, decididas a não mais se alimentarem de uma pasta indigesta de gordura.

NÃO CABEMOS EM CAIXAS

A última reflexão que quero trazer é sobre o uso que se faz da expressão "mãe solo". Como mencionei, ser uma mãe solo vai muito além do nosso estado civil, não é sobre ser solteira. É sobre sentir certa inadequação... Sobretudo uma inadequação social, fruto da escolha coletiva, partindo de outras pessoas, de não se fazerem presentes, de não oferecerem acolhimento e apoio às mães solo. Quando você decide não usar mais a expressão "mãe solteira", passa a usar "mãe solo", mas não se move no sentido de oferecer outro olhar e outra atitude a essas mães e à própria maternidade solo, você se comporta igualzinho há quarenta anos: mudou a expressão, mas não o conteúdo.

Compreender a realidade da maternidade solo implica, obrigatoriamente, passar por toda uma reformulação, desconstrução e reconstrução dos conceitos de família, de estrutura social, de acesso a direitos, de gênero, de infância, de felicidade. Se você usa a expressão "mãe solo", mas exclui crianças da sua vida, dos seus eventos, do seu círculo, se não procura incluí-las ativamente, você apenas reforça a exclusão cultural de uma mãe que vive fora da configuração familiar patriarcal desde sempre. Zero novidades.

Contei para vocês, lá no início, toda a minha história não apenas como mãe solo, mas, também e especialmente, como filha. Contei como foi doloroso romper padrões e me recusar a viver em modelos que eu mesma havia aprendido a desejar. E entendi que sou muito maior do que um dia imaginei. Eu simplesmente não caibo na caixa em que a cultura patriarcal e machista tentou me enfiar. E sabe qual é a boa nova? Você também não. A dor não vem de se recusar a viver numa caixa que não nos comporta. A dor vem justamente de tentarmos quebrar nossos ossos e rasgar nossa pele para que caibamos. Inclusive porque, quando fazemos isso com a gente, também fazemos com as crianças, porque elas aprendem vendo, sentindo, percebendo. Não tente caber num modelo de maternidade, numa caixa que embora pareça bonita, embora pareça cheia de gente, pode abrigar muita solidão social. Preste bem atenção nessa caixa. Há um letreiro luminoso lá. Eu sei porque também contribuí e contribuo todos os dias com um dos preguinhos dos milhares que o ajudam a sustentar. E nesse letreiro está escrito: "ESTE NÃO É O SEU LUGAR. VOCÊ NÃO PERTENCE A ELE. E SE TENTAREM DIZER QUE SIM, GRITE". Lembra dessa frase? Grite com força.

Encontre a sua forma de grito. Mas não aceite que a silenciem. Fora dessa caixa há milhares de mulheres com suas crianças pelas mãos. Vivendo uma vida sem a ensinada presença obrigatória de um homem. Vivemos desafios, tentamos transpor muros, às vezes choramos em posição fetal — que mãe não? Mas estamos aqui, ensinando à próxima geração que está tudo bem em ser quem queremos ser e viver da maneira como desejamos viver. E que vamos lutar para que nossa vida e nossos direitos sejam respeitados.

Hoje eu sou uma mãe solo, filha de uma mãe solo. Levo pela mão minha filha, que aos dez anos se vê como uma feminista antirracista, que sabe que pode construir a família que quiser, inclusive pode nem construir uma, se assim quiser. Somos mamãe e filhinha. Não somos muito chegadas a roupas brancas — inclusive porque dão trabalho demais para lavar, e uma mãe solo não precisa de mais trabalho não remunerado, e isso vocês já sabem. Não temos um cachorro de grande porte, temos uma gata preta de olhos amarelos. Nossa mesa de café da manhã nunca está fartamente posta porque somos duas pessoas, não precisamos de tanto assim. Como bem diz a música:

Aqui nessa tribo ninguém quer a sua catequização.
Falamos a sua língua, mas não entendemos o seu sermão.
Nós rimos alto, bebemos e falamos palavrão.

E aprendemos, com a nossa história, a também rir à toa.

E sabe qual a melhor notícia que eu tenho para dar e que guardei para o fim? Ela detesta margarina.

Diversamente mãe

Glaucia Batista

Em 2009, eu voltava de uma viagem de férias inesquecível pela Austrália com a minha melhor amiga. Trazia em mente lembranças de momentos especiais e de planos para o nosso próximo destino, o interior da Itália. Dois meses depois, conheci o meu futuro marido. E meus planos de viagem tomaram novos rumos. Eu era um projeto de aspirante a mochileira. O problema é que quando tinha dinheiro, não tinha tempo; e quando tinha tempo, não tinha dinheiro. O compromisso com o trabalho de quarenta horas semanais deixava minhas escolhas um pouco engessadas, mas eu ainda conservava um espírito livre. Queria conhecer pessoas diferentes, realidades diversas e outras culturas. Jamais me vi fazendo a mesma coisa por muito tempo ou morando no mesmo lugar uma vida inteira. Eu era desprendida e, de certa forma, relacionamentos me sufocavam. Então, no fundo, eu me sentia feliz sendo livre naquele momento. Só era difícil de admitir ou até mesmo de reconhecer isso porque todas as minhas amigas buscavam o amor ou uma relação que lhes garantisse a segurança idealizada de uma família "perfeita".

Nunca fui ensinada a planejar meu futuro. Eu não sonhava a longo prazo porque ainda estava focada em curtir minhas primeiras conquistas. Minhas garantias sempre foram baseadas na segurança e no privilégio de poder contar com a minha família e com amigos. De certo modo, ter crescido num grande núcleo familiar tão unido me fez sentir que em nenhum momento eu estaria sozinha. Eu sempre tinha a companhia dos meus primos para qualquer evento e boas amigas em sintonia com os meus interesses. Vivia o presente com intensidade e aproveitava minha juventude experimentando essa liberdade que eu tanto valorizava. Mas, ao mesmo tempo, eu também queria amar e me apaixonar como a maioria das mulheres da minha idade. A ideia que eu tinha de amor não me aprisionaria, pelo contrário, me tornaria ainda mais livre. Queria encontrar alguém com sede de viver, de experimentar e só conseguia imaginar isso acontecendo no meio do caminho, enquanto eu voava por aí.

Foi num fim de tarde, bem pertinho de onde eu morava, que conheci o futuro pai dos meus filhos. Fui acompanhar uma amiga no primeiro encontro dela. Essas furadas que a gente se mete por sororidade. Ela só queria se sentir acolhida pela minha imponente e ameaçadora presença. (Ui, que medo!) Ironias à parte, em geral eu me enxergava nessa posição de protetora. Mesmo sem garantias de que saberia como agir em situações de pânico, eu sempre tive claro valores importantes sobre o que é justo ou muito errado. Isso me conferia certa autoconfiança para encarar o desconhecido. E lá fomos nós para o primeiro encontro que mudaria todo o resto. Vagner apareceu no meio daquela noite a convite do parceiro da minha amiga. Afinal eu estava sobrando ali no meio dos dois. Mas eu não estava lá para isso. Não queria encontro nenhum. Aquele papinho de sempre, apresentação de currículo... Sem paciência para esse jogo, só pensava em voltar para casa.

Bem, mas eu já estava lá e não era uma garota que desperdiçava oportunidades de me divertir. Então, deixei fluir. Começamos a conversar e a nos entreter. Ele logo me pareceu familiar e, não por acaso, tínhamos alguns amigos em comum. Naquela mesma noite rolou um beijo e a expectativa de um segundo encontro. Desde aquele dia, tudo fluiu natural entre nós. Pela primeira vez, não me sentia pressionada ou sufocada. Era uma zona segura, leve e simples. Àquela altura eu já estava bem cansada de todas as relações que não tinham dado certo e sabia muito sobre o que eu não queria mais num relacionamento. O que eu de fato queria ou precisava, ainda iria descobrir junto dele.

A Itália eu ainda não conheço. Mas nos outros lugares por onde andei, depois desse dia, tive a companhia de um homem especial. Mais do que atender às minhas expectativas de estar com alguém curioso e com ambições parecidas com as minhas, Vagner estava disposto e aberto a conhecer minhas preferências, meus amigos, minha família. Aberto a experimentar uma vida compartilhada. E é preciso ser um pouco aventureiro para isso também. Aprendi a me permitir viver sentimentos e uma cumplicidade mais profunda. Aprendi a construir uma relação respeitosa e leal. Aprendi a valorizar meu lugar como mulher numa relação. E, finalmente, entendi que existiam muitas coisas para explorar e conhecer dentro de mim mesma. Porque eu estava agora exposta a uma vida que eu nunca havia conhecido: a vida a dois.

Nossa maior afinidade, naquela fase, era a vontade mútua de crescer juntos. Estávamos decorando nosso microapartamento financiado, e isso era bem divertido. Planejamos cada detalhe com o melhor que podíamos pagar. Era como construir o início da nossa família de forma concreta. Azulejo por azulejo, gesso por gesso... O trabalho e tempo investidos naquelas paredes nos lembrariam da nossa história. Fixar-me num lugar não era mais tão sufocante, afinal. Isso parecia fazer mais sentido para mim a partir de então. Contudo, num apartamento quarto e sala, não havia espaço para pensar em filhos. E não pensávamos. Ainda assim, antes mesmo da mudança, a encomenda estava feita. Eu estava grávida pouco depois de um ano de namoro. Seríamos três naquele lar.

Quando desconfiei da gravidez do meu primeiro filho, eu só estava no segundo dia do atraso menstrual. Por recomendação médica, suspendi o anticoncepcional e fiz tabelinha nos últimos três meses antes da concepção. Parece que no último mês o cálculo não bateu. Levei um susto quando liguei para o laboratório no fim de uma tarde de sexta-feira para ouvir o resultado pelo telefone. Ainda me lembro da alegria no tom da voz da telefonista ao anunciar meu positivo. Fofa. Ao desligar, em choque, liguei imediatamente para Vagner e anunciei de cara. Ele fingiu normalidade, mas eu sabia que ele estava tremendo inteiro. Naquele exato momento eu me via à frente da porta do prédio de uma amiga. Rolava uma festinha por lá e o apartamento estava cheio. Toquei a campainha e quando ela abriu, caí no choro.

Não conseguia dizer o que eu tinha. Sabia que assim que eu dissesse "Estou grávida" para qualquer outra pessoa, tudo isso que eu ainda não havia assimilado se tornaria real. Seria a minha voz confirmando o que eu acabara de ouvir da telefonista. E eu não mentiria para mim mesma em alto e bom som. Então, me calei. Mas sabia que não me deixariam sair daquele apartamento sem uma boa explicação quanto àquelas lágrimas. Não conseguiria sair dali sem ouvir de mim mesma que os meus planos mudariam para sempre e que eu não tinha controle sobre nada a partir daquele instante. O.k. "Estou grávida!", por fim declarei. As reações foram diversas, mas sempre convergiam para a mesma conclusão. Amigos e familiares muito confiantes de que eu estava pronta para dar conta da maternidade.

De alguma forma a experiência da maternidade me parecia íntima. Minha família é grande e sempre foi muito fértil. Minha avó era uma senhora matriarca que pariu e criou doze filhos. Era comum para mim acompanhar primos nascendo com certa frequência. Convivi com muitas crianças e apreciava a energia, a alegria que elas emanam. Lembro-me bem dos cuidados com meu irmão bebê e todo aquele ambiente com a casa cheia de mulheres, tias e primas, nos dando apoio. No entanto, a primeira vez que me imaginei grávida foi visitando o bebê de uma amiga muito próxima. Temos a mesma idade e naquele momento eu percebi que poderia ser eu. Aliás, parecia que era comigo. Tudo me chamou a atenção, e toda aquela experiência e informação que emergiam em nossa conversa despertaram meu interesse como se eu fosse de fato precisar saber de tudo aquilo muito em breve. Senti como se fosse mesmo para estar ali e ouvir todos aqueles conselhos sobre parto, amamentação e cuidados com o corpo. Minha hora podia estar chegando. E dois meses depois daquela tarde eu estaria grávida.

Mas entenda que essas referências se somaram numa construção. Até aquele dia, quando visitei minha amiga e seu bebê, eu acumulava um histórico de experiências múltiplas de maternidade. Fui cuidada por muitas mulheres. Primas que me levavam e me buscavam da escola, avó que passava o dia todo comigo durante a minha primeira infância. Mãe que trabalhava fora o dia todo, mas que estava presente todas as noites. Tias que juntavam as crianças em suas casas para brincar aos fins de semana. A imagem da mulher cuidadora era concreta para mim. Não me faltou afeto ou atenção, mas eu reconhecia, desde muito nova, que havia muito trabalho envolvido em cuidar. Não é algo trivial, apesar de ser uma função por vezes desvalorizada socialmente. Prestar assistência à criança de outra pessoa, sem profissionalização, pode parecer incomum nos dias de hoje. Agora o cuidar instintivo prestado com amor e carregado de valores multinucleares parece não atender às demandas das nossas crianças ou da nossa própria rotina. Em algum momento, nos tornamos dependentes de padrões, de regras e até de vigilância para estabelecer relações de confiança com outros núcleos. Por isso, acho que a criação se tornou mais trabalhosa do que nunca.

Como eu seria capaz de prover tudo isso que entendia como necessário para criar um bebê? Prontos ou não, eu e meu marido estávamos construindo um lar e uma família. Não posso negar que sou uma pessoa que tenta programar e controlar tudo. Controle e organização me acalmam. Sei como agir, e é confortável estar num lugar previsível. Eu tinha planos concretos e tinha tudo encaminhado. Maternidade era um fator imprevisível demais para caber na minha zona de conforto ideal. Para que isso acontecesse para mim, eu precisaria ajustar os planos A, B, C. Estar pronta e antecipar o imprevisível. Se meu primeiro plano não funcionasse, era só acionar as próximas opções, eu pensava.

A gestação corria bem. Eu me casei com Vagner no civil quando estava grávida de quatro meses e estava bem com tudo isso. Era o que queríamos fazer. Todos me convenceram de que era um bom momento para ser mãe, então eu relaxei porque tive muito apoio.

Pela minha primeira ultrassonografia, vi um menino e sabia no meu coração que aquele feijãozinho no meu ventre era o Thales, um bebê perfeito e bochechudo que eu já imaginava correndo e enchendo a casa de risadas macias. Fiquei feliz com isso, sobretudo porque achava mais prático criar meninos. Entretanto, nunca tive preferência quanto ao sexo do bebê. Minha mãe, sim, queria muito ser avó de um menino, e isso de certa forma me influenciou a querer atender às expectativas dela também.

O melhor de gestar era o carinho e cuidado que eu recebia da minha família e dos meus amigos. Me sentia como se carregasse um tesouro precioso. Cuidei da minha alimentação, seguia as orientações da obstetra, e já consumia muitas informações sobre desenvolvimento fetal na intenção de me conectar com meu filho. Na idade em que ele já conseguia ouvir, eu lia para ele. E quando ele começou a chutar, eu percebia os gatilhos e horários preferidos das suas estripulias na barriga. Entre momentos de ansiedade e de calmaria, já imaginava as delícias da nossa vida a três. Mas também sentia no corpo o peso de trabalhar fora a duas horas de distância de casa e de ter um bebê com quem eu mal teria tempo de conviver.

Planejei ter um parto natural, como a minha mãe e como a maioria das mulheres da minha família. Minha bolsa rompeu num sábado à tarde, depois de almoçar, e eu levei quase três horas desse instante até o quarto da maternidade. E o líquido amniótico descia, descia... o bebê estava bem, mas eu não tinha nenhuma dilatação. Meu corpo não respondeu aos estímulos e, então, optamos por uma cesariana. Estive bem calma por todo o tempo a ponto de a minha mãe achar que eu estava calma demais. Dei todo crédito às vinte horas do curso para gestantes que eu havia feito meses antes. Eu já sabia o que esperar naqueles instantes finais de gestação. O que me fez acreditar que eu tinha o controle sobre a situação.

Mas a insegurança me tomou e minhas pernas tremeram quando o maqueiro do hospital entrou no quarto e pediu para eu me deitar na maca. Era hora de ir para o centro cirúrgico. Meu corpo seria entregue nas mãos da minha obstetra e de sua equipe. Estaria completamente vulnerável dali em diante. Sem opção, talvez sem voz, e com certeza sem chances de desistir. Em meu pensamento, a convicção de que eu não retornaria para aquele quarto sendo a mesma pessoa. Meu corpo voltaria mais leve, mais vazio e buscando um novo eixo de equilíbrio. Minha mente voltaria, imaginei, dividida em duas partes. A partir de então, o bebê seria uma extensão do meu corpo. E eu precisaria ter muita responsabilidade para aprender a lidar com tudo aquilo. Encontrei resiliência nas minhas lembranças que reforçaram meu entendimento de que criar dá trabalho, sim, mas é perfeitamente possível. Tudo o que vivi até ali havia me mostrado isso.

Tive a sorte de ser acompanhada por uma experiente e afetuosa obstetra. Quando cheguei ao centro cirúrgico, ela me explicou o que aconteceria a seguir e me abraçou como uma mãe enquanto o anestesista fazia a parte dele. Por meio daquele gesto humanizado, me senti acolhida e segura de que eu seria bem tratada e que cuidariam bem de nós. No momento do parto, contudo, a minha última refeição mandou lembranças e me senti muito mal, com um refluxo intenso que me sufocava. A equipe agiu rápido, me monitorou e eu fiquei bem mais tranquila assim que ouvi o choro do meu bebê.

Thales nasceu com saúde. Um pouco inchado e feio no momento do parto. Lembro-me de olhar e pensar: "Nossa! Espero que ele fique bonitinho depois de desinchar". Na verdade, eu estava meio tonta por causa da medicação que administraram durante o refluxo. Só queria saber se o bebê estava bem e sair logo daquele centro cirúrgico. Um dos piores lugares do mundo para se estar quando você é a paciente. Foi a primeira vez que eu encarava, na prática, o fato de que a maternidade quase nunca é como imaginamos. Fiquei um bom tempo ouvindo o bate-papo dos médicos enquanto me costuravam. Àquela altura, parecia que ninguém mais lembrava que eu estava ali. Achei meio frustrante não poder exibir pelo vidro do berçário a criança que havia acabado de parir. Essa parte era exclusividade do pai. E eu adoro ouvi-lo recontando esses momentos sob a perspectiva dele, nos mínimos detalhes.

Enfim, com a alta em mãos, eu e Vagner saímos do hospital. Caminhando devagar pelo chão de pedra do estacionamento aberto, um sol da manhã tornava o dia ainda mais lindo. E eu carregava Thales nos braços com tanto cuidado que ele jamais poderia cair de lá. Naquele instante me emocionei e nunca mais esqueci do que senti. O hospital, as visitas, a estrutura e a atenção que eu não teria mais. Tudo o que compunha meus planos A, B e C naquelas últimas 48 horas ficou para trás. Agora era conosco. Meu marido, sempre solícito, parecia tão perdido e impressionado com a nossa vida nova quanto eu. Éramos tão imaturos e ingênuos em relação à parentalidade! Eu não tinha muito por que acreditar que seria capaz de dar conta daquilo tudo. Pouca informação, muitas perguntas e o resto da nossa vida numa eterna descoberta. Respirei fundo, agradeci e segui em frente com fé de que tudo daria certo.

Àquela altura da minha vida, eu sentia que já havia chegado longe, dado o meu ponto de partida. Sempre descobria uma forma de driblar as dificuldades, de me superar ou de me reinventar numa situação sem saída quando me via sem os planos de garantia. Eu tinha trinta anos, estava casada com um homem íntegro e parceiro, tínhamos empregos e um apartamento minúsculo, bem decorado e acolhedor. Muitos sonhos a conquistar, mas uma base pronta para começar a história da nossa família. Era tudo seguro ali e minha mente estava em paz. Comecei pelo tal manual da mãe perfeita. O que se espera de uma boa mãe? O que eu precisava fazer para que meu filho espelhasse a minha capacidade de dar conta dessa maternidade? Eu precisava de orientação e me apeguei às regras. Os marcos de desenvolvimento do bebê nortearam minha missão. Era um pouco excitante receber um e-mail daqueles sites de acompanhamento semanal dizendo o que esperar de um bebê naquela semana. Ai, que alívio e orgulho era constatar que o meu filho estava em dia com o checklist ou até à frente dele. Thales era tão lindo, sorridente e esperto! Sim, ele desinchou e ficou lindo para os meus padrões de bebês fofos. Eu estava muito realizada com aquela perfeição. Tive a oportunidade de aproveitar intensamente os sete meses seguintes ao parto, antes de voltar ao trabalho. A gente aprendeu a se conhecer bem rápido, e era fácil cuidar daquele humaninho. Estava orgulhosa de mim, do meu trabalho em estimulá-lo a rolar, a responder, a andar. Era crédito meu que dava oportunidades a ele de experiências de autodescoberta. E dizer que era crédito meu não dá a essa atitude a função de me vangloriar. Esse é o lugar de quem traz tudo para si. O ônus e o bônus. O que dá certo e o que dá errado. A responsabilidade sobre tudo o que envolvia a minha criança e a minha família. Essa forma de agir ou de ser me motiva a fazer sempre o melhor, mas também intensifica qualquer sentimento negativo decorrente das falhas. Naquela fase, tudo poderia ser maior do que de fato precisaria ser. E isso indiretamente incentivava ainda mais a minha necessidade de garantir os meus planos A, B e C, e, complicando, os planos que agora também se aplicassem à minha extensão, o meu filho.

Apesar dos desafios comuns de quem nunca foi responsável por um bebê em tempo integral, os primeiros meses da maternidade foram bem leves e felizes. Era muito gostoso acompanhar o Thales crescendo, e eu só me preocupava em fazê-lo se sentir bem e feliz. Quase tudo o que imaginei sobre maternidade estava acontecendo e era hora de viver e de crescer juntos. Meu marido, em sintonia, também estava se descobrindo um pai amoroso, cuidadoso e ativo na criação. Éramos, enfim, uma família confiante.

A volta ao escritório foi inevitável quando minha licença-maternidade terminou. A rotina aos poucos voltava ao normal, mas agora com um novo elemento. Matriculamos o Thales, aos seis meses, numa creche integral perto de casa, mas pouco tempo depois a unidade simplesmente fechou as portas. Eu e meu marido trabalhávamos o dia todo e era complicado cuidar de um bebê sem rede de apoio por perto. De cuidador em cuidador, Thales foi adaptado a quatro rotinas diferentes antes de completar um ano de idade. Eu me sentia péssima com a necessidade de deixar meu filho com outras pessoas por tanto tempo, mas sobretudo pela logística exaustiva. Ele também sentiu. Apesar de ser carinhoso e afetuoso, nessa fase o Thales começou a parecer distante e quieto demais. As poucas palavrinhas que ele havia começado a pronunciar eram cada vez mais raras de se ouvir. Meu bebê não chamava pela mamãe ou pelo papai. Tudo o que ele queria, pedia gesticulando ou não pedia.

Até certo ponto, a gente lida naturalmente com um bebê que não fala muito, antes dos dois anos. Ainda esperamos que uma chavinha invisível vire e a criança comece a falar pelos cotovelos de uma hora para outra. Deve ser assim mesmo, já que "cada um tem seu tempo", diziam, afinal. E enquanto muita coisa acontecia na nossa vida, eu ansiava pela fala do Thales. Uma maternidade silenciosa cuja conexão era fortalecida por meio do toque, dos gestos e dos cuidados. Mas sem muita conversa.

Aquele silêncio começava a doer no meu coração. Ele estava comigo, mas não falava comigo. Qualquer palavra era comemorada com festa. Qualquer intenção comunicativa era respondida com toda a atenção que tivéssemos, mas era difícil, muito difícil extrair dele até mesmo um "oi". Era nas bochechinhas fofas que eu mergulhava para estar em contato, para me mostrar presente, e com muitos beijinhos eu tentava dizer para meu filho: "Te amo, te entendo, estou aqui".

Morávamos num condomínio grande, e foi fácil se aproximar de outras mães com bebês da mesma idade durante os horários de banho de sol e de lazer. A convivência foi fundamental para que eu percebesse que os outros bebês estavam interagindo mais ou melhor que o meu. Então eu comparava o tempo todo e notava quão espontâneas eram as respostas dos bebês de um ano aos estímulos naturais de seus familiares, sobretudo de suas mães. "Diga 'oi' para o tio", e a criança imediatamente dizia "oi", "Dá um sorriso bonito", e a criança mostrava mais gengivas do que dentes num sorriso banguela. "Olha lá a borboleta!", e ela já apontava para mostrar que também estava vendo. São muitos os sinais de linguagem que eu nem sabia que era importante observar, mas hoje sei. Na época eu só notava que o meu filho não falava como os outros bebês, e isso se tornava vez mais evidente.

Começava oficialmente nessa fase o meu empenho "obrigatório" para apoiar o Thales a aprender a falar. Foi quando comecei a observá-lo e passei a estimular a linguagem do jeito que eu imaginava ser possível ajudar. Passei a ser mais falante em casa e a ler mais livrinhos com ele. Enfim, um alerta se acendeu para o atraso de fala e eu levei minha desconfiança à pediatra que o acompanhava. Ela sempre foi muito atenciosa e acolhia minhas questões. Mas ela não acreditava muito que poderia haver algum atraso num bebê que se desenvolveu tão bem, numa família que oferecia um ambiente saudável e naturalmente estimulante. Sentia falta de orientação profissional para lidar com o que estava acontecendo e tive que ser um pouco insistente com ela sobre as minhas preocupações. Ela, então, me encaminhou a uma neurologista de confiança, mas a consulta só pôde ser agendada para quase um ano depois. Aos dois anos, quando já estava adaptado numa nova escola, a professora do Thales estranhava o pouco vocabulário que ele expressava. Palavrinhas e frases curtas eram emitidas de maneira esporádica. Parecia tímido quando pressionado a falar, não entendia alguns comandos, mas seguia se desenvolvendo como o esperado em outros aspectos. Era uma criança doce, sorridente e devolvia ao mundo todo o afeto que recebia em casa. Era fácil demais amá-lo. Do carinho que ele mesmo despertava nas pessoas que cuidavam dele fez crescer a preocupação da professora e motivou a iniciativa da escola de encaminhá-lo a uma fonoaudióloga. Já era hora de buscar ajuda, e eu fui atrás.

Começamos com intervenção com fonoaudióloga, apesar de eu achar que ele era novo demais para obedecer a comandos de uma terapeuta; eu precisava agir e não queria me sentir culpada depois por ter esperado demais. Parecia que ele só estava lá para brincar. Eu ouvia as risadinhas deles enquanto eu aguardava na sala de espera e tentava entender como aquilo poderia ajudá-lo. Quando a porta era aberta, eu queria saber como foi, se ele tinha falado alguma frase. E conforme as semanas iam passando, eu entendia que o meu filho não estava doente. O que ele tinha não era algo que iria passar com um remédio ou com um mês de tratamento. Aquele ambiente seria parte da nossa rotina por um bom tempo.

Finalmente chegamos à consulta da neurologista, e ela avaliou o Thales em consultório e aplicou alguns protocolos por formalidade. Ela estava certa de que ele tinha Transtorno do Desenvolvimento da Linguagem (TDL), na época ainda chamado de Distúrbio Específico de Linguagem (DEL). E, então, me deu essa hipótese diagnóstica, me recomendou permanecer nas sessões com a fonoaudióloga e disse para a gente retornar depois de alguns meses. Saí daquela consulta com muitas dúvidas sobre o transtorno, mas me sentindo segura por ter sido bem acolhida e por meu filho ter sido avaliado com cuidado e atenção.

Entre pediatras, fonoaudiólogas, psicólogas, neurologistas, psiquiatras, somamos dezesseis profissionais atuando durante a primeira infância do Thales. Foram muitas horas da nossa vida consumidas pela logística e habitando em salas de espera e de sessões terapêuticas. E o tempo é precioso. Decidir sobre como cuidar e tratar sintomas de um transtorno de uma criança envolve decidir sobre o seu tempo de vida. Cada escolha pode ser compensada em melhora na qualidade de vida ou desperdiçada em paliativos sem impacto. Lidar com essas escolhas não é trivial. São muitos os fatores e as pessoas envolvidas, e, ao mesmo tempo, tudo em constante transformação, sobretudo porque a criança está crescendo, aprendendo e mudando. E nós também.

Não tenho dúvidas de que valeu a pena o esforço quando observo o meu filho hoje. Ele está feliz, se sente capaz e acredita em si mesmo. Independentemente de qualquer dificuldade que venha enfrentar, sabe que estamos aqui por ele e que suas necessidades não serão negligenciadas. A rotina foi intensa e cansativa naquela fase, mas fizemos nosso melhor com os recursos que possuíamos. Entender isso me fez encontrar um espaço de conforto onde consigo me blindar de algumas culpas que não me cabem. Aquelas culpas que te dizem que você poderia ter feito mais, que não se informou o suficiente e que você não foi mais longe por mais vezes. Culpas...

Às vezes me dou conta de que o Thales entende o ambiente terapêutico como parte de sua vida. Foi um lugar que fez parte da sua infância toda e isso me deixa mal. Ao mesmo tempo, me sinto privilegiada por ter tido condições de oferecer apoio a ele. Sei que muitas crianças precisam superar suas dificuldades sem nenhum suporte e crescem se achando incapazes por estarem em desvantagem em relação aos seus pares. Quantas vezes, na nossa infância, não julgamos alguma outra criança, chamando-a de "lerdinha", de "burra"? Quantas não repetiram de ano ou até abandonaram a escola porque não conseguiam discriminar seus próprios desafios com a aprendizagem e pedir ajuda? Às vezes essa criança só precisava de um pouco de sorte para encontrar pessoas que se comprometessem com o seu crescimento, a protegessem e lhe possibilitasse acessos a serviços que fizessem diferença no seu desenvolvimento. Tudo isso acontecendo ao mesmo tempo é sorte. Entendo que os atrasos que o Thales superou foi porque teve oportunidade. Toda criança aprende, mas ela precisa de profissionais que se importem com ela. Seja um professor, um terapeuta ou os próprios responsáveis, todos que estão formando essa criança precisam se comprometer com ela. Eu concentrava muito dos meus pensamentos nas pessoas que cruzariam a vida do Thales. E tivemos a sorte e a oportunidade de conhecer profissionais maravilhosos que transformaram nossa vida.

Nesse processo de acompanhar as intervenções terapêuticas do meu primeiro filho, fui me transformando numa espécie de mãe. Aprendi a maternar sobre as demandas do Thales de forma especialmente individualizada. Reorganizei minha rotina de trabalho para passar mais tempo com ele, e só esse tempo em si já melhorou muito a nossa relação. Aquele momento junto que não tínhamos, fui obrigada a criar e a cumprir com o compromisso. Quando eu buscava o Thales mais cedo na escola integral, a felicidade que ele expressava ao se despedir da tia para estar em minha companhia justificava o quanto ele se dedicava às sessões de terapia desde muito novo. No caminho, só nós dois, no ônibus, no carro, no táxi, em dia de chuva ou de sol forte, com muitas bolsas e mochila, com um barrigão da segunda gestação, nada impediu nossa rotina e o meu propósito de ajudá-lo a se desenvolver no seu melhor potencial. Eu queria ver meu filho dialogando comigo, me contando como foi o seu dia na escola, o que comeu, com quem brincou, o que aprendeu ou até se alguém havia tocado ou machucado ele. Tantos medos me passavam pela cabeça... Eu estava focada nessa missão.

Educar uma criança que não expressa ou compreende a linguagem como a maioria exigiu de mim outras formas de construir e fortalecer nossa relação de mãe e filho. Eu sempre achei difícil conversar com o Thales quando ele não falava muito ou quando sequer conseguia desenvolver uma conversa simples. "Filho, como foi na escola?" "Bom." "Filho, de qual desenho você gosta mais?" "Desenho." Caramba! Haja esforço para qualquer mãe estimuladora. Para algumas pode até ser natural falar o tempo todo. Mas eu nunca fui uma pessoa expressiva e barulhenta. Até aprecio um tempo de silêncio e calmaria. Então eu só me empenhava por ele. Precisei e ainda preciso me esforçar, tanto pelo Thales quanto pelo Breno, meu segundo filho, que está no espectro autista. E isso me demanda. Imagino que os canse também.

A questão é que ser uma mãe falante pode estimular a criança, mas ser uma mãe silenciosa não causa transtornos de fala ou de linguagem em ninguém. Muito menos Transtorno do Desenvolvimento da Linguagem. A dificuldade persistente na aquisição da fala deve ser avaliada por um fonoaudiólogo. E eu repetia "não era culpa minha!" até que acreditasse totalmente. Parece óbvio, mas dizer em voz alta me ajudou a ter alta da minha terapeuta.

Eu sempre quis poder bater um papo com o meu filho para que ele se sentisse parte do nosso mundo, para que se sentisse mais confortável entre seus pares e até perto de algum estranho. Eu queria que ele fosse capaz de expressar suas vontades sem hesitar. Se uma criança de fato não consegue falar, existem outras formas de comunicação que possibilitam a interação entre ela e as demais pessoas. Mas o meu filho tinha potencial para desenvolver plenamente a fala, e eu não podia desistir de ajudá-lo. Eu nunca quis que o Thales se sentisse nada menos do que incrível. Eu o admirava muito por seu esforço, por seu bom humor e por sua paciência mesmo nos dias mais duros. Eu o respeitava por ele ser obrigado a passar um bom tempo em ambientes onde as pessoas nem sempre o compreendiam. Ele precisou superar medos, julgamentos, vontades e necessidades quando ficava sem o suporte de um adulto ou de um colega, só por não saber como se portar. Acuava aparentemente perdido em meio a uma mente que pensava o que sua boca não conseguia verbalizar.

Thales já era um gigante corajoso. Cabia a mim entender o equilíbrio nos estímulos para não sobrecarregá-lo.

Em janeiro de 2018, Thales já havia completado seis anos e tinha terminado a educação infantil. Rumo ao primeiro ano numa nova escola, eu sabia que fazer amigos e socializar ainda seria um grande desafio para ele. Ele vivia num mundinho estabelecido entre rotina escolar e família, então não tinha muita oportunidade de lidar com crianças de outros ciclos. Sendo assim, superei minhas neuras e o matriculei numa colônia de férias. Senti muito medo de acontecer algo ruim, de alguém abusar dele, ou de ele se perder no local e não conseguir me relatar. E é muito difícil superar essa minha insegurança, mas pensando em estimular a autonomia dele, senti que seria uma boa hora.

No primeiro dia da colônia de férias, me surpreendi positivamente com o evento. Estava tudo bem organizado e os recreadores eram experientes com inclusão. Mas Thales ficou apavorado. Quando ele ficava nervoso, tinha um bloqueio bem mais intenso na fala e na compreensão. Ele não estava acostumado a lidar com o inesperado, e isso o deixava muito ansioso. Ele não conseguia entender bem o que diziam durante a apresentação do programa. Mas ali ele já foi separado de mim e entendeu que não teria um conhecido sequer para se apoiar. Chorou, porém tentou disfarçar para os outros. Olhava para mim de longe com cara de "não faz isso comigo". Chorei também. E fiquei por perto pelas três eternas horas seguintes, circulei pelo local com o Breno bebezinho, fazendo hora e acompanhando Thales de longe. Pedi ao monitor uma atenção especial para ele, e assim foi. Na última hora haveria atividades na piscina, mas Thales declinou e fomos embora. Só no dia seguinte ele entendeu que teria mais, muito mais. Seriam duas semanas completas! Ele reclamou, mas fomos. No dia seguinte ele não resistiu à piscina e amou. Estava muito calor. Não tive logística para ir todos os dias, mas fomos na maioria deles. Foi demais! Ele participou de tudo, teve afinidade com algumas crianças, mas não levou amigos de lá. Já valeu. Ele entendeu que o novo também pode significar descobertas e diversão. E eu entendi que suas habilidades com linguagem adquiridas até então já davam conta de lidar com diferentes desafios.

São experiências simples como essa que me mostram o resultado de todo um trabalho que é feito em consultórios de terapeutas. Aprender sobre os processos e observar meu filho na prática é o que mais me motiva a investir no desenvolvimento dele. Por investir, digo estudar sobre o assunto, conversar com os profissionais que o acompanham, dar suporte às dificuldades antes que elas se tornem maiores do que a nossa capacidade de lidar com elas.

Ser uma mãe que fala muito além do que escuta pode ser atípico para muitas, mas para mim esse é o padrão. É a mãe que eu sou. Vivo iniciando conversas, fazendo comentários, perguntas e descrevendo cenas para dar o modelo e ensinar meus filhos a falarem. E, sendo sincera, crianças falantes me deixam até um pouco tonta e curiosa. Entendi o quanto desenvolver a fala é complexo ao acompanhar esse processo em câmera lenta. Isso me encantou e despertou minha vontade de querer entender melhor como tudo funciona.

Saber um pouco sobre aquilo com que eu estava lidando foi uma forma adaptada de exercer aquele meu velho vício em controle. Só que agora eu não espero ter todas as respostas e saber sempre como agir. Eu só buscava ter em mãos referências de onde ou quem procurar quando precisasse de informações ou de ajuda. Entender sobre desenvolvimento da linguagem me auxilia a compreender meus filhos e a reconhecer as pequenas grandes conquistas deles quando tudo decorre bem diante de mim. Conforme o tempo ia passando, melhor o Thales se comunicava. As frases foram surgindo e se sofisticando. Aos cinco anos ele aprendeu a ler, e o gosto pela leitura, estimulado desde bebê, contribuiu muito para a ampliação do vocabulário. Aos seis anos, ele já conseguia dialogar. Mesmo que com algum esforço, era capaz de organizar ideias e expressar seus pensamentos com mais fluência.

Lembro-me bem de uma tarde de sábado em que fomos ao circo. Thales me pediu para ir de chapéu e eu achei uma péssima ideia porque o chapéu era velho, um adorno de brincar que rolava por aqui. Além do fato de que ele provavelmente iria querer tirá-lo assim que saísse de casa. Então eu disse: "Se quiser tirar, eu não vou carregar, combinado?". Ele: "O.k.!".

Lá foi ele de chapéu, e eu fiquei pensando que meu menino estava crescendo, se posicionando e reivindicando sua voz. Passaria despercebido se não tivéssemos escalado montanhas por momentos assim. Reconhecer suas próprias preferências, identificar o que o satisfaz e bancar suas escolhas são processos complexos no desenvolvimento de uma pessoa. E vamos combinar que existem adultos que ainda nem chegaram lá, né não? Tão significativo ou mais do que saber se expressar bem e alcançar uma linguagem adequada para a sua idade é saber quem você é. Desenvolver autoconfiança e se amar ao demonstrar autocuidado são habilidades que lhe permitem reconhecer suas capacidades e lutar pelo que o faz feliz. Thales me ensinava em momentos assim o que realmente me realiza na maternidade: conseguir enxergar as respostas da educação e dos valores que tentamos passar aos nossos filhos, mesmo sem ter muita certeza se estamos ou não no caminho certo.

Até que aprenda a falar, a mãe é a voz para o filho. Fui a voz do Thales mais tempo do que eu previa por causa do atraso da fala dele, a ponto de me acostumar com isso e então estranhar as primeiras vezes em que ele começou a se colocar e a reivindicar seu lugar de fala. Se tornou prático para mim tomar as decisões e seguir em frente sem muitas discussões. Assim, as primeiras motivações dele em fazer escolhas me deixaram confusa e incomodada. Me parecia desobediência, sabe? Algum tipo de rebeldia precoce... Mas não era. Era ele reconhecendo que era um indivíduo além de mim. Um alguém que tinha outro corpo, outra mente, outros gostos. E era direito dele deixar isso claro para mim e para o mundo. Thales estava se revelando e, conforme se expressava com mais objetividade, nossa relação mãe-filho se reconfigurava. Quando respeitamos o ritmo próprio do desenvolvimento da linguagem de uma criança, temos o prazer de perceber os detalhes dessas transformações. É palpável, humano e interessante!

Aprendi a ser uma mãe que observa os detalhes. Na ansiedade legítima de querer perceber os resultados das intervenções surgindo e o meu filho evoluindo em relação a si mesmo, eu me apegava aos detalhes. Era nas pequenas conquistas que habitava a minha satisfação e a minha confiança num bom prognóstico. A cada dificuldade que ele superava, eu me fortalecia e acreditava cada vez mais que todo o investimento estava mesmo valendo a pena. Mas essa confiança no meu maternar e nas minhas escolhas foi um processo que levou tempo.

Muitas vezes, ao participar de uma conversa natural entre mães, sentia que a minha experiência era desvalorizada pela minha condição de mãe atípica. Afinal, quem era eu para dar conselhos sobre o que é bom ou prejudicial para um bebê se o meu filho precisava de suporte para se desenvolver? Se você fez demais ou de menos, esse será o motivo da sua culpa por ter gerado uma criança diferente. Sempre tentei fazer tudo certinho durante e após a gravidez, mas certas coisas não podemos controlar, simplesmente acontecem conosco. NÃO É NOSSA CULPA. E mesmo sabendo de tudo isso, eu limitava minhas falas com receio de ser julgada, por constrangimento ou por qualquer outro sentimento que ainda não processei bem, porque leva tempo. Leva algum tempo para a gente perceber e aceitar que a maternidade é uma caixinha de surpresas e que não temos controle sobre nada. Decidir ser mãe exige lidar com o inesperado. Isso é complexo, desafiador e nos transforma completamente.

A maternidade deve ser tratada com respeito. Assumir criar um filho, seja como ele for, deve bastar para validar a experiência de uma mulher enquanto mãe. Eu cuidei do meu feto desde o primeiro momento que soube da existência dele. Se tentei fazer tudo certo, não era frescura, era a minha forma de cuidar e de demonstrar amor.

Minha segunda gravidez foi uma surpresinha. Acredite: as surpresinhas acontecem quando você está tão imersa na tentativa de resolver todos os problemas do seu micromundo do presente e do futuro, que esquece de tomar os anticoncepcionais no mesmo horário ou até no dia seguinte. A vida estava muito corrida. Sempre trabalhei quarenta horas por semana e estava fazendo uma pós-graduação à distância. Thales, aos três anos, ficava na escola em horário integral e ainda tinha uma rotina de intervenções que me deixava extremamente esgotada, gerenciando uma logística que beirava o impossível. Marido trabalhando de dia e estudando à noite. Como assim, grávida?! Bem, dizem que no segundo filho a experiência ajuda a gente a levar tudo com mais tranquilidade. Então, num surto de positividade, pensei: vai dar tudo certo! Relaxa! Já passei por tantas angústias com o diagnóstico do Thales e cheguei até aqui. Dois raios não caem no mesmo lugar. Dessa vez, vou tirar de letra...

Tive uma gestação muito tranquila, correu tudo muito bem e eu me sentia até um pouco ousada em gerar um segundo filho. Era para mim e para Vagner uma decisão realmente grande. Dessa vez, o que eu tinha em mente era algo parecido com fincar raízes. Eu imaginava que tudo seria mais estático e estável. Com a barriga cada vez maior, sentia a perda da mobilidade não só por causa do meu corpo, mas pelas minhas limitações com um filho pequeno para dar conta. Aonde quer que eu fosse com Thales, ele não teria mais meu colo tão acessível, nossas brincadeiras seriam mais leves, e eu carregaria apenas o necessário comigo para evitar excesso de peso. Ele já desenvolvia um senso de cuidado comigo enquanto criava expectativas sobre o irmão.

O Breno chegou numa noite chuvosa de novembro. Era um misto de felicidade, completude e incredulidade. Eu, que nunca tive o hábito de me imaginar como mãe, naquele instante me tornei mãe de dois. Uau! Como dizia minha querida obstetra: "Quem pensa não faz!". E foi exatamente assim, tudo de repente havia mudado para nós. Não foi tão de repente, mas quando não se planeja todos os detalhes da vida, essa sensação de surpresinha te acompanha. Acho que eu, enfim, planejei não planejar, porque naquele momento tudo parecia certo para mim.

Eu e Vagner estávamos mais tranquilos com as práticas no dia do nascimento do Breno. Já sabíamos o que esperar e como proceder. Tudo correu bem na maternidade, e dois dias depois já estava em casa com o meu pacotinho. Thales gostou do irmão desde o primeiro contato. Nunca vou esquecer os olhinhos curiosos dele ao acompanhar o primeiro banho do Breno ainda no quarto da maternidade. Ao se despedir, ele insistiu para que eu fosse embora com ele e com o pai, mas a alta seria só no dia seguinte. Essas experiências são tão carregadas de sentimentos que dificilmente esquecemos. Havia uma expectativa gostosa pelo grande encontro dos irmãos, e de fato foi lindo de ver. Me senti muito madura e forte por ter gerado duas crianças tão incríveis e amadas. Só queria que tudo ficasse bem.

Apesar de certa tranquilidade em ter que passar pela experiência do parto pela segunda vez, fiquei preocupada pela segurança da minha criança. E dentre as coisas mais loucas que o medo plantava na minha mente, como sequestro ou algum tipo de queda, nas duas vezes me peguei contando os dedinhos dos meninos e apreciando a perfeição de suas formas. É realmente algo incrível gerar um ser humano!

E a vida seguiu. Tudo mudou e fomos nos adaptando aos poucos. Vagner trabalhava fora em tempo integral. Agora éramos nós três retidos em casa o dia inteiro. Pausamos as terapias do Thales por algum tempo. A linguagem dele ainda apresentava certos atrasos em relação à idade, mas evoluía gradativamente.

Um dia, recebemos uma visita. Uma amiga veio conhecer o Breno. Thales, com toda a energia de um humaninho de quatro anos, ficava superanimado e fazia de tudo para chamar a atenção dela. Mas a conversa não fluía, ele ainda não conseguia dar continuidade a um bate-papo simples aos quatro anos. Ele só queria se divertir com alguém diferente, e brincar com o corpo era a opção mais familiar naquela época. A superexcitação motora dele me deixou constrangida dessa vez. Ele gritava e repetia frases prontas como "não pode falar sozinho" e entre outras que repetíamos para ele, na tentativa de ensiná-lo comportamentos socialmente apropriados. Ele só queria dizer algo porque entendia que precisava se comunicar falando, havia sido estimulado a isso e não conseguia se organizar naquele momento para formular frases próprias. Muito agitado, confuso com tanta ansiedade, feliz por ver alguém diferente e exibido porque queria atrair a atenção desesperadamente, Thales só queria interagir, mas não sabia como. A comunicação era tão confusa... "O que é que ele estava tentando dizer, afinal?" era a expressão clara no rosto da nossa visita.

Foi uma das ocasiões mais angustiantes da minha maternidade. Eu não tinha como controlá-lo ou ajudá-lo naquele dia. Minha visita nem conseguia conversar comigo. E eu ali, amamentando o Breno, esgotada, encarando o fato de que meu filho não sabia falar direito e eu nem sabia mais como lidar com isso. Putz! Que solidão! Respirei fundo e tentei ignorar o caos na minha cabeça. A visita se foi com uma ideia bem errada sobre o todo, mas nem tentei explicar. Era coisa demais para explicar durante um cafezinho.

Sempre me lembro desse dia como o único em que eu de fato me senti vitimizada pela minha maternidade, por estar numa posição tão vulnerável diante de alguém de fora. Com o tempo entendi que me senti assim porque fui subjugada pelo silêncio e pelos olhares que diziam que a minha vida, naquele momento, não era desejável. Muitas coisas foram ditas ali sem que nenhuma palavra sequer fosse verbalizada, e eu entendi isso da pior forma e ressignifiquei. Meu filho estava claramente dizendo que queria um pouco de atenção. E só! Não há nada de errado em uma criança ser diferente, em se expressar como ela consegue. Absolutamente nada de errado.

Thales cresceu, aprendeu a conversar e hoje ele fala por si mesmo. Uma conquista que facilitou nossa relação e a interação dele com as outras pessoas. Me sinto realizada por ele ter se desenvolvido tanto, sobretudo quanto à linguagem, que era algo que ele sempre teve potencial para alcançar. Mérito dele por toda colaboração com as terapeutas, paciência pelas horas de deslocamento e espera, tolerância quando observado e avaliado, e vontade de ser compreendido quando se expressava. Foi algo que ele fez por si mesmo. Fui apenas a facilitadora. Apoiá-lo sempre será parte da minha função.

O diagnóstico do Transtorno do Desenvolvimento da Linguagem não é simples e ainda é muito desconhecido. Trata-se da dificuldade persistente em compreender e expressar linguagem, e não há nenhuma relação com autismo, síndromes ou questões biomédicas. O processo diagnóstico em geral dura toda a primeira infância. Aos cinco anos, já se espera de uma criança um conjunto de habilidades linguísticas que permitam uma avaliação mais assertiva sobre o desenvolvimento da linguagem dela. Essa espera por uma definição sobre a causa do atraso gera muita ansiedade nas famílias e insegurança sobre as escolhas de tratamento e suporte.

Thales recebeu o diagnóstico aos seis anos, mesmo tendo começado a intervenção aos dois, e ainda permanece em tratamento com fonoaudióloga. Hoje ele está com nove, diz que não tem transtorno algum, mas sei que ele tem desde muito cedo certa percepção de que fala de forma sutilmente diferente dos amigos. Apesar de tudo, ele já consegue dar conta do que lhe cabe. Nunca precisou de profissional de apoio ou material adaptado dentro da escola porque fomos capazes de acompanhar e de reforçar os conteúdos em casa, e isso, no caso dele, foi suficiente. Aprendi a ensiná-lo e ele sempre foi muito inteligente e colaborativo. A linguagem muda a cada fase, e as dificuldades vão sendo superadas enquanto outras aparecem. Quem tem TDL deve aprender a utilizar estratégias para contornar os desafios com a linguagem, desde identificar as próprias dificuldades e tentar corrigi-las até pedir ajuda diante de alguma demanda que não consiga processar ainda.

Lidei com a minha ansiedade de mãe estudando sobre o assunto e há dois anos me tornei embaixadora da ONG Raising Awareness of Developmental Language Disorder (RADLD), que se compromete com a divulgação e conscientização do TDL pelo mundo. Descobri, por meio da RADLD, todo tipo de pessoa com o transtorno. Pessoas de todos os continentes, de etnias diferentes, crianças poliglotas, artistas e cientistas, todos diagnosticados com o Transtorno do Desenvolvimento da Linguagem. As referências positivas foram importantes porque fortaleceram minha esperança de que tudo vai ficar bem com o meu filho. Dar rostos ao diagnóstico humaniza a condição dessas pessoas e alerta os envolvidos em relação à relevância de compreender e tratar cada caso individualmente. O Thales foi modelo da campanha de conscientização da RADLD 2020 e me orgulho em saber que falar a respeito do tema tem ajudado outras crianças a encontrar a atenção e a ajuda de que precisam. Isso é ativismo e transforma vidas.

A combinação genética entre um casal é mesmo uma caixinha de surpresa. Não tardou para que meu segundo filho ativasse uma espécie de *checklist* mental das minhas preocupações. A cada fase que o Breno atingia, eu pensava:

Graças a Deus! Menos um drama. É meio triste, mas era involuntário. E imagino que isso aconteça com algumas mães atípicas na segunda viagem. Eu de fato desejava que tudo com o Breno acontecesse da forma mais simples e previsível quanto possível.

A segunda maternidade estava diferente, de novo me surpreendi diante das minhas expectativas. Eu não tinha mais aquele olhar da primeira vez, experimentando as descobertas, aventuras e desventuras do bebê. E isso não era algo ruim, muito menos significava falta de amor. Era apenas diferente. E foi graças a isso que não surtei quando percebi que o Breno estava demorando para falar também.

Com cerca de dois anos, uma criança já consegue juntar duas ou três palavras para formar frases. Aos três, pessoas estranhas podem compreender o que a criança diz. E por causa do Thales, eu já sabia de tudo isso e também sabia o que deveria esperar do Breno nessa idade. Os marcos de desenvolvimento da fala do Breno não seguiram dentro do padrão esperado, e aos dois anos e meio, os atrasos de fala e linguagem eram facilmente perceptíveis. E passei a viver num filme repetido.

Toda vez que eu estava em ambientes ou em eventos infantis com meus filhos e uma conversa surgia com outros pais, entre os olhares vigilantes sobre os filhos de ambos brincando juntos, lá vinha aquela sequência do desconforto:

Primeiro, o olhar. As pessoas ali perto ficavam tão intrigadas ao verem meu menino "tão espertinho" não falando nada ou quase nada inteligível. A curiosidade era tanta que elas chegavam a esquecer de disfarçar aquele olhar investigativo. Perdiam-se na própria especulação mental e faziam aquela expressão que precede a pergunta: "Quantos anos ele tem?". Eu já sabia o que aquela pergunta realmente significava nessas ocasiões. Pronto! Aqui vamos nós... Eu apenas tentava fazer com que aquela conversa fosse o mais breve possível. Ou que durasse o tempo suficiente para que eu não precisasse conter minha voz embargando ou meus olhos cheios d'água. Sim, eu estava cansada de lidar com tudo isso. Só queria estar em qualquer lugar e não me sentir diferente ou tensa com a expectativa de ter que dar explicação sobre algo que nem eu entendia bem. Queria sair de casa para ter bons momentos e adiar, enquanto achava possível, a nossa segunda rodada de investigação diagnóstica, agora com dois filhos a tiracolo.

Bem, levei bastante tempo até aprender a lidar com essas situações. Na verdade, ainda sou pega de surpresa pelos meus sentimentos. Mas não me sinto mais tão vulnerável. Quando Thales era mais novo, eu automaticamente respondia: "Ele fez três". Eu queria fazer parecer que ele tinha acabado de completar a atual idade. Isso daria uma margem de tolerância à diferença da linguagem dele e talvez ajudasse a cortar o assunto por ali. Às vezes a pessoa insistia e ainda completava: "De qual mês ele é?". Putz! Que saco!

Já com meu segundo filho, eu resumia: "Breno tem três, mas ainda não fala muito". Essa resposta pode soar como um BASTA ou como uma possibilidade de conversa útil, dependendo da minha entonação e do meu estado de espírito. De qualquer forma, dou a entender que "sei o que você está especulando em relação ao meu filho".

Sabe, a mesma pessoa que pode parecer invasiva ao querer saber mais a respeito da condição de uma criança pode ser aquela que vai te alertar a respeito de algo que ela percebeu sobre o seu filho e você não. Eu entendo. Mas a maternidade atípica envolve altos e baixos. Sentimentos tão complexos e profundos que racionalidade nem sempre é uma constante em mim.

Uma mãe nasce junto com um filho, não temos como saber tudo. Aprendemos durante o processo. No entanto, se estamos criando uma criança com entrega, participação, estabelecemos uma ligação forte. A intuição de mãe é real e eu sabia que algo estava acontecendo com o Breno. Ele estava mudando e se afastando de mim. Quanto mais ele crescia e conseguia fazer algo por conta própria, menos me solicitava. E ele era desses fisicamente bem potentes. Estava sempre aprontando alguma e parecia esperto e inteligente demais para ter qualquer deficiência. Como eu era ignorante e não sabia.

Minhas amigas diziam que eu estava vendo "pelo em ovos", que eu me preocupava demais com o desenvolvimento dos meninos e não reconhecia que o trabalho com o Thales já estava pronto e que era hora de relaxar. Mas no meu coração eu já sentia aquele mesmo anseio. Percebi que Breno, ainda um bebê de sete meses, não balbuciava como os outros da mesma idade. Algo estaria por vir, mas eu não me sentia confiante nem munida de evidências o bastante para procurar ajuda especializada. Devia ser coisa da minha cabeça, eu pensava. Se a pediatra que o acompanhava dizia que tudo estava bem, deveria estar. Tinha que estar tudo bem.

Realmente o Breno se desenvolveu muito bem até o primeiro aniversário. Ele andou aos onze meses, sabia apontar, sorrir em resposta, bater palminhas, jogar beijinho, e era muito levado e ativo, corajoso e curioso. Uma delícia de bebê! Mas quanto mais ele crescia, mais inquieto ficava e suas interações eram espontâneas desde que satisfizessem aos interesses dele. Quando a gente o solicitava, dava uma ordem ou o chamava pelo nome, ele ignorava. Mas se ele quisesse te pedir algo, pegava seu rosto, o encarava e o fazia entender o que ele queria. Ele era expressivo, e isso mascarou um pouco os sintomas que, meses depois, se mostrariam mais evidentes. Meu bebê estava se afastando de mim. Tudo o que ele conseguia alcançar, não me pedia mais, fazia por si mesmo, e se comunicar deixou de ter uma função para ele e passou a ter um custo. A dificuldade para falar e a pouca intenção comunicativa acabam sendo o alerta mais concreto que a família percebe para considerar alguma questão comportamental mais complexa.

Breno completou dois anos, e não tínhamos mais o que esperar. Minhas preocupações se centravam em como oferecer o melhor e mais adequado apoio para acompanhar o meu filho. Como organizar a logística, o tempo, o financeiro e não sobrecarregá-los? Como não prejudicar um filho ao tentar suprir as demandas do outro? Como?! Eu estava paralisada. Quanto mais sintomas de autismo identificava no meu bebê, mais percebia que precisava buscar ajuda e mais paralisada ficava ao imaginar tudo o que significaria sair da minha zona de conforto. Nesse momento só tinha a certeza de que não teria como me esconder do autismo. E quanto antes eu agisse, melhor seria para o Breno. Então, meu primeiro passo foi consultar um neurologista. E que bom que acertei no primeiro.

São necessários muitos exames e avaliações terapêuticas durante um processo diagnóstico do Transtorno do Espectro Autista. Não me lembro a quantidade de ligações que fiz para o plano de saúde tentando agendar todos os serviços que o médico solicitou. Chorava de raiva cada vez que precisava brigar para que o meu filho recebesse a prestação de um serviço pelo qual eu pagava, enquanto, pelo sus, a fila de espera durava meses. Acordar o Breno de madrugada para a agulhada do dia em algum laboratório distante, faltar ao trabalho e depois justificar cheia de culpa por falhar com meu compromisso profissional, preencher inúmeras fichas de cadastros e anamneses a cada terapeuta que eu tentava contratar, responder perguntas sobre o comportamento dele, às vezes na frente dele, submetê-lo a um jejum sem que ele entendesse o real motivo... tudo isso era só o começo, mas o pior para mim foi ver meu bebê sedado para realizar exames. Mesmo tentando fazer o melhor para ele, a sensação de dizer ao meu filho que ele tem defeitos, que ele não é bom o bastante, que ele tem algo errado e estávamos tentando descobrir o que era. Tive medo de ele me odiar por tudo isso. Sobretudo depois que nenhum exame identificou qualquer doença, síndrome ou algo visível que pudesse justificar o seu desenvolvimento atípico. Era o que eu queria ouvir, mas me sentia perdendo tempo e violando o corpo do meu filho. Esse foi o custo de um diagnóstico assertivo.

O diagnóstico de autismo chegou para mim com um pacote de imposições e de limitações com o qual eu não tinha experiência para lidar. Meu emocional, minha capacidade de gerenciamento e outras infinitas atribuições que a maternidade nos delega me foram cobrados ao extremo. Adaptar as demandas do tratamento à nossa vida foi o meu maior desafio. Mais do que o autismo em si.

É preciso considerar que essa jornada também passa por um relatório clínico que não raro soa com um tom de condenação. A área médica ainda tem muito o que aprender sobre como se comunicar com os pais em relação à condição de um filho. Porque isso pode impactar diretamente a nossa percepção sobre a situação. Eu ouvi "É autismo!". Com voz doce, mas cara de enterro. E depois ouvi a mesma frase de forma direta, "na lata". Flechada no peito! E desse modo o parecer acabou acontecendo da forma como eu esperava, mas certamente não seria assim se eu não estivesse preparada para tudo aquilo. E quem havia me preparado fora a informação que eu absorvera previamente e a minha experiência com a maternidade até ali, não o médico que estava na minha frente. De qualquer forma, tive a sorte de receber acolhimento e orientação confiável. Sair de uma consulta com o próximo passo bem definido me ajudou a ter no que canalizar as minhas inúmeras preocupações.

O susto, a dor, o medo do incerto foram legítimos. Foi preciso sentir aquilo que estava dentro de mim. Se meu travesseiro falasse, não creio que ele conseguiria explicar o quanto minha cabeça pesou no primeiro ano em que recebi o diagnóstico de autismo do meu filho. Chorei muito, muito mesmo. Por várias noites não dormi pensando em como dar conta de tudo, por qual caminho seguir, como financiar o mínimo do que o Breno merecia receber. Ele havia acabado de completar três anos. A saúde mental do meu bebê lindo e perfeito não dependeria mais só de mim, mas das pessoas que passariam por sua vida desde muito cedo. Quanta confiança em pessoas estranhas isso me demandaria? Eram muitas perguntas para poucas certezas.

Nesse instante, levantei e lutei enquanto secava meu choro. Não se tratava mais do que eu queria, mas do que meu filho precisava naquele momento. Ele precisava dos pais, do nosso amor, da nossa saúde física e mental e do nosso cuidado. Ele era nossa responsabilidade. Era hora de reconfigurar as prioridades e de abrir espaço para agir. E eu tinha muito trabalho pela frente. Desde adequar meu horário de trabalho até brigar na justiça pela garantia dos direitos do meu filho. E tudo é luta.

Eu queria entender tudo sobre autismo em uma semana. E quanto mais buscava, mais frustrada e sobrecarregada ficava. Eu queria aprender para me sentir no controle das minhas escolhas, mas era impossível dar conta de um novo universo de informações. Precisei, em primeiro lugar, de apoio e ter fé nas pessoas que cuidariam do Breno. O mundo não parou para me esperar digerir um diagnóstico. Trabalho, filhos, casa, casamento... Enquanto minha mente congelava nesse looping muito instável, o resto permanecia igual, seguindo um fluxo em ritmo bem diferente do meu. Expectativas demais, planos demais, ansiedade demais. Começava aqui uma jornada pela resiliência. Eu precisava aprender a aceitar que o equilíbrio entre o que conseguimos oferecer e o que queremos dar aos nossos filhos nem sempre é o ideal, mas sim o possível.

E, por fim, aceitei que a vida definitivamente não é previsível... Um segundo filho com atraso de fala e de linguagem e outros bônus, quem poderia imaginar? Sempre me passava pela cabeça tudo o que vivi até ali com Thales, e eu ficava mal porque tinha uma ideia do quão cansativo e caro seria o que estava por vir. Logo agora que tudo estava mais complicado... São dois filhos! Muitas despesas e menos tempo. Que loucura! Mas é isso, Breno era autista. Aliás, sempre foi.

O autismo me fez refletir sobre a essência do ser humano. As pessoas precisam se conectar umas com as outras, pois é assim que elas aprendem a se relacionar, a ouvir, a entender códigos comuns e a conseguir se comunicar. É assim que as crianças desenvolvem a linguagem. De imediato, o autismo me ensinou a importância do olhar, o olhar de verdade, com emoção e interação. E passei a cobrar de mim um comportamento que eu queria ensinar ao meu filho. Passei a olhar mais para ele, parar e ouvi-lo com mais atenção, interagir com qualquer iniciativa de troca de experiência que partisse dele. Fui aprendendo depressa a me comunicar melhor com a minha criança. Gestos simples, como apontar para o meu rosto enquanto eu pedia um beijo, me permitiram ganhar mais beijinhos do que eu jamais havia ganhado até então. Foi lindo.

Melhor do que nunca, percebi que ninguém é igual a ninguém. Nem mesmo irmãos. Somos únicos. E um indivíduo merece ser olhado como ele é, independentemente de diagnóstico. Breno é só uma criança, única como outra qualquer. Num primeiro momento, me senti aliviada em saber qual caminho estávamos trilhando, mesmo não sabendo para onde iria me levar. Dessa vez eu poderia buscar informações mais precisas para dar suporte ao meu filho e trocar experiências com outras famílias que passaram pelo mesmo que eu. Isso me acalmou um pouco.

Não sei se era eu quem não via ou se de fato não conhecia muitas crianças neurodiversas quando engravidei. O que posso dizer é que elas não existiam para mim da mesma maneira que existem hoje, sob a perspectiva de quem está do lado de dentro. Uma maternidade que lidasse com marcos do desenvolvimento fora do tempo esperado, portanto atípica, era impensável por mim, que nem em maternidade pensava. Fico imaginando o quanto essas mães gritavam para que o mundo, e especificamente eu, as enxergassem e entendessem suas questões, acolhessem suas dores e reconhecessem a individualidade dos seus filhos. Eles não são um diagnóstico.

Do lado da maternidade perfeita, imatura e ingênua, onde habitei no primeiro ano de vida do Thales, eu via a criança com deficiência apenas como aquela que dava um pouco mais de trabalho para cuidar, mas amada e estimada como qualquer filho. Quem enxerga os problemas é o especialista. Aquela criança, a meu ver, só precisa mesmo é de amor e de cuidado. Ela é feliz no seio de uma família dedicada, e se ela é feliz, está tudo certo. Se eu só queria fazer meu filho se divertir e sorrir, outras mães provavelmente também direcionavam seus esforços para essa mesma missão. E maternar, para mim, basicamente se resumia, nesse meu pensamento limitado, a habitar um lugar com certos acessos e direitos garantidos, mas sobretudo um lugar com memórias de uma filha que só conheceu amor dentro de casa.

Nunca pensei no impacto desse cuidar sobre a família e especialmente sobre a mulher. Sendo sincera, ninguém nunca havia me contado exatamente como era isso. Então, como eu poderia saber se nunca havia experimentado tal situação? Não eram tempos de fácil acesso à informação e, sobretudo, não eram tempos em que indivíduos comuns se sentiam confortáveis em ocupar as redes para colocar suas vozes e imagens de uma forma tão íntima, pessoal e verdadeira em relação à causa da deficiência. Ou talvez, reconheço, eu é que não me envolvia com essas pautas.

Olhando para a recém-mãe em evolução que eu era no ano um, consigo hoje entender que tive meu tempo para experimentar e viver um dia de cada vez. Peço um olhar empático sobre a maternidade atípica, mas reconheço que ninguém vai entender com facilidade os meus desafios como eu entendo porque leva tempo e requer experiências, estudo, conversas. Eu me abro com quem precisa ou quem tem interesse em entender o que vivemos. Mas não crio expectativas de que os outros terão bases suficientes para mensurar o custo.

Existe um custo na maternidade atípica. Ele basicamente se distribui no tempo adicional que dispenso tentando estabelecer estratégias de controle sobre nossas demandas, tais como garantir uma educação inclusiva, cumprir os horários das terapias, garantir meio de deslocamento, otimização da energia e da disposição das crianças durante as sessões, equilibrar toda a minha carga mental e não deixar que essas preocupações atrapalhem minha rotina de trabalho e de saúde. E há ainda o custo financeiro, quando invisto ou gasto com tratamentos, serviços, apoio, logística, recursos para estimular a aprendizagem e a autonomia dos meus filhos. É preciso se fortalecer emocionalmente para lidar com as armadilhas das nossas vulnerabilidades. Existe uma indústria que lucra com as nossas necessidades e os nossos medos. Ela cria demandas específicas que nem sempre se aplicam aos nossos filhos e à nossa vida, mas são apresentadas como essenciais só para te fazer sentir como se não estivesse oferecendo o melhor que existe. Como se eu tivesse a obrigação de me doar além da minha capacidade só para provar a mim mesma e ao mundo que estou fazendo o limite do meu possível pela ilusória "quase cura" do meu filho.

Autismo não tem cura, e todos os tratamentos e terapias disponíveis deveriam propor benefícios para a qualidade de vida e ganhos de autonomia da pessoa. Mas é fácil encontrar ofertas de medicações, suplementos, dietas, óleos, ozônio, cavalo, pets, balanços, almofadas... de tudo um pouco, como se fossem milagres, e a custos insustentáveis. Famílias ficam endividadas e desgastadas física e mentalmente por carregarem o fardo da falta de acessos e da culpa plantada.

Quero que o meu filho viva bem e feliz sendo quem ele é e sei que isso passa por uma escola mais inclusiva, uma sociedade conscientizada, serviços de saúde eficientes e acessíveis, alimentação saudável. Só de dizer, tudo já soa utópico, e é nesse mesmo raciocínio que adormece o conformismo e a indignação seletiva sobre as prioridades das políticas públicas. Não quero me conformar com o que é injusto nem trazer para mim toda a luta. Quero poder fazer escolhas com base nas nossas vontades e necessidades, e não só sobre o que for essencial.

LEGITIMIDADE DE SER MULHER

É tão fácil se perder nesse limite. Se permitir ser mulher e humana, comprar algo que você queira, por pura vaidade, quando supostamente deveria converter mais esforços em financiar algum tratamento ou uma educação melhor para a sua criança. Reaprender a se cuidar, se priorizar e até se relacionar afetivamente são decisões que sempre carregam alguma culpa habitual de quem não pode ter tudo. Mas na maternidade atípica, o sim ou o não parece ter consequências mais intensas. Ainda tenho dificuldade para lidar com as minhas escolhas quando elas envolvem algum interesse pessoal, só meu. Sou tão demandada socialmente nessa maternidade quando se espera que eu saiba tudo sobre as questões com as quais meu filho lida. Espera-se que eu busque os melhores tratamentos, leia os últimos artigos das últimas descobertas da ciência, espera-se que eu sempre seja forte e esteja lá, disponível e positiva. Nem sei mais o que é só meu ou só para mim porque, no fundo, é a todo momento tudo para e por eles. É sempre o que é melhor para eles porque enquanto a sociedade não se preocupar com a saúde, o futuro, a educação, o bem-estar e o acolhimento deles, eu tenho que me preocupar e lutar todos os dias. Tenho que pensar neles a cada escolha, decisão, postura, voto. A estrutura ainda é extremamente capacitista e joga esse custo na nossa família. Corpos e mentes diferentes do "padrão" não são respeitados como deveriam, sofrem preconceito, bullying, violências. E por tudo isso me atingir também, a maternidade atípica exige de mim esse entendimento realista sobre o lugar que ocupo, sobre a mãe que preciso ser. É mesmo difícil separar quem eu sou dessa experiência. Entender e participar dessa maternância é essencial para que a vida continue. Se todo e qualquer problema que uma família atravessa for delegado ao diagnóstico, as reais questões a serem resolvidas serão sempre silenciadas até explodirem e tudo se tornar caótico e irremediável. A minha experiência tem desafios próprios, mas outras maternidades também têm e não são menos dignas de atenção, de apoio e de respeito. Precisamos nos despedir do filho idealizado, deixá-lo ir e receber o nosso filho real. Foram eles que me ensinaram como a relação familiar funcionaria para nós, dentro e fora do nosso lar, orientando nossas escolhas e nosso posicionamento diante do mundo.

Ser uma mãe de criança com deficiência tem, contudo, um lado sombrio e solitário. Essa solidão habita na forma única com que cada uma de nós maternamos. Só uma mãe pode sentir o quanto ela ama o seu filho ou entender o quanto significa para ela ser capaz de suprir todas as necessidades da sua criança. Só essa mãe sabe o quanto lhe custa lidar com a sua impotência na hora em que deseja curar as dores de um filho. E só essa mãe carrega a angústia das suas limitações quando se dá conta de que fazer seu filho sorrir não depende apenas do seu esforço. Lidar com tudo isso é solitário.

Eu me tornei mãe porque queria criar um ser humano capaz de agregar à nossa comunidade, ser uma pessoa livre para fazer suas próprias escolhas e, ao mesmo tempo, ser um pouco de mim. É difícil assimilar, na prática, que cada coisa tem um tempo próprio para acontecer e que minhas expectativas não cabem mais no tempo em que eu havia planejado nossa vida junto. Uma criança autista tem um tempo próprio para desenvolver habilidades, e por tempo próprio entende-se antes ou depois da idade prevista. Andar, falar, tomar banho sozinho, até compreender algumas regras, tudo pode acontecer antes ou depois da maioria das crianças típicas, e isso me obriga a enxergar a individualidade do meu filho como uma ferramenta essencial para a configuração da nossa relação. No agora, eu aqui lidando com as minhas frustrações, lidando com as expectativas dos outros sobre a minha maternidade e lidando com a realidade que atropela tudo isso sem me dar tempo para digerir nada. Eu querendo ou não, hoje é dia de se levantar e levar meu filho à terapia. Se ele passou o dia desregulado, eu passarei a noite sem dormir. E, no dia seguinte, quando não tem ninguém aqui além de mim, a experiência que adquiri até este momento é o que me vale. Meu filho espera, com toda inocência e fé, que eu seja a pessoa sempre preparada e disponível para dar tudo o que ele precisa neste instante.

No extremo do meu limite físico e emocional, ninguém sabe lidar com o meu filho ou com a minha exaustão porque, na maioria das vezes, ela é maior do que toda a rede de apoio que eu possa receber ou pagar. Aqui não tem lugar para desligar totalmente ou desistir. Você precisa assumir o que é seu, eles dizem. "Você reclama demais." Mas ninguém quer lidar com o desconhecido. Poucos se interessam em aprender a interagir com um corpo ou com uma mente que funciona de maneira diferente. É incômodo. É mais prático deixar isso para a família. E eu, que odeio incomodar, que sou independente e não preciso de ajuda, aceitei isso bem rápido. Senti essa solidão desde a primeira vez que alguém olhou para o meu filho com estranheza e não soube lidar com ela porque me fechei para me proteger e proteger o Breno. Fiz parecer que eu era mais forte do que realmente sou. Quem mais estaria disposto a se comprometer com a logística de uma rotina terapêutica? Quem compraria briga com a escola pelo mínimo de inclusão? Quem vai esperar mais de três horas pelo atendimento de neuropediatra, tentando entreter uma criança hiperativa? Boas intenções aliviam o custo, mas dificilmente me liberam de toda a obrigação e de toda a carga mental que lidar com o contexto do diagnóstico envolve.

Na tentativa de expor como a nossa vida funcionava, me sentia perdida. Eu já tinha ido longe demais. Já havia estudado muito para, então, querer explicar a complexidade do autismo do meu filho num papo leve e trivial. Um encontro é pouco para falar sobre tudo isso que está acontecendo aqui. Sei que fui a fundo nisso quando quis entender e buscar explicações até aceitar que não tem explicação e que a vida é assim. Ter um filho diferente pode acontecer com qualquer pessoa, e eu definitivamente não tenho nada de especial. Não sou uma mãe especial. Não sou uma mãe guerreira. Não sou super. Sou apenas uma mãe aprendendo a ser a mãe que os meus filhos precisam.

Se você não souber como ajudar uma família como a minha, tente apenas não fazer deduções, não me julgar e achar que conhece o meu menino porque conhece outra criança com autismo. Evite apontar soluções sem sentido. Seja apenas gentil e franco sobre o que você ainda não teve a chance de aprender. Enquanto você não estiver disposto a se envolver de verdade, a educar seus filhos a tratarem pessoas com deficiência com respeito e incluí-las, talvez eu seja mais bem ouvida e acolhida por outras famílias que passam pela mesma situação que eu e que compartilham o interesse quase que instintivo de aprender mais para se relacionar da melhor maneira com a sua criança. São eles que entendem um pouquinho do que sinto quando experimentam os mesmos limites que eu, ou quando lutam pela felicidade, pela autonomia e pela qualidade de vida de um filho todos os dias como se a nossa paz dependesse disso. Estar em contato com essas redes de apoio é uma forma de manter minha mente sã, de ter fé e de encontrar referências positivas que me provem que é possível seguir em frente, ter orgulho da minha história e ter orgulho de quem somos.

Mas tem dias que é muito difícil. Tem dia que eu só desejei que a minha vida fosse mais simples, que o mundo fosse mais acolhedor, mais gentil e que o meu filho não precisasse experimentar, tão novinho, o sentimento de rejeição, de incompreensão, de capacitismo. Tem dias em que quero uma folga dos meus pensamentos aterrorizantes e parar de me preocupar com o futuro, aquele lugar logo ali e ao mesmo tempo tão distante. Apenas a tentativa incerta de garantir a segurança e o acolhimento que os meus filhos podem precisar. Quem vai estar lá para compreendê-los como eu os compreendo? Ou para saber que o Breno gosta de beijinhos no pescoço quando está com sono? Ou para garantir as coisas que ele gosta de comer e dizer as coisas que ele não consegue expressar? Não tenho controle sobre isso, e é assustador ter essa consciência.

Há muitos outros dias em que acordo com a certeza de que tudo ficará bem. Em geral, esse sentimento é um bônus que fica após o êxtase de ver meus filhos superarem algum desafio. Coisas simples, como ver o Breno vestindo uma camisa ou tomando banho sozinho, ou, ainda, o Thales descrevendo seus sentimentos com precisão. Qualquer ganho que me permita acreditar que as coisas estão evoluindo e que o nosso esforço valeu a pena. Meu esforço de insistir e o deles de tentar. Somos um time.

Em dias assim, quero contar para o mundo o quanto o Breno também foi capaz de se superar e de nos surpreender. Ele merece votos de confiança, porque se ele faz o mesmo que qualquer criança, isso prova que é ainda maior do que imaginávamos. Nem suas alterações sensoriais ou sua dificuldade para falar são capazes de defini-lo. Ele fez o mesmo superando todo o resto. Com adaptação e inclusão, todos podem aprender e surpreender.

Quando me fecho para o mundo e olho para dentro, consigo mensurar o orgulho que tenho de tudo o que vivemos até aqui e do quanto meus filhos são incríveis. Filtrar e excluir do nosso julgamento as comparações com base em expectativas alheias faz a gente enxergar a potência que existe em sermos apenas nós mesmos.

Uma palavra nova, um olhar, uma iniciativa de interação ou qualquer atitude simples e espontânea para qualquer criança tem um valor imenso para a nossa família. Tudo isso vira tema de conversa, vira x em formulários de avaliação, vira uma resenha sorridente numa consulta ao neurologista. Nada tem mais relevância do que as coisas simples da vida. Reduzir a conquistas rotineiras aquilo que nos provoca alegria, esperança e confiança enquanto pais faz com que a vida tenha muito mais a nos oferecer. Muito amor, coragem, orgulho e luta é o que nos mantêm unidos.

Ter uma família unida me fortalece todos os dias. Não imagino como seria ter passado por tantos desafios sem o apoio e a parceria do meu marido e pai dos meus filhos. Ele também enfrentou seus demônios e foi forte quando precisei que fosse. Foi braço, ouvidos, foi pai e mais. Foi o que se espera de um companheiro.

Já o Thales, sempre foi excepcional! Quando a família cresceu, pronto ou não, ele passou de dependente a doador de estímulos. Adoro ver a maneira bruta, divertida, desajeitada e cheia de amor com que ele cumpre a sua missão de "irmão de autista". Ele quase obrigava o Breno a jogar futebol com ele com seus comandos firmes de um menino de seis anos. Ficar de frente para o outro, compartilhar um brinquedo e esperar sua vez de chutar são habilidades sociais que podem ser um pouco aversivas para uma criança com autismo. Mas Breno nunca teve a opção de fugir delas. E eu morria de rir desses episódios. Espontaneamente, uma brincadeira de criança acabava funcionando como um dos melhores e mais eficientes estímulos que os terapeutas jamais poderão oferecer. Ao ouvir a vibração deles brincando juntos, me sentia realizada e confiante de que tudo é exatamente como deveria ser.

Nem sempre é legal ter um irmão que não responde às suas perguntas, não atende toda vez que você o chama para brincar. Mas Thales amadureceu seu olhar sobre as diferenças do outro e aprimorou seu instinto de proteção. Breno é tão ágil que faz com que seu alerta fique ligado em tempo real; afinal, o irmão pode se colocar em risco e ele precisa estar ali para protegê-lo. Teve um dia em que Thales pediu uma folga. Ele precisava da paz que sentia ao passar um tempo afastado do irmão. E no fim do mesmo dia já estava com saudades. Sempre assim.

São muitos momentos intensos nessa relação, e eu tento dar espaço a eles para se configurarem. Breno e Thales precisam aprender quais são os limites um do outro. Só me meto quando a coisa fica feia! Quem olha de fora às vezes não entende minhas estratégias, mas acho que tem funcionado. Thales ama muito o irmão, cuida dele e o protege. Vejo o carinho quando ele sempre guarda uma balinha pra Breno (das trinta que vêm num pacote). Prezo por cultivar esse afeto entre eles e fazer pontes quando há atritos nessa relação.

O irmão é a pessoa mais próxima que o seu filho com deficiência pode ter. Enquanto pais, apostamos nossas fichas de que ele vai estar presente quando a gente faltar. O futuro de um filho pode depender do outro, e há um custo nessa responsabilidade. Irmão de autista entende cedo o que significa ser parte de uma família atípica, mas isso não o impede de fazer suas próprias escolhas. Independente de qualquer situação, tivemos um segundo filho porque esperamos que eles sempre possam contar um com o outro. E me satisfaz perceber que isso já vem acontecendo.

NÃO CABEMOS NUM PADRÃO

Acho curioso como o desenvolvimento atípico reduz à inexistência alguns preconceitos e/ou desconstrói nossa forma de encarar situações comuns. O que aprendemos sobre maternidade apenas observando, brincando ou sendo filhas e que automaticamente reproduziríamos na nossa prática nem sempre se aplica agora.

Quando vejo meus filhos brigando, a primeira coisa que penso é em como é bom ver o Breno lutando por aquilo que quer, reivindicando suas vontades. Em seguida, me sinto tranquila ao perceber que ele não vai passar vontade ou desrespeito lá fora por falta de atitude ou de reação. Depois desses três a dez segundos de transe é que vou lá interferir no quebra-pau e tentar aplicar alguma disciplina que evite agressões (nesse nível) e, ao mesmo tempo, que não anule a legitimidade dessa incrível resposta comportamental. Sim, é desafiador! Por dentro fico morrendo de rir na maioria das vezes, confesso.

E quando Breno teimava em experimentar o sapato de todos os adultos, até os saltos "das meninas"? Quando muitos diriam: "Esse é de menina, Breno!", a gente pensava: "Psicomotricidade o.k.!".

Quando ele peca feio no senso de moda e detona no look fazendo um mix muito poluído de estampas, quase sempre saio de casa do jeitinho que ele se vestiu só para valorizar suas escolhas. Sua autonomia e sua habilidade com as atividades do dia a dia sempre transitam entre a linha tênue da individualidade autística e a dificuldade de se comunicar verbalmente e/ou pedir ajuda versus o meu alívio ao perceber que meu filho sabe se virar sozinho e consegue encontrar soluções para alcançar um copo no alto do armário.

Poderia citar várias situações que atravessam nosso trabalho de educar uma criança atípica, aquela que não cabe num padrão. Mas também me permito rir das línguas estranhas que o Breno por vezes entoa por não conseguir reproduzir uma frase corretamente ou do disco arranhado com nome técnico de "ecolalia". E quando ele não dá atenção ao meu chamado, digo que o wi-fi está sem sinal. Está tudo bem, ele é meu filho e implica comigo o tempo todo. Ele apaga a luz e sai correndo, sacode minha barriga flácida e adora me ver levando sustos. Breno tem senso de humor e pode ser incansavelmente divertido. Ele não é só uma coisa ou outra. Há muitas coisas típicas nele também, aquela graça inata em qualquer criança. Ele experimenta o mundo sob outra perspectiva, precisamos ser mais flexíveis aqui. A sociedade precisa mesmo aprender a ceder um pouquinho e dar lugar a quem teimam em empurrar para a margem.

Conviver com o autismo, na prática, também exige resistência. Sou cansada. E tenho olheiras fixas. Faz pouco tempo que aceitei que o meu cansaço não vai passar porque tem muita coisa que preciso fazer e coisas das quais quero dar conta. Então, parei de reclamar e incorporei o meu estilo de vida possível.

Por um tempo, busquei na corrida de rua uma atividade de escape. Minha mãe ficava com os meninos enquanto eu e meu marido corríamos alguns domingos de manhã. Um momento só nosso que a pandemia tomou. Cada medalha é uma lembrança de que eu ainda tinha a oportunidade de fazer algo por mim. Era um tempo para me sentir e para sentir meu corpo queimar quando cruzava cada linha de chegada. Esvaziar a mente e não pensar em filho, na próxima refeição ou no dever de casa. Maravilhoso!

Num domingo desses, cheguei fisicamente bem cansada e encontrei Breno pronto para brincar. Brincamos. Brincamos. Brincamos. Descarreguei. E desse momento em diante, era eu querendo sentar um pouco e ele querendo me escalar e/ou me tirar da cadeira para ter mais da minha atenção. Seria fácil lidar se eu desse um celular para ele, mas o meu alter ego de mãe-que-seguia-manuais-da-perfeição me enchia de culpa. Resisti em tentar lidar com a situação. No fim do dia, meu desgaste físico foi tão intenso que eu não suportava nem mais um toque. Um beijinho de Thales (ele me beija toda hora) estava me provocando uma descarga elétrica tão intensa que eu sentia dor. Foi exatamente isso: toque = dor e barulho = choque. Eu só queria ter o domínio exclusivo do meu corpo. Isso acontece com certa frequência, mas nunca foi tão intenso a ponto de eu sentir dor física. Breno tem momentos de muita energia. Isso é por causa da sua desregulação sensorial. E é algo que me afeta diretamente porque ele me demanda quase o tempo todo, e muito fisicamente. Nem sei bem como lidar com isso porque parece que as teorias não se aplicam na minha prática. Sigo cansada, durmo e acordo e recomeço a gincana que é a minha rotina: dar conta de um menino que não se sacia com o mesmo nível de estímulo que as crianças da mesma idade.

Breno pensa e age rápido. Ele sempre está à frente de todos quando quer aprontar algo. Gosta de pular de lugares altos, se jogar na água, comer e tudo mais que lhe dê alguma emoção e sensação prazerosas. Quando ele era pequeno, eu achava lindo observar a forma como ele interagia com o mundo. Vê-lo se deitar no chão do quintal para sentir a chuva caindo sobre seu rosto me fazia imaginá-lo querendo desvendar o mundo inteiro. O quanto descobrir novos lugares, sabores, saberes seria um estímulo essencial para dar sentido à sua alegria de viver. Eu entendia isso e me via nele. Sentir é a sua palavra-chave, mas saciá-lo é um desafio e toma toda a minha energia.

Em tempos de quarentena, dar conta de toda essa energia não foi tarefa fácil. Nos dias de isolamento, a minha melhor opção era me dedicar a ocupá-lo. As terapeutas que o acompanhavam me atendiam on-line e planejavam tarefas para a semana toda. Infinitas atividades com materiais pedagógicos diversos. E eu mergulhei de cabeça para estimular o desenvolvimento do Breno, mudei nossos horários e segui com consistência uma rotina que o convencesse de que a vida acontecia de alguma forma. No auge dos seus quatro anos, tudo o que ele queria era brincar, e acordava todos os dias pronto para isso.

Passei muito tempo sozinha em casa com os meus filhos. Meu marido continuou trabalhando fora, e nosso tempo junto se resumia a passar o bastão da missão de cuidar das crianças. Era no fim do dia, quando Vagner chegava em casa, que eu começava meu expediente de trabalho que durava até eu dormir sobre o teclado, literalmente, por volta das duas da manhã. Eu estava completamente exausta e sozinha. A rede social muitas vezes era uma janela para o lado de fora, um canal por onde as pessoas me viam e ouviam por alguns segundos antes do próximo click. Me conectar com outras mães por meio do meu perfil no Instagram me dava um pouco mais de motivação para acordar e fazer tudo de novo. Eu queria mostrar que era possível passar por aquele momento de forma mais leve e saudável para inspirar e levar esperança diária. Percebi a responsabilidade de falar com pessoas que estavam tão sensíveis e isoladas quanto eu. Algumas se tornaram amigas e compartilhavam coisas pessoais sobre seus sentimentos, situação familiar, relação. Essa confiança era estabelecida pela minha discrição, naturalidade e autenticidade nas redes. Até minhas amigas reais passaram a compreender melhor do que se tratava maternar sob a minha perspectiva e experiência. Acolher outras mães enquanto eu precisava de acolhimento era um subterfúgio.

Fui exigente comigo a maior parte do tempo em casa. O fato de o Breno não ter a assistência presencial dos terapeutas me apavorou. Nunca questionei os profissionais se o Breno era um autista moderado ou leve porque sempre achei sem sentido definir o grau do TEA de uma criança que está na primeira infância, e naturalmente existe ainda muito tempo para superar qualquer dificuldade. Apenas queria garantir que ele não retrocedesse em habilidades que haviam sido estabelecidas até então. Muito trabalho fora investido e ele estava dando um salto impressionante em vários aspectos. Ele estava indo bem na escola, fazendo amizades e respondendo bem às intervenções quando tudo parou por causa da pandemia. E, como para a maioria das mães, sobrou para mim o papel de professora. Mas como mãe atípica, me foi delegada também a função de terapeuta. Era muita coisa, e não dei conta por muito tempo.

Desisti de tentar acompanhar as demandas da escola com o Breno. A educação infantil formal poderia esperar. Reconheci alguns dos meus limites e não podia superestimular o meu filho. Desacelerar também foi produtivo. Tiramos uns dias e fomos para a Região dos Lagos. Ainda isolados, mas não trancados. Soltamos o Breno no lugar que ele mais gosta: o lado de fora. A excitação e a felicidade eram radiantes e ele sorria quase o tempo todo. Lindo de viver. Vê-lo se esbaldando na Lagoa, correndo na areia, remando um caiaque, me trouxe de volta a serenidade que eu também precisava. Pude viver o prazer de observar meus filhos sendo crianças fora de uma bolha sufocante e cheia de obrigações desproporcionais à minha capacidade de lidar.

Sinto-me feliz quando eles estão felizes. E quando me lembro de quem eu era antes de ser mãe, o que me dava prazer tinha muita semelhança com o que alegra meus filhos hoje. Eu me vejo neles, mas de uma maneira diferente. Claro que, sendo educados por mim, eles são influenciados pelas minhas escolhas, mas a personalidade de cada um imprime uma forma própria de experimentar e de sentir os mesmos cenários que compartilhamos, e é perceber isso que faz com que nossas vivências sejam gratificantes e satisfatórias para mim também, em maior ou menor grau.

Meus meninos abraçam as minhas sugestões de passeios e de aventuras. Eles são disponíveis para conhecer espaços que eu quero que conheçam. Me sinto extremamente privilegiada por isso e percebo nessa disponibilidade um reflexo da confiança que eles têm em mim. Independentemente do que eu possa oferecer, o mais importante para mim é que saibam que estarei lá por eles. Independentemente das dificuldades, estarei ao lado deles e, se não estiver, penso que eles estarão prontos e que terão coragem de tentar algo novo porque se abrir para as oportunidades é algo que faz parte da nossa família e da relação que estamos construindo. Meu legado é a minha sede de ser livre e a minha capacidade de entender que essa liberdade não precisou ser inimiga da minha realidade.

Eu amo domingo de manhã. É o dia da semana em que realmente descanso porque já resolvi o que foi possível no sábado; então, só me resta relaxar porque no dia seguinte volto ao trabalho. Nessa lógica, o domingo acumula as minhas experiências mais leves e despretensiosas de lazer: corrida de rua, pastel de feira, sol da manhã, caminhada na orla, café da manhã completo, crianças brincando.

Num domingo desses, fomos ao Parque da Cidade de Niterói. Foi a primeira vez que Breno viu um salto de parapente. Seu olhar me dizia que ele estava encantado. Mas ele não usou palavras para descrever nenhuma das sensações. Como eu queria que ele falasse naquele momento e descrevesse toda a excitação que refletia no brilho dos seus olhos. Mas não é assim... E tudo bem porque fico muito animada com essas vivências em família da mesma forma. É o que torna o domingo de manhã tão agradável nas minhas lembranças.

O quanto a criança atípica é privada de experiências por não reagir às nossas expectativas?

"Breno não se importa, Breno não liga, ele não sabe..." era o que eu ouvia quando apenas o Thales recebia um presente ou era convidado a ir a algum lugar especial. Em geral, uma criança que não se comunica da forma como a maioria espera não consegue cativar e receber a mesma atenção que as outras ditas típicas. A deficiência causa desconforto porque ela te instiga a admitir ser incapaz de acessar aquele indivíduo de outras maneiras. E esse desconforto certamente parte da sua própria impotência e da sua própria ignorância até para pedir ajuda e para aprender a superar a dificuldade que é sua. Ser uma pessoa com deficiência não é uma escolha, muito menos um defeito, é só ser. Mas tratar o outro com dignidade, respeito e incluir são escolhas e só exigem empatia para começar.

Não podemos identificar exatamente o quanto a criança consegue absorver de um comentário infeliz. Mas sei que elas podem, sim, entender muito mais do que conseguem falar ou expressar. Apenas não faça comentários negativos a respeito dela, na frente dela, como se ela fosse alheia ao que acontece ao redor. Meus filhos já ouviram na cara muitos comentários capacitistas que acabam por vir daqueles que mais os amam, daqueles em quem eles mais acreditam e em cujas palavras depositam toda confiança. "Ele não fala muito, mas é inteligente!", me informaram como se eu não soubesse. "Breno é incrível. Se ele falasse, seria perfeito." Para mim, ele já é perfeito. Porque é quando temos intimidade com a família que devemos ter mais cuidado com as nossas atitudes.

O que eu mais gostaria é que meus filhos se sentissem plenamente aceitos da forma como são, sem a pressão de pensar que são obrigados a atender a expectativa de alguém. Aquela liberdade pela qual luto habita essencialmente em ser quem somos. Dos gritinhos do Breno às perguntas por vezes mal formuladas do Thales. Eles estão aprendendo no tempo deles, recebem apoio para isso e precisam muito confiar em si mesmos para não se depreciarem. Desenvolver confiança para entender que são pessoas dignas, lindas, inteligentes e merecedoras de amor, de respeito, de escuta e do que mais sentirem necessidade de reivindicar pela própria felicidade.

Sinto uma grande responsabilidade quanto à construção da autoestima e da autoconfiança dos meus filhos. No meu lugar de mãe atípica e humana, que cansa, se estressa e tem seus dias ruins também, existe uma linha tênue em momentos de explosão. O que eu disser pode soar como uma confirmação do capacitismo que o mundo lá fora insiste em reproduzir. Porque o preconceito contra a pessoa com deficiência é estrutural, e a gente luta todos os dias para desconstruí-lo. Não posso, dentro da nossa própria casa, achar que o meu filho não compreendeu uma solicitação minha, simplesmente porque é "preguiçoso", "lento", "desatencioso" ou rótulos ainda piores para se referir a qualquer pessoa. Eu estaria ignorando o fato de que, naquele momento, essa criança pode não ter ferramentas para me entregar a resposta que eu preciso. Talvez ele nem tenha recebido a mensagem da forma como transmiti. Transformar uma inabilidade num argumento para ofensas e agressões é errado, violento e capacitista. Eu dou o modelo. A maneira como trato os meus filhos é aquela como eles exigirão ser tratados pela sociedade, consciente ou inconscientemente. A primeira referência do que entendemos a respeito do amor vem da família. Para o bem ou para o mal.

Cresci numa família com um pai e uma mãe casados. Meu irmão nasceu quando eu tinha cinco anos e vivemos todos juntos até os meus quinze, quando nossos pais se separaram. Nas minhas memórias mais antigas, minha mãe já era a pessoa que tomava as decisões na nossa casa. Ela trabalhava fora e sustentava a maior parte das despesas com muito trabalho. Graças a ela, nunca carecemos de nada essencial ao nosso desenvolvimento.

Sou uma mãe que sempre trabalhou fora. E tentei materializar das minhas lembranças o quanto era bom quando minha mãe chegava em casa com uma bobagem qualquer para me presentear. Podia ser um doce, uma roupa, uma canetinha. Não se tratava de compensar nada, mas de mostrar que estava pensando em mim, de justificar o motivo de trabalhar, de provar que eu era importante para ela. A saudade que eu sentia da minha mãe o dia todo se confortava na expectativa da sua chegada com um presente e com seu cheiro de cansaço. O tempo junto era tão curto que eu disputava com a minha avó a atenção da minha mãe para contar a minha versão sobre como foi o meu dia. Minha avó paterna era a melhor do mundo no seu papel de avó que cuidava. Não me lembro de nenhum episódio em que ela tivesse gritado comigo ou me feito chorar. Nenhum. Ela era só amor e cuidado. Ela só não era a minha mãe. E eu me sentia sozinha demais. Não tinha outra criança para brincar ou para conversar durante aqueles anos de filha única. E acho que foi ainda nesse tempo que aprendi a refletir a respeito da minha existência e reconhecer o valor de estar com meus primos. Minha vida era bem mais divertida com a família toda por perto. Eu adorava me sentir parte de um grande núcleo.

Cresci introspectiva. Não fui estimulada a me comunicar abertamente com os meus pais. Guardava meus sentimentos para mim e aprendi a fazer isso muito bem. Meu pai não teve condições de exercer uma paternidade ativa e minha mãe estava sobrecarregada dando conta do melhor jeito possível. Eu percebia os problemas da relação deles e nunca quis ser mais um. Muitas vezes, ainda bem pequena, desejei poder ajudar a minha mãe e não ser um peso para ela. Essa deve ser a origem da minha ambição e da minha ânsia pela independência, por planejar e ter o controle do meu futuro e, inconscientemente, do desejo de libertar minha mãe de tanto trabalho. Até hoje odeio dar trabalho para ela. Mas nem de longe uma criança se sentir triste e culpada pelos problemas dos pais tem um lado bom ou motivador. Era angustiante, e ter consciência disso me faz crer que meus filhos não devem se sentir como problemas.

A rotina de tratamentos e todo o trabalho extra com as demandas consequentes de diagnósticos são, sim, cansativas física e emocionalmente. Não preciso negar e omitir mais o que sinto. Mas não quero creditar ao diagnóstico todos os desafios que afetam a nossa família. Muito menos desejo que o meu filho entenda dessa maneira. Policio as minhas reclamações em relação a eles. Nossa fala tem impacto! Quando meus filhos perceberem a minha luta, quero que leiam todo esse esforço como algo inerente ao meu entendimento do que é ser uma família. O que faço por e para eles é o que acredito ser o melhor, e agora é a minha vez de fazer escolhas e de tomar a frente das ações. Preciso ser forte como minha mãe foi, mas do meu próprio jeito de ser forte.

Tive um pai que durante a maior parte da minha vida esteve presente fisicamente, mas ausente de suas funções paternas. E minha mãe só teve a escolha de ser forte por nós. Sem a parceria esperada na criação dos filhos, nos foi negado tempo juntos, oportunidades de diálogo e serenidade para resolver conflitos de maneira franca e aberta. Tempo é caro e automaticamente é destinado às demandas urgentes de uma família simples: lavar, passar, cozinhar, trabalhar... Um ciclo sem fim e exaustivo que pode massacrar o desejo de uma mãe de experimentar a maternidade de forma leve e até mais consciente. Ser forte foi, para minha mãe, quase um mantra pela sobrevivência, para não se deixar desanimar nos momentos mais duros. Mas quando a minha avó materna faleceu, conheci a fragilidade dela e, do jeito que eu podia, com apenas catorze anos, tentei restaurar aquela força que precisávamos para aprumar nossa vida. Eu não estava feliz com minha mãe infeliz. E acho que criança nenhuma está imune aos sentimentos mais frequentes dos seus pais. Precisamos estar bem emocionalmente para cuidar do outro.

Me impressiona a precisão da poesia de Ivan Lins e de Belchior ao descrever os meus sentimentos sobre a maternidade em "Aos nossos filhos" e "Como nossos pais". E eles nunca me conheceram. Não era sobre mim, mas nos conecta e me faz pensar em tudo o que minha mãe enfrentou. A maternidade tem esse poder de nos atravessar com experiências e sentimentos ancestrais. Deixamos nossa marca profunda na vida dos nossos filhos. Ele vai querer fazer algumas coisas da forma como aprendeu comigo ou totalmente o contrário, mas seja qual for a escolha dele, eu o terei influenciado. E é dessa responsabilidade que estou falando.

Num encontro entre amigas, ao tentar resumir todos os anos de terapia, uma delas concluiu: "É tudo sobre os nossos pais". Ficou um silêncio no instante seguinte enquanto pensávamos naquela frase. Levei para a vida. Não como verdade, mas como reflexão. De fato, tenho feito o exercício de resgatar memórias em busca de explicação para algumas questões com as quais lido hoje e adaptei à minha realidade alguns ensinamentos que a família inteira me legou. Eles são a minha melhor referência e deles veio toda a ferramenta pronta que eu tinha em mãos quando me tornei mãe. A importância de saber que tenho com quem contar, todo o conhecimento acumulado que encurta caminhos e facilita decisões: o cuidado e o respeito aos nossos valores, o hábito de nos frequentar. Minha mãe, tios e tias mantêm as portas abertas e sempre estão disponíveis para nos acolher. E, graças a isso, hoje tenho para doar um pouco de tudo aquilo que aprendi a receber. E é dessa responsabilidade que estou falando.

Meus tios se tornaram as referências masculinas quando ela me faltou. Estou criando dois homens negros, e isso não é tarefa simples numa sociedade como a nossa. O Breno é um menino negro que ainda não sabe se identificar. Ele ainda não consegue responder qual é seu próprio nome. E eu revivo um dos meus maiores pesadelos como mãe que era o medo de o Thales se perder na rua. Esse medo expõe de forma muito realista como o racismo atravessa a maternidade atípica preta. Estou falando de um sentimento oposto ao que as pessoas percebem automaticamente ao vir um menino preto correndo por um bairro nobre. Pois é, estamos falando de medos opostos. O meu é de que o menino negro se afaste de mim e o deles é que o mesmo menino se aproxime. Nessa situação, gostaria de contar com um adulto que o acolhesse e buscasse ajuda para localizar sua família. Toda criança deve ser cuidada, e eu não deveria arrastar essa ansiedade comigo cada vez que saio de casa. Não quero vestir o meu filho como forma de diferenciá-lo e, com o carimbo de uma marca cara, provar que a minha criança pertence a alguém que pode importar. Quero apenas o prazer de uma mãe cuidando do seu filho, vestindo-o simplesmente para apreciar em seu estilo a expressão de sua identidade e do seu jeito de ser, reproduzido em sua imagem também.

Meus filhos não podem correr em certos lugares só porque são negros. Mas uma criança com autismo pode ter transtornos sensoriais que a motivam a manter o corpo em movimento. Não é algo que ela consiga perceber ou controlar igual uma criança típica da mesma idade. Ele pode fazer movimentos bruscos e dar uns gritos que causam estranheza até que se perceba sua condição. Mas nada disso será a primeira coisa que irão considerar quando virem meu filho correndo solto ou se, quando adolescente, for abordado por um policial. Ele é negro, tem pele preta, e isso vem em primeiro lugar.

Insisto nos treinos sociais como uma demanda essencial para a segurança do Breno e também do Thales. Apresentar-se, saber o nome completo e cumprimentar as pessoas com cortesia têm importância muito maior do que simplesmente provar que meu filho não é uma criança mal-educada, como por vezes foi julgado. Se conectar com as pessoas por meio da linguagem é uma habilidade de extrema importância no nosso contexto. Postura, tom de voz, gestos e a combinação dos incontáveis sinais inerentes à comunicação humana são recursos que podem facilitar muito nossa vida. Por compreender a importância disso, eu me interesso em estudar a respeito do desenvolvimento da linguagem.

Independentemente da capacidade de comunicação de qualquer criança, o exemplo que damos aos filhos orientam seus padrões. Meus filhos estão cercados por homens negros admiráveis, honestos e comprometidos com a família. Eu me sinto extremamente grata por ter essa sorte. E isso não começou na minha geração, mas nos foi legado. Reconheço os meus valores como a herança de uma criação respeitosa, o fundamento de experiências de uma infância simples e muito feliz.

Minha mãe pôde encontrar na família a rede de apoio que precisava enquanto se tornava uma mãe solo. E eu me lembro bem dos custos de ter apenas um responsável para dar conta de todas as minhas demandas. Sentia frustração, inveja, decepção, raiva, solidão. Meu pai faltou quando só as urgências tiveram vez. Não havia tempo e/ou energia para fazer mais. Muitas necessidades se resolviam por conta própria e o resto era atropelado pela rotina corrida. Minha mãe não dava conta de tudo e eu também não dou. Posso lidar com isso. Mas tem momentos em que tudo o que temos a resolver parece se sobrepor e ficar tão pesado que não adianta mais tentar sustentar. Admitir isso é reconhecer a fragilidade que nunca entendi como legítima à minha mãe.

Posso ser frágil. Posso me permitir sentir o que precisar sentir sem que isso signifique que eu rejeite os meus filhos ou que eu reclame demais da vida. A maternidade atípica, como qualquer relação de parentalidade, é constituída de altos e baixos e precisa de espaço para se apresentar real, como ela verdadeiramente é. Me perceber nesse contexto e me abrir sobre como me sinto nas salas de espera, entre amigos, familiares ou nas redes sociais, me levou mais longe do que eu imaginava e aproximou pessoas que eu nem sonharia em estar ao meu lado. Entendi tanto sobre mim e ainda estou descobrindo. Quando falo, também me escuto, e isso me tornou mais generosa comigo mesma. Rasguei meu contrato com a perfeição, deixei de lado a preocupação de querer atender expectativas que não são minhas e tudo ficou um pouco mais leve. Quem chega no meu mundo sabe onde está se metendo, fica porque quer e nos quer bem porque nos enxerga como somos.

Nunca foi sobre diagnósticos. É como podemos crescer e superar os desafios que a vida nos apresenta. Na maternidade, ao menos somos motivadas por um amor imenso pelos nossos filhos. Esse amor torna tudo mais intenso, desde os gozos e as alegrias até a nossa força. É por esse viés que tento estabelecer uma visão positiva quanto ao futuro dos meninos. Escolhi acreditar em seus potenciais sem negligenciar seus comprometimentos. E percebo que, conscientemente ou não, converti para mim, enquanto mãe, mulher, esposa, a responsabilidade e poder (inclusive) de sustentar os valores nos quais acredito como o norte para a nossa família.

Entender e acompanhar os processos de desenvolvimento dos meninos, além da experiência acumulada até aqui, me nutre da autoconfiança que preciso para praticar uma maternidade atípica sob uma perspectiva positiva. Minha mente está sempre gerindo o presente e o futuro ao mesmo tempo, e a carga mental é grande. Todo o cuidado que eu e o Vagner oferecemos hoje para nossas crianças não desconsidera o fato de que eles irão crescer. Me controlo demais para não ser apegada ou superprotetora. Ao contrário, o estímulo à autonomia me orienta durante a nossa rotina simples, da escolha da roupa ao preparo dos alimentos, passando por pequenas ajudas nas tarefas do lar. Gosto de fazê-los se sentir úteis e importantes no contexto familiar. De dentro para fora, sentirão a necessidade de buscar seus lugares no mundo quando chegar a hora.

Eu amo tanto meus filhos! E faço questão que eles saibam disso. Que possam crescer ressignificando nosso afeto em autoestima e confiança de que são indivíduos dignos de respeito, de amor e de oportunidades justas de aprender, se desenvolver e de produzir. Ter consciência do que estou tentando construir aqui torna a responsabilidade de educar ainda mais perceptível. A meta é criar dois seres humanos incríveis e nada menos. Sonho grande porque meus filhos são gigantes, e não preciso entrar em conflito com essas expectativas porque eles são negros ou porque o Breno tem autismo e o Thales tem um diagnóstico de Transtorno do Desenvolvimento da Linguagem. Não sabemos nada sobre o futuro. Então está liberado desejar o melhor para quem amamos. Me sinto extremamente feliz em dividir uma parentalidade com valores alinhados aos do Vagner. Meus filhos estão tendo uma infância com um pai presente, que os ama e os protege. Isso significa muito para mim e provavelmente alivia minhas preocupações num nível subconsciente em que nem eu mesma consigo acessar.

Apesar de viver um casamento feliz, arrasto comigo um instinto de sobrevivência emocional baseado na valorização da minha independência, que muitas vezes me sufoca e me isola. Trata-se da necessidade de ter opções em mãos para lidar com toda situação hipotética (e possível) para o término de uma relação e sobretudo para o caso de ser abandonada pelo homem que eu amo. Meu jeito de ser previdente flerta, inconscientemente, com certa falta de convicção na conjugalidade. Ser mãe de crianças atípicas, que demandam providências adicionais em comparação às crianças com desenvolvimento típico, potencializa as dificuldades comuns de uma relação conjugal e, ainda, ameaça a minha autoconfiança ao imaginar ter que lidar com tudo isso sozinha. O que, de fato, não seria justo. A questão é que o diagnóstico atravessa a configuração das relações familiares e sempre desafia nossa capacidade, como casal, de garantir confiança na nossa união, reciprocidade e apoio múltiplo. As relações podem ser frágeis diante de problemas. Nosso casamento mudou depois do autismo. Tivemos que aprender a pensar diferente, juntos, para seguir em frente. Amadurecemos pela dificuldade até entender que autismo não é o problema. Em alguns aspectos, o diagnóstico nos uniu ainda mais.

Em plena pandemia, quando tudo estava mais pesado e cansativo para nós, começamos a construir uma casa. A minha intenção era materializar todo o nosso esforço e o nosso cansaço em algo que nos oferecesse satisfação. Às vezes precisamos ver e sentir os resultados do que estamos fazendo. Mesmo que isso nos exija mais trabalho, realizar algo concreto juntos nos deu metas práticas e realinhou nossos objetivos. Nos projetamos concluindo esse projeto em família, e isso nos motivou a seguir acreditando em tudo o que podemos alcançar enquanto casal.

Posso contar com um parceiro que me pega no colo quando estou mal e me lembra sempre que não estou sozinha. Isso não é pouca coisa. Me sinto como a estrutura de uma família sustentada por ela mesma. Não falta nada e ninguém sobra. Somos perfeitos assim. Talvez, se tudo fosse sempre fácil, não daríamos o mesmo valor ao que temos. Nunca desistimos dos nossos filhos, e hoje compartilhamos a alegria de poder conversar com o Thales. Minhas expectativas nem eram tão altas, mas agora são para o Breno. Por mais estruturada que seja ou esteja uma família atípica, ela precisa de suporte para lidar com deficiências. Rede de apoio, acolhimento e afeto nos fortalecem. Mas a sociedade precisa olhar e incluir pessoas diversas para que elas se sintam pertencentes de fato e tenham condições de ser produtivas, emocionalmente saudáveis e autônomas. Meu ativismo enquanto mãe de autista envolve compartilhar a minha percepção acerca das potencialidades dos meus filhos. Com suporte adequado, qualquer pessoa aprende e se desenvolve e pode inclusive multiplicar seu conhecimento. O apoio que meus filhos precisam depende de acessibilidade, inclusão escolar, respeito aos nossos direitos, reconhecimento das nossas demandas, garantia de oportunidades, emprego e renda. Incluo em minhas altas expectativas a conscientização necessária para mudanças nas práticas que favoreçam pessoas com deficiência a viver com qualidade.

Não me vejo como uma ativista, mas me reconheço como agente de transformação. Falo sobre mim e sobre o meu lugar como mulher e mãe que é tomado por sentimentos reais, mesmo ciente de que estou lidando com batalhas internas diárias. Mesmo ciente de que o conhecimento que busco e a experiência de vida que adquiro estão me transformando gradativamente. Mesmo ciente de que não conseguirei falar por todas as mães que lidam com experiências próprias, sobrepostas por suas particularidades e por condições de vida e de saúde.

A maternidade atípica me fez valorizar o poder de ser única. Passei a entender melhor meus sentimentos e acolhê-los como legítimos, independentemente da aprovação do outro ou da aceitação de quem quer que seja. O que penso e o que sinto formam uma combinação singular que se converte na maneira como me expresso e me relaciono com as pessoas. Gosto de acolher quem chega até mim ainda processando suas próprias configurações entre sentimento, pensamento e atitude. Em geral mães que querem transformar a realidade de seus filhos a partir daqueles que estão à sua volta. Dispensamos muito esforço em fazer nossos próprios núcleos respeitarem e acolherem nossas crianças como indivíduos. Mas essa é uma jornada que começa de dentro das pessoas. A forma como enxergamos o outro parte da nossa capacidade de compreender e assumir que somos genuinamente únicos, que isso é incrível e precisamos praticar autoaceitação de maneira positiva.

Temos responsabilidade sobre o modo como uma criança se reconhece. Como ela se enxerga, se ama e protege seu corpo e sua mente. Passar a infância frequentando salas de terapia pode ser um gatilho para autocobrança e para frustração de uma busca eterna por uma perfeição que não lhe cabe, que não compactua com as metas possíveis e individualizadas que deveriam nortear a trajetória do seu desenvolvimento. Cabe à família, terapeutas e profissionais envolvidos com essas crianças entenderem que tratamento não se trata de cura ou objetivos baseados em comparações incoerentes e padrões fictícios. Trata-se do desenvolvimento próprio da trajetória de cada um.

Não me arrependo da minha maternidade porque entendo que esse acontecimento mudou o rumo da minha vida e me deu a chance de experimentar sentimentos e existir sob uma perspectiva diferente. Mas sou capaz de compreender quando uma mãe diz que se arrepende de ter tido filho e que desistiria se soubesse que a sua maternidade seria tão desafiadora. Sou capaz de entender quando uma pessoa considerada inteligente enxerga a deficiência como um erro genético. Consigo dialogar com pessoas que pensam diferente de mim. Sei lidar com a sinceridade num diálogo respeitoso, advinda de outra experiência de vida. Isso não me ofende porque diz respeito a essas pessoas, não a mim.

O Breno é um autista funcional, ele aprende com facilidade e até sozinho. Tem um ótimo desenvolvimento cognitivo e isso aumenta muito a nossa qualidade de vida. Nunca deixei de sair de casa, fazer algum passeio ou viajar por causa de algum sintoma de autismo que inviabilizasse nossos planos. Com planejamento antifome, antitédio, antipressão de demandas sociais, a gente consegue se divertir bastante por aí. Percebo no meu menino um prognóstico compatível com as minhas expectativas quanto ao desenvolvimento e quanto à autonomia dele. Invisto no potencial dele, sem me sentir estagnada com a manutenção de habilidades básicas já adquiridas. Ele alcança mais e mais continuamente. E essa consciência me confronta a tentar ser empática com mães cujos filhos são e provavelmente serão dependentes delas e/ou de familiares de maneira intensa por todo o tempo de vida.

A deficiência pode receber um mesmo nome no relatório diagnóstico, mas ela é diversa quando se combina às características de um indivíduo e de seu contexto familiar. Há muitas formas de existir, e absolutamente todas são valiosas. Temos em comum a vontade de viver num mundo melhor e lutamos com as ferramentas que temos quase que de forma automatizada pelo nosso hábito de cuidar, proteger e/ou estimular nossos filhos todos os dias.

A pessoa com Transtorno do Espectro Autista (TEA) é considerada pessoa com deficiência (PCD), para todos os efeitos legais. Já o Transtorno do Desenvolvimento da Linguagem (TDL) não é considerado uma deficiência no Brasil. Ainda há muito a se pesquisar sobre o TDL, mas é sabido que pessoas com dificuldades persistentes na aquisição e na expressão da linguagem sofrem impactos significativos na aprendizagem acadêmica quando não têm acesso a tratamento e apoio necessário. Thales recebeu intervenção desde os dois anos, e isso fez muita diferença no desenvolvimento dele. Hoje, suas dificuldades foram minimizadas e eu planejo mantê-lo em tratamento com fonoaudióloga até que ele tenha idade e autonomia para processar o conteúdo escolar. Acreditamos que isso aconteça no fim do 5º ano do ensino fundamental. Independente da idade em que uma criança ou o adolescente começa a receber apoio, a intervenção para o desenvolvimento da linguagem sempre pode ajudar.

Thales estabeleceu um vínculo afetivo com a última terapeuta e sempre diz que gosta de frequentar as sessões. Juntos, família, terapeuta e paciente, formamos uma boa equipe. Há profissionais que se tornam amigos, tamanha a nossa estima pela sua dedicação em atender nossas necessidades da melhor forma possível. Sempre indico um profissional por sua ética, capacidade técnica e carinho com a criança. Ter um transtorno leve não torna menos importante a necessidade de receber suporte para se desenvolver. Uma dificuldade pode desaparecer com o tempo ou pode aumentar a ponto de impactar a qualidade de vida e a forma como essa criança se percebe capaz e segura do seu potencial. Então, é sempre importante avaliar cada caso com um especialista de confiança. Saber disso me permite, agora, relaxar um pouco mais quanto ao desenvolvimento, sobretudo emocional, do meu primogênito. Fiz o que estava ao meu alcance e consigo vê-lo seguindo em frente.

Quando compartilho nossas histórias, só penso que posso ajudar alguma criança. Que a história dela pode ser transformada por um adulto que se identificou com meu relato e percebeu a necessidade de fazer alguma coisa para ajudá-la. As redes sociais conectam pessoas que conseguem nos inspirar pelo modo de lidar com os desafios da criação. Aqueles desafios que abalam profundamente nosso emocional, desconstroem nossas expectativas e idealizações. Por onde recomeçar nesse novo lugar para onde fomos transferidas com um diagnóstico nas mãos e dúvidas na cabeça? Quero ser a pessoa que eu gostaria de ter encontrado lá no início dessa viagem. A pessoa que responderia minhas dúvidas, seguraria na minha mão e, mesmo sem prever o futuro, me fizesse acreditar que tudo ficaria bem.

Mães atípicas são especialistas em ressignificar. Entre altos e baixos, queremos viver, e não apenas existir. A maternidade será sempre imprevisível, mesmo quando tudo começa parecendo entediantemente perfeito. Filhos são pessoas diferentes de nós, e essa autodescoberta transforma tudo. Esteja aberta a emoções intensas quando decidir ser mãe e, quando não souber lidar, peça ajuda. "Um dia de cada vez" é uma das expressões mais sábias que já ouvi sobre aprender a controlar a ansiedade. Nossos filhos nos mostram a mãe que precisamos ser. E a gente segue tentando.

Por fim, não conseguimos mensurar com antecedência o trabalho que a maternidade atípica exige. E tudo pode ser luta. Até ajudar um filho a respirar ou a comer. Lutar o tempo todo onera o caminhar, mas fazemos pelos nossos e ainda mais pelo próximo. Quando recebi o diagnóstico do Breno, eu já tinha acesso a direitos conquistados por uma comunidade que lutou muito antes de nós. Existe um ativismo com efeitos práticos, e nossa responsabilidade é colaborar, no mínimo, pela manutenção desse legado. Assim, eu logo entendi que nossa existência também se trata de resistência. Cheguei até aqui porque intentei ajudar pessoas que nem conheço por meio da conscientização sobre o TDL. Compartilhando um pouco da nossa história no perfil @humaninhosTDL, despertei empatia e criei uma rede de apoio que verdadeiramente me preencheu e me afagou em alguns dos meus piores dias. Mas sobretudo essa rede projetou motivação ao retratar que a vida sempre vale a pena e pode ser mais leve. Podemos nos apoiar, trocar informação, indicações, dicas e todo tipo de apoio que facilitem nossa rotina. Podemos nos fortalecer e viver bem. Porque importamos.

Madrasta não é palavrão

Mariana Camardelli

Cara pessoa que lê este livro, convido você a pensar na seguinte cena: duas crianças brincando de bichinhos e de bonecos. Uma delas pega uma boneca com alguns filhotinhos e fala: "Vamos para a escola, queridos enteados!". Os bonecos pequenos respondem: "Viva!! Nossa querida madrasta vai nos levar à escola, ebaaaaa!". E todos saem felizes cantarolando porta afora.

Essa cena não existe. Nenhuma criança brinca de madrasta e enteado, muito menos de mamãe e... "filhinho que não é seu". E todas as crianças que brincam de bonecos e bichinhos um dia vão crescer e se transformar em adultos que talvez tenham o desejo de compor uma família. E, ao crescer, provavelmente levarão consigo as imagens que mais as acompanharam durante a infância: as famílias compostas de papai, mamãe e filhinhos.

As narrativas com as quais a gente cresce podem acabar moldando nossos desejos de "família margarina perfeita". A minha geração inteira (que tem hoje entre trinta e quarenta anos) tem esse conceito em mente. Eu também. Foi assim que a publicidade nos ensinou até agora. Também foi dessa forma que a maioria dos filmes narrou nossos futuros desejos. Feche os olhos por um instante e observe a primeira imagem que vem à sua cabeça quando falo a palavra família, por exemplo. E a palavra madrasta? Qual significado existe ao redor desse termo para você?

Crescemos assistindo a repetições de padrões do que devemos aceitar como normais, tradicionais, naturais. Nosso inconsciente está desenhado por modelos que precisamos seguir em busca de pertencimento e aceitação — partindo da premissa de que a nossa existência em si não é perfeita, de que estamos sempre necessitando de algo mais. Seremos felizes somente quando finalizarmos o curso; nos sentiremos bonitas só quando perdermos alguns quilos; seremos completas apenas quando encontrarmos alguém.

E, com isso, meninas crescem acreditando que o casamento é algo a ser almejado. Algo que fará com que se sintam felizes, plenas. Existem muitas pessoas dedicadas a desconstruir essa narrativa hoje em dia (ainda bem!), mas arrisco dizer que a maioria das meninas brasileiras ainda chega à vida adulta com a imagem do casamento dos sonhos com um homem perfeito acontecendo.

A expectativa da maternidade dentro desse contexto — infelizmente bastante heteronormativo (que parte da premissa de que o casal "normal" é composto de um homem e uma mulher) — me fez levar um tombo quando conheci o homem com quem acabei me casando. Ele já havia sido casado e já tinha duas crianças. Eu me vi com dois filhos que não saíram da minha barriga, não usavam mais fraldas e já sabiam jogar futebol e video game. Conheci os meus enteados em novembro de 2014; eles tinham dez e seis anos.

Eu havia saído de um relacionamento fazia pouco tempo e não tinha ideia do quanto a minha vida — e meus projetos para ela — mudariam drasticamente a partir desse en-

219

contro. Além disso, não imaginava tudo o que eu teria que desconstruir para começar a dar vida a esses novos projetos.

Meu ciclo compondo e criando famílias com recasamentos começou quando vi os meus pais se separando: tornei-me enteada e a minha mãe se tornou madrasta. Meus pais decidiram não ter mais filhos depois que se separaram — o que acabou sendo um grande alívio para mim. Eu morria de medo de ter irmão em outra casa. Metade de mim era ciúmes... e a outra metade também!

Eu tinha nove anos quando eles se separaram, e apesar de não estar mais na primeira infância, não tenho tantas memórias deles casados. Minha mãe logo se casou, e meu pai teve algumas namoradas. Confesso que não fui a menina mais simpática da galáxia com várias delas; implicava, disputava espaço e fazia diversas coisas para chamar a atenção do meu pai. Um tempo depois ele conheceu a minha madrasta, e estão juntos até hoje. Ela foi a única com quem nunca impliquei — seria meu sexto sentido juvenil sabendo que ali a coisa ia engatar?

Eu sentia vergonha de falar para os meus amigos que tinha madrasta e padrasto. Em geral, não comentava sobre questões envolvendo a separação dos meus pais com ninguém. A minha sensação quando criança era de que a minha família não tinha dado certo. Já perceberam que toda vez que existe uma separação, as pessoas costumam falar que "não deu certo"? Interpretei aquilo literalmente, sem repertório e maturidade para entender que tinha dado certo, sim, só não estava naquele momento dando mais. A linguagem é uma ferramenta poderosa para a criação de significado do que vemos e vivemos.

Hoje me vejo uma madrasta bem diferente da que tenho e da que a minha mãe é; não por negação ao que vejo nelas, mas pelas condições de guarda compartilhada e de tempo dividido entre as casas em que as crianças atualmente vivem. Quando eu era criança, ficava com meu pai um final de semana a cada quinze dias e um dia na semana, assim como as enteadas da minha mãe quando vinham conviver conosco. O ritmo era outro e as conexões também. Sempre enxerguei na minha madrasta uma figura de companhia, parceria e paz. Ao contrário das namoradas que meu pai teve, que me faziam sentir em pequenas disputas de espaço e de atenção dele, a esposa do meu pai sempre me pareceu segura e tranquila daquilo que estava vivendo. E acabamos formando um núcleo de diversão, viagens, boas memórias e de risadas. Eles permanecem casados e de lá para cá a nossa convivência se transformou bastante com o tempo. Gosto muito da perspectiva de enxergar em filhos e em enteados futuros amigos de idade adulta, pessoas com quem poderemos trocar e compartilhar momentos de vida.

ADQUIRINDO MEU "PACOTE COMPLETO" ;)

Em 2014, ainda morando em Porto Alegre, comecei a ir semanalmente a São Paulo para cuidar de um projeto. Estava para comprar a passagem para aterrissar na quarta, quando um colega me disse: "Vem na terça, assim você pode participar de um evento que vai adorar. É gratuito para convidados e já coloquei seu nome na lista". Se é evento bacana, estou dentro.

Chegando ao local, pequeno e muito bem organizado, reparo que o apresentador é um cara interessante. Ele começa a falar, a contar histórias dos filhos, de uma viagem para a Amazônia... Me sinto hipnotizada e penso: poxa, por que não aparece um modelito desses na minha vida? Ele deve ser muito bem casado, com uma mulher incrível (olha eu mesma sendo heteronormativa...) e essas crianças devem ser divertidíssimas.

O evento acaba. Cada um segue seu caminho. Alguns dias depois o encontro — totalmente por acaso — num happy hour. Ele corre para me cumprimentar. Corre também para dizer que está separado faz um ano. Sabe aquela crença popular de que a gente precisa ter cuidado com o que deseja? Então, resume a minha vida todinha. O clima esquenta, ele mistura o flerte com as histórias dos filhos, eu achando aquilo tudo o máximo. A conversa vai fluindo, umas beijocas também. A gente decide ir embora junto do lugar e aqui estamos quase sete anos depois.

Ele fala que se apaixonou por mim assim que contava um dos casos do "filho mais novo" e eu disse: "Pera essas crianças não têm nome? Eu quero saber os nomes delas".

Essas crianças têm nome, sim. Mal sabia eu que não apenas esses nomes, mas essas duas pessoas mudariam o meu percurso para sempre. Foi assim que Augusto e Vicente entraram na minha vida para nunca mais sair.

ME TORNANDO MADRASTA
(SEM VIRAR BRUXA!)

Confesso que não parei para pensar que me tornaria madrasta. A única coisa que pensei foi: adoro crianças, isso vai ser bacana. E esse foi o meu primeiro grande engano em relação a assumir esse papel: gostar de criança ajuda, sim. Mas não é suficiente para lidar com tudo que a vida de madrasta envolve.

O fato é que somos extremamente estereotipadas, numa sociedade que faz com que a gente não tenha boas referências para lidar com o assunto. Divórcio e recasamento ainda são tabus, apesar de serem um direito previsto inclusive na Constituição brasileira (desde 1977, faz pouco tempo, mas o direito está garantido!).

A pediatra e psicanalista francesa Françoise Dolto escreveu, ainda na década de 1980, em *Quando os pais se separam*, que o divórcio é tão honroso quanto o casamento e não é por envolver sofrimento que deve ser "escondido". Precisamos de coragem para transformar a maneira como enxergamos e lidamos com projetos de casais que terminam de forma mais afetuosa e respeitosa. Assim, o lugar dos novos pares amorosos também terá mais aceitação no núcleo familiar e na sociedade. A sensação que fica é que se, e apenas se, o casamento anterior acabar bem é que o espaço pacífico do novo par está assegurado, o que torna os recomeços inseguros para quem está entrando.

Contei para a minha mãe, empolgada por ter conhecido esse cara tão bacana e tão família, o que eu buscava para a minha vida. Mas a primeira reação dela foi: "Poxa, não tinha um zero-quilômetro?". Eu comentei: "Mãe, você também é madrasta, me dá um apoio moral! Estou conhecendo alguém, e não comprando um carro".

Eu não tinha nenhuma referência de amigas que se tornaram madrastas. E cheguei a ouvir de pessoas bem próximas que era melhor nem me apegar, porque ia ter muito problema, que ex é sempre motivo de confusão e que isso acabaria dando errado em algum momento. Apesar de ser enteada, eu nunca tinha parado para pensar sobre todas essas questões.

O apoio total da minha família veio um pouco antes de conhecerem os meus enteados. É tão bonito quando as pessoas compreendem que certas coisas podem fugir de um padrão esperado por elas e ainda assim dar certo, sabe? Lembro de comentar com uma amiga sobre estar namorando um homem com filhos e ouvir de volta: "Mas eles gostam MESMO de você?".

Por que não vibramos ao saber que uma pessoa se tornará madrasta? Por que não acolhemos com todo nosso afeto e gentileza, da mesma forma como fazemos com filhos que chegam por meio da adoção, por exemplo? Talvez porque fomos criadas com as imagens de madrastas de princesas da Disney e por narrativas ultrapassadas, tomadas de preconceito e cheias de disputa entre as mulheres. Porque antigamente a separação (ou o desquite) eram um sinal de fracasso, e apesar de tudo isso ter mudado muito na nossa sociedade, a gente ainda carrega os mesmos rótulos ruins a respeito do tema.

"Madrasta é má, começando pelo nome."

"A vida não é mãe, é madrasta. Ela nos tira mais do que dá."

Somadas a essas frases, existem várias outras que acompanham esse papel. E que a gente começa a ouvir e se sente esmagada — mesmo que as pessoas nem tenham nos conhecido antes de tudo.

Outro risco intrínseco ao papel é que você sempre será o lado mais fraco dos vínculos. Você chegou depois, além disso já está com todos os holofotes sobre si e todo o seu potencial de maldade. Se existe um tanto de julgamento às mães e suas escolhas, imagine às madrastas. O marido de uma amiga (que também é madrasta) disse que decidiu parar de usar frases como "a Letícia brigou com o enteado" porque percebeu que já estava culpabilizando a esposa sem ter ideia do que havia acontecido. E fazia isso completamente sem pensar e sem perceber que enfraquecia cada vez mais o lugar da madrasta com esses comentários. Existe um grande perigo nos hábitos que temos no piloto automático. Coisas que pensamos e repetimos sem nos dar conta, mas que podem prejudicar pessoas e relações. E um dos meus grandes convites a você é trazer esse assunto à tona, porque só assim conseguiremos nos libertar de amarras sociais invisíveis e de padrões que já não servem mais.

Meu primeiro contato com os meninos foi como "amiga do papai". Um dos meus projetos envolvia sprays de grafite, então decidi ensinar os dois a prepararem stencil para colorir muros das ruas de São Paulo. Nos sentamos no chão da sala para recortar juntos, e naquele momento, por um instante, pensei: se esse relacionamento for sério, vou conviver com esses meninos tipo "pra sempre"?

Lá estava eu: meu príncipe encantado não veio me salvar num cavalo branco com pelos escovados e esvoaçantes na beira de uma praia paradisíaca. Ele veio num tipo de carroça, com umas malas caindo pelo lado, com uma criança ranhenta e a outra chorando. Aquele ali, sim, era o meu pacotão completo.

E agora, o que faço?

Quem sou eu nessa família?

O que posso falar?

O que devo ou não fazer?

O que é certo ou errado?

Quais regras devo seguir?

Foi assim que comecei a me sentir extremamente sozinha e perdida.

Conheci um cara bacana e decidimos juntar nossas escovas de dentes. Mas o que significa se casar? E, mais, o que significa se casar com alguém que já tem dois filhos? Como será a minha vida daqui para a frente?

Eu olhava ao redor e não tinha exemplos para me inspirar e aprender. Filmes, novelas, grupos de WhatsApp, páginas do Instagram, séries, pessoas famosas: nada disso me trazia alguma referência positiva para lidar com o que eu estava vivendo. Não havia livros que me ensinassem a lidar com o tema, nem rodas de conversa, nem terapeutas especializados. Nada. Zero. Eu estava sozinha.

Conseguia me lembrar de como foi a minha vida quando os meus pais se separaram e se casaram de novo, mas as minhas memórias não eram suficientes para me ajudar a lidar com as situações do dia a dia, da rotina, de viver nessa família que se formava.

E minha experiência, agora tendo vivido quase sete anos como madrasta e tendo cultivado meu núcleo familiar livre de preconceitos e de estigmas, me leva a compartilhar que sinto esperança sobre um futuro em que as pessoas são livres de estigmas para fazer e cultivar suas escolhas dentro de uma sociedade muito mais justa e inclusiva.

Antes, as pessoas se casavam por conveniência; hoje, se casam e descasam por amor — ou por falta dele. O significado de casamento na sociedade contemporânea é completamente diferente do de décadas atrás, mas a gente segue carregando muitos modelos sem questionar se eles ainda fazem sentido neste mundo contemporâneo.

O meu marido se casou com alguém e teve dois filhos com ela. Viveram uma vida legal juntos e isso um dia passou a não funcionar mais para ambos. Decidiram se separar, e o projeto casamento deles se desfez. Mas o projeto filhos continua sendo compartilhado pelos dois, e fazer isso de forma respeitosa fará com que as crianças cresçam e se desenvolvam num ambiente gentil e amoroso.

Os dois se casaram de novo — e a gente precisa entender que é direito dos adultos refazer sua vida afetiva quando um casamento anterior se desfaz. E que nenhuma pessoa que chega depois merece ser maltratada ou castigada de forma alguma. Estar junto por um real desejo de construir um projeto de vida é o que vale — e não porque já que se casou, se vira e fica aí.

Quando a figura da madrasta entra na família, precisamos repensar nosso olhar e dar a ela uma oportunidade. Chega de repetir contos de fadas de séculos atrás (Branca de Neve é do início do século XIX, por exemplo). Você está diante de alguém que tem uma relação com uma pessoa que já tem filhos. Não julgue, não faça comentários cheios de vieses preconceituosos. Apenas olhe para ela com carinho e gentileza, assim como você faz quando qualquer outra pessoa lhe conta que está namorando, que está grávida, que adotou uma criança.

Foi assim que passei a me sentir em meio a comentários e olhares externos: presa a um estereótipo solitário e tomada de questionamentos. Apesar de ter conversas sempre abertas e construtivas com o meu marido, como mulher eu me sentia sozinha. Também me via desempenhando atividades maternas, mas quase escondida, sabe? Será que posso levar à escola? Será que posso ajudar na lição? Será que posso fazer a comida preferida? Será que posso colocar para dormir? Será que posso me deitar aqui ao ladinho um pouquinho enquanto ele dorme? Será que posso amar?

UMA VIDA EM FAMÍLIA

Desde o primeiro momento em que decidimos juntar nossos projetos de vida, eu e o Rodrigo sempre falamos abertamente sobre tudo o que envolvia os meninos, a vida deles, as decisões compartilhadas com a mãe deles, os horários, as agendas e até os problemas, é claro.

A todo momento pensei que, se fosse para entrar na vida das crianças, eu gostaria de ser uma referência bacana. De educação, de limites, de diversão, de convivência, mas não queria ser a figura que vive dando presente e tentando agradar, sabe? Desejava ser uma das pessoas adultas responsáveis pela criação deles, sempre somando, sempre colaborando, sempre presente. Recebo relatos e histórias de várias madrastas que acabam não tendo essa abertura por parte de seus companheiros e companheiras ou até mesmo do outro genitor, o que dificulta bastante a aproximação saudável, inclusive das crianças. Sinto muito por essas crianças, que perdem a chance de ter alguém, além dos pais, ao redor para cuidar e ser uma referência para elas.

Minhas pesquisas sobre o assunto mostraram outra questão complexa: existe um tanto de misoginia misturada nesse tema. Misoginia é o ódio à mulher, tem a ver com sentimentos de repulsa e de aversão. Na nossa cultura, ela se manifesta de algumas formas: objetificação da mulher, comportamentos agressivos, depreciação, violência e feminicídio.

No caso das famílias recompostas, está ligada ao fato de admirarmos um homem que cria um filho de outro (padrasto), mas rechaçarmos uma mulher que cria um filho de outra (madrasta). O primeiro é herói, merece crédito e honra. A segunda é apenas uma mulher competindo e tentando roubar o lugar da mãe. Essa narrativa ajuda a sustentar o sistema patriarcal, extremamente machista, sexista e desigual.

Procure a palavra madrasta no Google agora. Você verá imagens de bruxas e definições como "mulher má, incapaz de sentimentos afetuosos e amigáveis". Agora faça uma nova busca: "padrasto". Você vai ver imagens de homens abraçando crianças e definições isentas de qualquer julgamento. É possível também clicar em todas as definições dos dicionários e comparar a maneira como se fala de homens e de mulheres em relação ao mesmo papel. Existem inclusive dicionários on-line que definem de forma maravilhosa o papel do padrasto e de forma humilhante a madrasta, com frases como "O que resulta de humilhação, que não provém da bondade nem do carinho: a vida será a madrasta dos preguiçosos". E em dicionários bem renomados, ainda que no modo figurativo, algo como "mãe ou mulher má, pouco carinhosa, insensível".

O olhar cuidadoso para a mulher que se torna madrasta também está relacionado à igualdade de gênero. Quando louvamos um homem que decide fazer o papel de pai e de cuidar de uma criança que não é sua e menosprezamos uma mulher que decide maternar como madrasta uma criança que não pariu, estamos na contramão da igualdade. Já ouvi comentários positivos (inclusive de mulheres!) sobre a dedicação de um padrasto com seus enteados, as mesmas pessoas que antes falavam sobre madrastas "se metendo onde não deviam" em relação às crianças.

E assim fui me sentindo cada vez menor. Sem lugar de fala, sem legitimação. A vida dentro de casa era gostosa, divertida, com algumas tretas que envolvem educar crianças, claro. E a vida do lado de fora? E eu, como madrasta, na sociedade? Eu não me sentia cabendo.

— Você tem filhos?

— Não, tenho dois enteados.

A pessoa faz cara de pena, seguida de alguma frase como esta:

— Mas quando você vai ter um filho seu?

Frases como essas se amontoam ao nosso redor. As pessoas não percebem, mas suas falas acabam empurrando mulheres que se tornam madrastas para a margem. Então só terei valor quando eu parir? Então cuidar de crianças que não são nascidas da minha barriga é pouco? Não é reconhecido?

Quando uma mulher decide engravidar e parir, existe o grupo de parto na água, de amamentação, de introdução alimentar, o grupo do parquinho, da escolinha, do prédio. Hoje há diversas comunidades esperando para acolher mães que precisam de apoio. E essa é uma grande conquista das mulheres: colocar a maternidade em pauta e ampliar os ambientes de troca sobre o assunto. Maternar é um desafio diário e inexplicável, que pode ser dolorido e ao mesmo tempo uma aventura maravilhosa.

Mas quando me tornei madrasta, eu não tinha grupo. E além de não ter grupo para pertencer, fui solenemente excluída de outros ambientes cujo assunto eram os filhos do meu marido. Será que existiria algum lugar para mim na sociedade?

A sensação que eu tinha era de que eu era uma pessoa muito legal até conhecer um homem com filhos. Naquele dia, então, virei uma pessoa com potencial de bruxa estampado no rosto. E isso doía muito.

O prédio em que a gente morou nos primeiros anos do nosso casamento era cheio de crianças. Certa vez, um dos meus enteados me apresentou para um dos vizinhos como madrasta e a resposta da criança foi um "sério????", como se não fosse possível eu ser legal e madrasta ao mesmo tempo. Para ela, as duas coisas não poderiam caber na mesma frase. Mais tarde perguntei à mãe dela se ela tinha madrasta ou conhecia alguma. Ela disse que não. A construção do papel da madrasta envolto em maldade já estava formada ali, mesmo sem que a criança conhecesse ou tivesse contato com uma madrasta na vida real.

Meu enteado mais novo sempre adorou ser levado à escola e sempre me pedia para fazer isso por ele. Eu morria de medo de chegar em frente ao portão e alguma mãe me olhar como quem diz "quem é essa aí no lugar da mãe?", como se as crianças pudessem ter apenas seu casal parental primário como referência. Quando tomei coragem para enfim levá-lo à escola, fui recebida com afeto e gentileza pelas mães (com quem tenho contato até hoje). Ser aceita num ambiente vinculado sobretudo ao casal parental foi um sinal de que, sim, eu tinha valor. E que era perfeitamente possível entrar na vida dessas crianças para somar. Um olhar de acolhimento significa um mundo para uma pessoa que se sente à margem — e eu convido você a treinar sua empatia dessa maneira também.

Da mesma forma, olhares e frases de reprovação machucam numa escala incompreensível ao olhar externo. Lembro de estar numa reunião de trabalho e comentar sobre meu casamento e sobre meus enteados e ouvir de uma pessoa: "Nossa, você é madrasta, coitada!". No começo, mostrava um sorriso amarelo e desconversava, mas com o tempo aprendi que eu precisava ser ativa se quisesse transformar as coisas. Troquei o pensamento de que não faria diferença mudar a mentalidade de uma pessoa por vez para acreditar que qualquer pessoa que fosse influenciada por uma nova narrativa sobre o papel da madrasta valeria meu esforço. E comecei a responder a todas essas frases preconceituosas: "Não me sinto coitada, me sinto uma mulher feliz e realizada, cheia de desafios e aventuras para viver". Aí o sorriso amarelo passou a vir das pessoas com seus comentários preconceituosos. Justo, né?

Outro tema que se soma a todos esses é o quanto ainda cultivamos uma cultura de competição feminina, fruto da misoginia sobre a qual comentamos. Incentivar que exista um conflito entre as mulheres só alimenta o preconceito. Enquanto olharmos para recasamentos carregando essa mesma narrativa de exclusão, ampliaremos o sofrimento em vez de ampliar a alegria nas nossas famílias.

A ideia da sociedade patriarcal é que as mulheres nasçam e sejam criadas para desejar o casamento com um homem. Depois disso, tenham muitos filhos e como responsabilidade de vida criá-los, cuidando da casa e de todos os afazeres domésticos, sempre de forma submissa aos homens. Tempos atrás, com a expectativa de vida muito menor do que a de hoje em dia, se essa mulher morresse, o homem deveria substituí-la imediatamente, sobretudo porque a sociedade não esperaria dele que criasse os filhos sozinho (nem temos como afirmar que ele conseguiria tal façanha). Uma nova mulher, então, tomava o lugar da mãe, de fato. Você que está lendo este livro agora sabe que não vivemos mais nessa sociedade (que bom!). Que as lutas feministas estão mais avançadas do que nunca e que está na hora de mudarmos todas essas questões. Que temas como racismo, inclusão e diversidade tomaram as pautas de vez. Que uma sociedade extremamente machista não nos serve mais. Que todas e todos têm o direito de amar e de viver da forma como acreditam ser a ideal para si. Então, por que ainda repetimos padrões que colocam em pauta a disputa entre mulheres mães e madrastas?

CONHECENDO A MÃE DOS MENINOS

Meus enteados foram muito desejados pelos pais. Crianças muito queridas e amadas, que passaram pelo processo de separação dos pais, com o sofrimento inerente ao fato, mas com cuidado e respeito. Começamos a conviver, e eles foram entendendo que eu estaria junto nas atividades e que uma nova família se formaria. Do lado de lá, um recasamento também aconteceu — e os meninos ganharam um padrasto. Eles acabaram tendo duas casas e quatro adultos de referência na vida.

Entendo que em muitas famílias o processo de divórcio é extremamente confuso, cheio de brigas e de conflitos, muitas vezes chegando a questões judiciais bem sérias. Entendo também que processos de separação podem acontecer por traições. Mas precisamos lembrar que todos os problemas que acontecem na esfera dos adultos devem ser resolvidos entre eles mesmos. Nenhuma criança merece permanecer no meio de conflitos entre os seus genitores. E deixar isso acontecer pode trazer um trauma para a vida delas, marcas que ficam para o resto da vida.

Desde que conheci o meu marido, soube que eu queria conhecer a mãe dos meninos e desenvolver uma relação cordial com ela. Como enteada, vi minha mãe e minha madrasta terem interações amigáveis, e isso sempre foi uma boa referência para mim.

Esse também é um conceito prévio que precisamos desmontar na busca de mais harmonia nas nossas famílias: quando você se casa com um homem que já foi casado com uma mulher, a ex não se torna automaticamente sua inimiga. Tenho conversado bastante com madrastas lésbicas (elas são casadas com as mães que já tinham filhos de relacionamentos anteriores) e, segundo relatos, a questão da competição acontece menos quando o relacionamento anterior foi com um homem, o que comprova que o incentivo à disputa feminina permanece instalado nas relações sociais.

233

Pessoas não são posses, e essa é a crença por trás da disputa com a ex: ele foi seu, mas agora é meu. Preciso fechar a guarda, ela não pode se aproximar, ela é uma ameaça ao meu relacionamento atual. Esse tipo de comportamento instala medo e carência. Voltamos mais uma vez à ideia antiquada de sociedade patriarcal: meninas debutam e saem em busca de maridos em salões de bailes, disputando os melhores pretendentes para si. Elas precisam competir pelo "melhor partido" para garantir sustento e uma prole muito grande. Olhe ao seu redor e me conte: tudo já mudou um bocado, certo?

E com mais essa desconstrução em mente, minha vontade de construir uma relação bacana com a mãe dos meninos apareceu e decidi esperar um momento natural para que isso acontecesse.

Certa vez, meu marido foi viajar e deixou os meninos na casa da mãe, mas o Vicente esqueceu a mochila em casa e nisso o Rodrigo já tinha embarcado e estava voando. Então a mãe deles me mandou uma mensagem para ir buscar; aproveitei o momento para me apresentar a ela, já que eu entregaria os materiais dele.

Eu cheguei depois na vida dessas crianças. Sempre imagino uma festinha rolando, sabe? Quem chega depois se apresenta e cumprimenta todos os outros. E foi isso o que fiz, com meu coração aberto e toda minha intenção de paz e amor. Funcionou.

Eu MORRIA (e ainda morro um pouquinho) de ciúmes dela. Sempre pensava em todos os anos que eles ficaram juntos, no casamento que eles tiveram, na casa, nos filhos, nas viagens. E a todo momento me perguntava: será que vai ser legal para ele fazer tudo isso de novo comigo? Será que vai ter graça? Será que ele vai querer ter filhos comigo? Eu sou a segunda, será que sou importante? Ou sou tipo a segunda opção?

E existia a dor de todos esses questionamentos dentro de mim, claro. Mas também existia a dor de não encontrar espaços seguros e acolhedores para expressar esses sentimentos. Toda vez que eu comentava algo com alguma amiga, as respostas que vinham eram do tipo: "Mas você sabia que ele tinha filhos. Mas você sabia que ele já tinha sido casado".

Sim, gente, já sabia. Mas isso não significa que já soubesse lidar com tudo isso!

Comecei a perceber que quanto mais eu me comparava à mãe deles, menos importante me sentia. Até que comecei a mudar esse padrão de comparação na minha cabeça para: "A gente coexiste. A gente materna juntas essas crianças — ela como mãe, sempre. E eu como madrasta". A palavra madrasta vem do latim, de *mater*. Existe o prefixo do maternar no nosso nome. E há espaço para todas essas pessoas como referências importantes a essas crianças na nossa sociedade.

Converso com muitas mulheres que se tornaram madrastas e nem sequer tiveram essa chance, pois os relacionamentos já eram todos conflituosos e a premissa instalada já era odiar a madrasta. Certa vez, conversando com a Deh (também autora deste livro!), ela me chamou de romântica demais, e eu concordei. Às vezes me deixo tomar pela esperança de que podemos mudar, de verdade, as coisas. E prefiro viver como se fosse possível. Ainda que eu tenha que levantar de alguns tombos no meio do caminho, prefiro ter a liberdade de correr e tropeçar.

Uma coisa que sempre me chamou a atenção na questão do divórcio foi o uso da expressão "ex-mulher". Por que usamos esse termo? Se o cara vira ex-marido, porque a mulher não vira ex-esposa?

A gente se apresenta assim na sociedade: "ela é a fulana, minha mulher". Mas a gente nunca fala: "ele é o fulano, meu homem". E isso tem a ver com os mesmos salões de bailes que comentei agora pouco: quando as meninas menstruavam, eram apresentadas à sociedade para que algum homem "fizesse dela uma mulher", consumando o casamento. E assim o casamento os declarava "marido e mulher" — e a vida dela começaria na sociedade. E é por isso que falamos ex-mulher, mas isso me incomoda bastante.

Decidimos parar de usar esse termo e passar a falar da Juliana usando o nome dela, ou falando "a mãe dos meninos". Se você cresceu achando que outras mulheres são potenciais rivais, deve estar achando meu papo muito impossível de acontecer, mas garanto para você que um ambiente saudável às crianças passa pelo respeito entre os adultos responsáveis por elas.

Conhecer a Ju significou dizer em atitudes para os meus enteados que eles estão acima de qualquer briga, conflito, ego ferido ou treta de adulto. Devo ter amadurecido uns cinco anos em alguns meses quando tudo isso começou a acontecer na minha vida. Aquela mochila esquecida deu lugar a um espaço de respeito e de cumplicidade. E foi quanto mais percebia as minhas feridas, vazios e medos, mais percebia que quanto mais estiver consciente (e cheia de terapia!!!), mais consigo lidar de forma segura com o que acontece comigo.

A Ju me recebeu com gentileza, também deixando claro que não gostaria que eu fosse sempre a legalzona da história e que educar essas crianças seria responsabilidade de todos nós.

Tenho acompanhado histórias e relatos de madrastas que possuem muitas dificuldades com as mães de seus enteados, que as confusões são incontáveis e dignas de delegacia de polícia. Sei que é difícil se esse for o seu caso: mas lembre-se de focar suas energias nas crianças e no bem-estar delas sempre que possível. Ninguém precisa de mais gente traumatizada no mundo, certo?

Os meses foram passando, a gente foi descobrindo (e criando!) o que seria essa nossa nova família. E apesar de me sentir acolhida pela mãe, pelas crianças e pelo meu marido, muitas vezes eu ainda me sentia sozinha, rejeitada, excluída. Além de não ter espaços seguros para trocar a respeito do que eu vivia e sentia, alguns acontecimentos na minha vida social me colocavam mais uma vez à margem do maternar.

Lembro de uma cena num aniversário em que algumas mães falavam sobre os desafios de alimentação dos seus pequenos e eu comentei algo sobre os meus enteados e a comida. E ouvi como resposta que só saberia falar sobre o tema quando fosse mãe. Fico aqui até hoje tentando entender o que ser mãe interfere no fato de observar diariamente a relação de uma criança com a comida e falar sobre isso. Deve ser alguma coisa que precisa do parto para resolver, né?

Entrei no carro chorando naquela noite. Como era possível me sentir tão só? Como era possível fazer tanto por duas crianças que não coloquei no mundo e, ainda assim, me sentir tão "de fora"?

As cenas que me colocavam à margem do maternar se repetiam. Você não tem que opinar, não é seu filho. Você está se metendo! — o que nunca entendi porque se tratava da minha própria casa, então como seria uma intromissão? Muitas vezes fui anulada por pessoas que deveriam apoiar esse novo papel na vida das crianças.

Certa vez, Vicente questionou fortemente o fato de que eu nunca ia nas reuniões da escola dele. "Por que você nunca vai? A gente prepara surpresas nas reuniões!" Os convites das reuniões eram endereçados aos pais. Ou seja: mais uma vez eu não era parte desse grupo, mesmo tendo recebido da própria criança a informação de como isso era importante para ela. Com um misto de emoções respondi a ele: "Querido, os convites são aos pais, e eu sou sua madrasta. Não me sinto convidada".

Nesse dia fomos até a escola comentar sobre esse desconforto dele e acabamos criando uma pequena revolução: a escola mudou TODA a comunicação para "famílias". E, assim, me senti incluída, pertencente. Sou parte da família dele, sim, e ele tinha razão: as reuniões da escola são muito legais.

"Basta uma pessoa para mudar as coisas", disse Chimamanda Ngozi Adichie. E, dessa forma, aos poucos, comecei a me tornar essa pessoa que quer mudar todas essas coisas.

ME TORNANDO UMA ATIVISTA MADRÁSTICA

A relação com a mãe dos meninos e todas as histórias que eu vivia como madrasta começaram a se transformar num desejo de abrir essa conversa de alguma forma para a sociedade. Ter o apoio do meu marido e da mãe das crianças fez com que eu ganhasse mais força e confiança para ampliar esse debate — e, com isso, gosto de dizer que me tornei uma ativista madrástica. Existe tanta coisa para se questionar...

De onde veio a crença de que uma criança não pode amar a todos, independentemente do casal parental que lhe deu a vida?

De onde tiramos que o amor acaba quando é dirigido ao pai ou à mãe, e que, portanto, não cabe mais um adulto na matemática familiar?

Quanto mais amor, mais amor.

Quanto mais gente cuidando das crianças do nosso mundo, mais perspectivas, olhares e afeto elas vão receber. Por que partimos do princípio da competição, das brigas e das disputas quando se fala num novo casamento? O nosso processo de amadurecimento como pessoa envolve olhar para a nossa herança emocional (o que os adultos ao nosso redor faziam? Como eles enxergavam as coisas? Como eles lidavam com a vida e com a gente?) e entender quais delas queremos seguir carregando e repetindo e quais delas não levaremos adiante ao construir a nossa história.

Transformei todo o meu medo de ganhar irmãos de novos casamentos dos meus pais em respeito pelos meus enteados. Nunca escondemos deles o desejo de ter um filho, nem informações sobre a gravidez. É fundamental sermos honestos e transparentes com as crianças sempre. Tudo o que as crianças não precisam quando existe um recasamento é viver entre mentiras e omissões.

Ciúmes, insegurança, medos. De todos os tipos. Mergulhei profundamente na desconstrução social do papel de madrasta e ao mesmo tempo também mergulhei num processo de amadurecer como mulher. E o que mais aprendi ao longo de todo esse processo foi conversar. Conversar com a alma, intensamente, de maneira aberta, sem ataques e defesas. Entendi que o diálogo acessível e construtivo é a base de qualquer relação que a gente quer que dure.

Conversas francas com as crianças, com a mãe delas, com o meu marido. Conversas reparadoras, e não destrutivas. A gente precisa aprender que construir é muito mais interessante que competir. A gente precisa lembrar que evoluir não tem nada a ver com ganhar, e sim com superar.

Uma das questões mais importantes daquele momento foi perceber em que ponto da jornada da minha vida eu estava: feliz, me casando com um cara muito bacana, criando um projeto de vida com ele e muito animada. Porém as crianças, apesar de já estarem havia mais de um ano convivendo com os pais em casas separadas, ainda estavam sofrendo de alguma forma a dor da separação. Assim como nenhum casal se une pensando em se divorciar, nenhuma criança deseja no fundo que seus pais se separem.

Perceber a diferença do ponto da nossa vida em que estávamos me fez ter empatia com Augusto e Vicente naquele momento. A angústia da separação e a dor da mudança de casa fazia com que o meu enteado mais novo, por exemplo, sempre brigasse conosco na hora de ir embora. Me colocar no lugar daquela criança sofrendo me ajudou a perceber melhor essa cena e então começar a avisar bem mais cedo que seria hora de ir embora, para tentar amenizar a dor do processo. Também me ajudou a conversar sobre o assunto e a auxiliar aquele menino a lidar com o que estava sentindo — e não reclamar, criticar ou julgar a famosa "birra".

E assim solidificamos a nossa relação. Sempre pensei sobre que tipo de influência eu gostaria de ser na vida deles, quais valores gostaria de trazer para a nossa família e mais: como eu poderia sempre somar na vida dos dois.

Esse casamento me deu, para começar, duas crianças de presente. Ao longo da jornada, mais uma chegou para completar essa turma — me tornei mãe.

Eu nunca vivi aquela cena quando criança: brincando de mamãe e filhinho que não é meu. Maternar sempre fez parte do meu desejo, mas maternar como madrasta nunca foi algo que imaginei. Você precisa ser firme com a criança e dizer a ela que não pode tomar sorvete às nove da manhã, mas morre de medo de fazer isso e ela devolver: "Não vou te obedecer, você não é a minha mãe".

Estou nesse papel há mais de seis anos e sigo descobrindo desafios e novas nuances desse maternar tão pouco falado. Hoje não me sinto tão sozinha; decidi direcionar a minha vida e o meu trabalho para construir uma comunidade de mulheres que se tornaram madrastas e que precisam de colo, de pertencimento, de espaço de fala e de acolhimento. E, assim, contribuir, de alguma forma, para que os recasamentos sejam sementes de novas famílias harmônicas e felizes. Somos novas famílias, precisamos de novas narrativas e de novos valores. Somos madrastas e nada disso tem a ver com maldade e bruxaria.

Ser madrasta é chegar à escola para buscar a criança morrendo de medo de ser mal recebida pelas mães dos colegas. Ser madrasta é cuidar quando fica doente, mas nunca poder desejar participar de uma consulta ao pediatra. Ser madrasta é viver uma dualidade o tempo todo: parece que eles gostam de mim e eu sou importante. E logo em seguida: parece que sou totalmente dispensável e que se eu sumir por uma semana, ninguém vai dar muita bola. Ser madrasta é morrer de medo de a criança olhar para você como alguém que está ali apenas impedindo que os pais voltem a ficar juntos, desejo que é normal que ela carregue dentro de si. Ser madrasta é receber um olhar de pena quando você se apresenta como tal, como se viver uma vida com crianças que não são seus filhos fosse uma verdadeira tragédia.

Mas as coisas são diferentes disso. Estamos aqui para somar. Para coexistir, para estar junto. Quando nos preocupamos com a alimentação dos nossos enteados, não necessariamente invalidamos as perspectivas e opiniões de pais, mães e avós, por exemplo. Quando queremos ensinar algo novo à criança ou quando queremos participar de alguma maneira, não significa que o espaço do casal parental primário está em risco. Essa crença acaba dividindo as crianças, como se elas não pudessem carregar todos esses adultos de referência dentro de si.

Esses exemplos não foram inventados por mim, foram relatos que recebi de mulheres reais. Encontrar pessoas que passam pelas mesmas coisas que eu foi um alívio. Como não existia um grupo de apoio para mim, decidi criar um. E, assim, fui descobrindo que não doía apenas em mim — diversas mulheres se encontraram nesse lugar da madrastidade e apenas não sabiam por onde começar, o que fazer, como fazer.

Meus estudos sobre as instituições e os contratos sociais me ensinaram que o modelo da sociedade pode não ser o que desejo para a minha vida. O que significa casamento para você pode ser diferente do que significa casamento para mim.

Aquele padrão básico a ser cumprido: sair da escola, fazer faculdade, arrumar um emprego fixo e seguro com um salário razoável, comprar um carro e uma casa, conhecer alguém, casar e ter filhos é um jeito de ver e de viver a vida. E pode funcionar para várias pessoas. Do mesmo modo, pode não funcionar para várias outras. E somos nós que devemos a prestação de contas para o que fazemos com a nossa vida. O que faz sentido para mim? Como quero viver isso?

Foi assim que peguei uma folha em branco e uma caneta, me sentei ao lado do meu marido e conversamos longamente. Que família queremos criar? Queremos ter mais filhos? Queremos nos casar? Com festa? Sem festa? Qual é o meu papel como madrasta na vida dos meninos? O que você espera que eu faça? O que você espera que eu não faça?

E como isso tudo ressoa com o que eu gostaria de ser e de fazer nessa relação? Quais são as suas expectativas? Quais são as minhas?

Não podemos deixar que os contratos sociais preexistentes (sobretudo se eles forem pré-históricos!!!) atravessem nossa vida e decidam como devemos viver: a escolha é nossa e sempre será. Podemos escolher seguir os padrões, sim. Mas podemos desafiar o que conhecemos e criar realidades.

E era isso que eu estava disposta a fazer: desafiar o preconceito da sociedade em relação ao meu papel na minha família. E é esse o meu convite para você agora, qualquer que seja o seu papel na sociedade.

O meu desejo de maternar começou sem ser mãe. Convivendo, diariamente, com duas crianças e com todas as suas demandas. Será possível amar sem ter gerado e sem ter parido? Será possível se entregar aos cuidados sem a expectativa daquele cartão de Dia das Mães dizendo que você é a melhor mãe do mundo? Será possível se doar sem questionar e sem esperar nada em troca?

Por muito tempo essas perguntas rondavam minha rotina. Por que estou fazendo isso? Por que não desisto de tudo e não encontro alguém com menos carga emocional para lidar? Por que decidi tomar esse rumo e muitas vezes me sacrificar? Tem vezes que acho que eles nem sabem o dia do meu aniversário. A mágoa que sentimos quando nossas feridas de abandono são expostas pode se transformar em guerra. E ninguém merece viver dessa forma. O amor nasce do cuidado, e cuidar é uma decisão consciente. Ser madrasta é incerteza, é desconhecido, é estereotipado, eu sei. Mas decido ser. A cada dia, decido que a vida que tenho é a que desejo ter.

Aprendi, ao longo desses anos, que preciso ser a adulta da relação. Que talvez eu seja atacada, julgada, e tudo bem, estou fazendo algo novo, de um jeito completamente diferente. Pensei em desistir, sim. Muitas vezes, incontáveis, para falar a verdade. Escrevo este texto emocionada, porque não faz nem uma semana que pensei mais uma vez em desistir. Quando tudo parece ficar ainda mais complexo, sempre me imagino saindo de casa, com as malas cheias de raiva e dizendo: "Fica com os seus filhos, vocês não precisam de mim". Aí eu paro e repenso: quem disse que eles não precisam? Quem disse que eu não faço sentido dentro dessa casa? Quem disse que eu não sou importante?

Nos momentos mais difíceis é que necessitamos das conversas mais abertas e generosas com os nossos parceiros. O que está ferindo ou incomodando? Como estamos nos sentindo? O que precisa ser revisto ou mudado para que a gente encontre um lugar de harmonia de novo? Devemos nos lembrar que estamos sempre em transformação — como seres individualmente e nas nossas relações. As crianças crescem e precisam de novos contratos dentro de seus núcleos familiares. Novas fases e desafios surgem, e conversar é a única forma de atravessar as questões e amadurecer, transformando as vivências em aprendizados.

Compartilhamos férias, viagens, tristezas, frustrações. Compartilhamos mudanças de casa, de ano escolar, de rotina familiar com a chegada de uma irmãzinha. Vivenciamos discussões, conflitos e até algumas mágoas. E o que seria isso, senão um bom exemplo de família?

UMA FAMÍLIA PARA CHAMAR DE MINHA — E UMA VIDA PLENA!

E assim chegou uma linda menina na nossa vida. Descobrimos a gravidez bem cedo e eu estava com medo de contar a eles. E se eu perder esse bebê? Aí a gente vai sofrer juntos essa perda, esse luto. Contamos eu e meu marido, logo no dia seguinte da descoberta. E esse momento é simbólico porque marcou o nosso compromisso assumido lá atrás com eles: estamos nisso unidos.

Com pouco mais de três meses de gravidez, eu vivia uma angústia de não saber que nome dar a ela. Foi, então, que durante um jantar com os meninos, o Augusto disse: Flora! Vai se chamar Flora! O momento me comoveu, tanto pela beleza do nome quanto pelo carinho do meu enteado na ajuda da escolha do nome da irmã.

Trinta e oito semanas e cinco dias depois ela nasceu. Logo que saiu da minha barriga, os irmãos já estavam prontos para entrar na sala de parto para conhecê-la. E nesse instante eles deixaram de ser apenas meus enteados e se tornaram os irmãos da minha filha.

Em geral existe uma complexidade quando chega mais um irmão na família — e a gente precisa lembrar que se trata de um completo estranho que apareceu e que vai dividir o amor, o tempo e os brinquedos. Devemos investir tempo para criar vínculos entre eles. Sempre procuramos nos relacionar com as crianças em casa partindo das necessidades que cada idade apresenta — e não dividindo-os entre "filhos dele" e "filhos nossos". A linguagem dá forma ao que carregamos dentro de nós, por isso eu a todo momento cuidei para que a forma de falar como madrasta — e agora como mãe — não excluísse os meninos.

Levei tempo para organizar a maternidade dentro de mim, junto com a madrastidade que já existia havia alguns anos. Precisei evoluir e amadurecer mais um montão para entender por que eu tinha determinadas atitudes e comportamentos, o que eu buscava e como os meus vazios impactavam as minhas conexões.

Assim como todas as relações entre pessoas, existem conflitos, dias bons, dias nem tão bons. E quando existe um espaço seguro para a madrasta, esses altos e baixos ficam mais naturais, porque a gente sabe que conviver na mesma casa com outras pessoas pode ser desafiador em alguns momentos.

Tenho muito carinho pelos meninos — mais ainda quando lembro que eles são os irmãos da minha filha.

Enquanto escrevo, estamos entrando em nosso sétimo ano de convivência. Quando os conheci, eles tinham seis e dez anos; hoje em dia têm doze e dezessete! Nossas memórias juntas incluem final da Libertadores vendo nosso time campeão ao vivo no estádio lotado, um mês viajando pelo Japão, aprender a esquiar e a jogar canastra em duplas (com algumas brigas, confesso).

Você pode estar se perguntando se esse vínculo com as crianças simplesmente aconteceu, se foi sorte ou coincidência, mas já vou antecipar que não. Nenhuma relação com uma criança (mesmo quando falamos dos próprios pais e mães) nasce sozinha. Para criar vínculos, é preciso presença. Atenção, construção, intenção. E quando me tornei madrasta, também decidi investir nessa criação de laços com eles.

Escolhi algumas linguagens de conexão que já eram confortáveis para mim, como cozinhar, assistir futebol (a gente torce pro mesmo time!), e aos poucos fui me colocando mais próxima. Aqui vale um momento para dizer que é fundamental que as crianças tenham tempo de qualidade com cada adulto que está envolvido em sua criação. Aconselho todas as madrastas com quem converso a cuidarem do espaço de pai e de mãe com seus filhos, porque existe um lugar nessa relação que precisa de tempo e de espaço para se desenvolver. Assim como as crianças também adoram curtir algum programa apenas comigo também.

No começo do meu relacionamento com o Rodrigo, um fenômeno bem interessante aconteceu: meu enteado mais novo se apaixonou por mim. Ele adorava fazer as coisas comigo, brigava para se sentar ao meu lado no carro ou em restaurantes, queria que fosse eu a escovar os dentes dele e colocá-lo para dormir. E morria de ciúmes de qualquer outra criança que se aproximasse de mim — inclusive o próprio irmão! Foi um período intenso e emocionalmente importante para todos nós, e aqui mais uma vez eu me sentia sozinha e sem espaço de troca para entender se aquilo tudo era normal e como lidar da melhor forma possível. Os ciúmes dele significavam um medo enorme de perder essa pessoa que estava ocupando um lugar bacana na vida dele, que ele enxergava como mais alguém para cuidar, amar e se divertir.

Muitas crianças se sentem divididas — ou até traindo suas próprias mães (em relacionamentos heteroafetivos) quando gostam muito da madrasta. E isso tem tudo a ver com aquela competição entre as mulheres já comentada. Cabe aos adultos criar para essas crianças ambientes psicologicamente seguros em que elas se sintam acolhidas para amar todos os envolvidos — entendendo que amar um não significa deixar de amar o outro, né?

Entre as madrastas existe um grande pavor, muito conhecido, que é o de ouvir a frase "mas você não é a minha mãe!!". Nunca ouvi essa frase, pois sempre me coloquei como corresponsável na vida dos meninos no meu papel de madrasta (te-

247

nho muito orgulho de falar isso!). E se, em vez de competir, mães e madrastas jogassem no mesmo time — o das crianças? E se a gente pensasse que quanto mais amor, mais amor, e incluísse esse novo papel tão estigmatizado na sociedade de forma mais amorosa e respeitosa em nossos círculos?

E assim os anos se passaram, e minhas maternidades foram dando espaço para reflexões compartilhadas entre mulheres, conversas de acolhimento e de pertencimento. Foi assim que criei uma comunidade para conectar e amparar madrastas, o Somos Madrastas.

Não é fácil se sentir uma estranha dentro da própria casa em alguns momentos, eu sei. Não é fácil imaginar que aquelas crianças podem não querer você ali, porque você agora ocupa esse lugar que antes era da mãe deles (ser esposa do pai ou da mãe deles). Não é fácil lidar com medos, receios, ciúmes e emoções muitas vezes desagradáveis. Nada disso é fácil, mas você pode encontrar companhia nessa jornada. E sabendo que você não precisa caminhar sozinha, o andar fica mais leve, e nós mulheres nos conectamos para poder fluir juntas.

Nessa jornada aprendi que desestigmatizar o papel da madrasta na sociedade vai além do olhar individual: acolher esse papel dentro das famílias é ajudar a acabar com o tabu do divórcio e da separação. É entender que um projeto de vida compartilhado com uma pessoa pode não dar certo, e desfazer esse laço não necessariamente precisa ser um movimento traumático para as pessoas envolvidas.

E assim que decidimos morar juntos, decidimos também que enxergaríamos o nosso núcleo familiar desta forma: compartilhado. Cocriado, nós quatro juntos (até a chegada da irmãzinha deles, a Flora, que fez a gente virar um time de futebol de salão).

Somos uma família. Vivemos na mesma casa, dividimos o café da manhã, a granola e o mau humor. Compartilhamos as tristezas, a louça na pia e os planos de férias. E o entendimento de que somos um núcleo familiar foi essencial para eu me sentir segura nesse papel. Sou parte disso tudo, não sou apenas a esposa do pai. Sou também a madrasta das crianças. Mereço espaço, respeito e cuidado.

Se você que está lendo este livro e é madrasta e de vez em quando se sente confusa, lembre-se: você também é responsável por como as coisas estão acontecendo na sua vida. Se você se sente deixada de lado, excluída, não participando de coisas das quais gostaria com seus enteados, converse. Exponha seus sentimentos e desejos de forma gentil e cuidadosa para que a pessoa com a qual você está junto consiga entender o seu lado.

Existe um provérbio africano bem conhecido: "É preciso uma aldeia para se educar uma criança". Você já deve ter escutado isso. Chegou a hora, na minha visão, de essas aldeias envolverem novos companheiros afetivos de pais e mães. Viver uma vida em paz e harmônica com essas crianças é possível — e delicioso. O amor desponta do cuidado, e é lindo ver nascer o amor no seu coração mesmo quando a criança não nasceu da sua barriga.

Adotei

Annie Baracat

Desde pequena sonhava em ser mãe. Nesse sonho, eu só vislumbrava a maternidade em si. Não fazia planos em relação ao casamento, mas sempre pensei na maternidade. Nasci e cresci numa família de mulheres fortes. Minha mãe me criou sozinha com a ajuda da minha avó, uma húngara amorosa que me ensinou quase tudo o que sei. É para elas que dedico este texto: as mulheres que me tornaram forte. E a tantas outras que terão acesso a este livro incrível e que poderão se inspirar e saber que não estão sozinhas. Nunca estamos!

Jamais imaginei como seriam meus filhos, se seria apenas um ou se seria uma penca. A vontade de tê-los era natural, sem expectativas. Diferente dos planos de carreira, que foram se transformando ao longo da vida, a vontade de ser mãe em nenhum momento mudou. Minha vida foi tomando rumos que muitas vezes não planejei. Na realidade, não sabia o que era planejar e correr atrás dos sonhos. Como a situação da minha mãe após o desquite sempre foi correr atrás do prejuízo, nunca imaginei que houvesse como planejar carreira, sonhos, compras.

Talvez por ter tido uma vida mais difícil financeiramente falando, aceitava todas as oportunidades que apareciam. Foi assim que em 2003 comecei a trabalhar num banco. Foi a melhor experiência da minha vida. Trabalhei com pessoas incríveis que me ensinaram muito. Fiz amizades para a vida toda e amadureci. Com o meu salário e o da minha mãe, pudemos ter uma situação um pouco mais confortável. Longe de viver bem, mas pelo menos conseguíamos pagar as contas.

A adoção pairava na minha história desde 2008. Em 2007, tive um câncer no colo do útero que a princípio não me impediria de engravidar, mas me fez pensar a respeito. Estava solteira, com aquele desejo de ter a minha família, e quando percebi lá estava eu no site do fórum pesquisando. Juntei todas as informações sobre o processo de adoção e refleti um pouco. Cheguei à conclusão de que poderia esperar até ficar um pouco mais velha e minha vida se tornar um pouco mais estável.

Lembro que nessa época comentei esse desejo com poucas pessoas. Apenas uma amiga me apoiou. Recebi comentários de outros do tipo: "Cuidar de criança não é como cuidar de cachorro". Nem cheguei a contar para a minha família naquele momento. O desejo ficou guardado.

Com a questão do câncer, deixei a vida me levar. Lidei bem com a doença, de verdade, não me deprimi, não me vitimizei, mas no fundo dei uma despirocada. Continuava com aquela mentalidade de não planejar e ainda não entendia nada de questões financeiras.

O tempo passou. Eu e o meu dedo podre escolhemos alguns namorados. Não sei qual foi o pior. Teve de tudo. Por não ter tido pai, por muito tempo eu queria acreditar que todos os homens eram bons ou que eu poderia "recuperá-los", até a fase de mostrar para o mundo que nenhum deles prestava. Todos, sem exceção, me abandonariam. E foi assim por um tempo. Uma grande coleção de corações partidos.

251

Na tentativa de compensar essas péssimas escolhas, fui cada vez mais me afundando no consumismo e em compras, mas nada daquilo era capaz de suprimir minhas dores. Longe de mim falar que eu era a única culpada. Fiz anos de análise para perceber que não há apenas um culpado. Eu não sabia escolher de maneira diferente. Tudo permaneceu dessa forma ainda por muitos anos.

Depois de terminar um relacionamento em 2014, me lembro de estar em casa e de olhar em volta. Minha casa não se parecia comigo. Foi nesse momento que me dei conta de que por anos fui a coadjuvante da minha vida. Vivi sempre numa função de querer agradar para não perder os outros, como se eu não fosse boa o bastante para ser amada. Chamava meu apartamento de cubo branco. Zero personalidade, zero identidade. Estava no fundo do poço. E sabia que dali teria que dar um impulso enorme para sair, mas foi o que eu fiz.

No fim daquele mesmo ano, fiz uma nova pesquisa no site da minha comarca sobre adoção. Comecei sem nenhuma ideia específica e quando dei por mim estava imprimindo os documentos necessários que precisava para dar entrada na minha maternidade através da adoção.

Nunca pensei em inseminação. Além de achar o custo alto, meu sonho não era engravidar, e sim ser mãe. Para mim, a fertilização in vitro não faria sentido, por isso a adoção era tão natural. A maternidade solo foi simples de decidir, pois essa havia sido a minha condição desde pequena. Não acho o papel de um pai menos importante, apenas pensei que daria conta, uma vez que essa estrutura familiar era bem conhecida para mim. Não foi uma infância fácil, tendo que explicar o inexplicável. Onde mora o seu pai, ele trabalha com o quê e por qual motivo ele tinha ido embora... Até os meus dezessete anos eu era a única filha de pais separados entre os nossos conhecidos. Inclusive para me batizar minha mãe teve dificuldade para encontrar uma igreja. Imagina batizar filhos de mulheres desquitadas?

Pouco depois de separar os documentos, ainda sem ter ido ao fórum, voltando para casa encontrei uma amiga de infância da qual eu gostava muito. Por algum motivo, durante a conversa disse a ela que havia assistido ao primeiro capítulo de um programa de TV a cabo que falava de adoção. Tinha achado aquilo tocante. Não sei se ela estranhou o fato de não nos vermos havia tantos anos e eu comentar algo do tipo, tão diferente, mas conversamos por mais alguns minutos e nos despedimos. Eu não acredito em coincidências. E minha jornada na adoção é um grande encontro de histórias.

Ainda no fim daquele ano uns meninos invadiram o prédio onde moro para pichar. Acordei no meio da madrugada com o barulho e sentindo o cheiro da tinta, então chamei a polícia. Achava que era o certo a se fazer. Mal sabia que após passar uma madrugada na delegacia, e após eles serem liberados, voltariam ao meu prédio e pichariam na fachada: ANNIE ALINE VACA. Fiquei devastada quando vi, só pensava no processo de adoção. O que pensariam de mim? Ainda precisei atualizar alguns documentos, e nesse meio-tempo pressionei o prédio para pintar aquelas pichações. Aquilo me dava náuseas só de olhar. Foi mais ou menos um mês de briga até me ver livre daquilo.

Como o fórum entrou em recesso, esperei o início de 2015 e lá fui cheia de fantasias. Se existe uma verdade na adoção é que até que você se aprofunde de fato no tema, tudo faz parte de um grande sonho romântico. Eu usava os fins de semana para separar os documentos e meu horário de almoço para ir ao fórum entregá-los.

Nesse momento, só quem sabia dos meus planos eram duas amigas do trabalho e a minha mãe. Eu mesma, por não saber o que esperar, tinha receio de compartilhar com outras pessoas.

Dias depois assisti a um novo capítulo daquele programa de tv e senti como se tivessem recarregado minha bateria. Foi uma bomba de inspiração. As histórias eram incríveis!

No dia seguinte encontrei de novo aquela minha amiga de infância, e sem motivo algum comentei que tinha dado entrada no meu processo de adoção. Qual não foi minha surpresa quando me disse que ela e o marido também tinham feito o mesmo, havia seis meses. Estávamos cadastradas na mesma comarca. Saí dessa breve conversa meio empolgada e confusa.

Passado quase um mês da entrega dos documentos, chegou o dia do curso preparatório, uma etapa obrigatória do processo de adoção. Fui apresentada à realidade da adoção, na qual muitos desistem. Após o curso ficam os que desejam de fato. Eles comentam dos casos de devolução e abandono. Contam, por exemplo, que as crianças a partir de sete anos são consideradas adoção tardia, então a maioria entra em adoção internacional, já que no nosso país esse perfil é pouco procurado. Mencionaram também que nem sempre a vida é um conto de fadas para as crianças que viajam para fora. Imagina estar num país diferente, com outro idioma, hábitos variados e pessoas que você nunca viu? Somando a isso o fato de ser criança e talvez precisar lidar com traumas de abandono e de maus-tratos. Explicam ainda que muitas famílias querem aquele perfil idealizado de menina branca de olhos claros, que ficam mais de cinco anos na fila.

Naquela tarde percebi que essas informações já dividiriam as famílias em grupos: quem vai seguir e quem vai desistir antes mesmo de ser habilitado. Hoje entendo a necessidade de tudo isso. Precisamos estar preparados e conhecer de fato o que é adoção. Saindo do curso, naquela mesma noite, li um blog inteirinho que falava de adoção, o único que encontrei. Só por ter lido aqueles textos já me considerava muito entendida no assunto. Minha cabeça fervilhava e eu sentia medo, medo pelo desconhecido.

Um mês depois fui chamada para a entrevista com a assistente social. Foi o.k., mas era tudo muito estranho. Eu não fazia a menor ideia do que viria pela frente. Ela perguntou da minha casa, do meu trabalho e da minha família. Onde eu trabalhava, desde quando e quais eram os meus planos de futuro. Ela tenta nos conhecer, checar nossos hábitos, costumes etc. Achei que algumas perguntas eram puro exagero, mas toquei o baile. Comentei, por exemplo, que fazia trabalho voluntário num abrigo e ela recomendou que eu parasse. A sugestão dela partiu por receio, creio, de que eu estivesse lá em busca de alguma daquelas crianças. Disse a ela que ali eu fazia caridade, e que eu não sabia da história daqueles meninos e meninas. Não estava lá para adotar nenhum deles. Me mantive no meu trabalho voluntário.

A equipe do fórum é bastante categórica com isso, pois muitas pessoas acham que podem ir a uma casa de acolhimento e escolher o filho, como se escolhessem uma peça de roupa. As crianças que estão sob proteção judicial só podem ter contato com pessoas que não são da própria casa de acolhimento ou funcionários da Justiça se houver autorização do juiz. Independentemente de estar habilitado ou não no processo, em nenhum momento você escolhe. Acho que de forma lamentável ainda existem casos de adoção à brasileira. Sei apenas que é totalmente fora dos protocolos legais e que muitos casos não acabam bem.

Uns dias depois a assistente marcou de conhecer a minha casa. Senti uma mistura de dor de barriga com uma alegria intensa! Não sabia bem como seria a visita, o que ela avaliaria. Só sei que minha casa nunca esteve tão limpa. Tudo estava impecável! Ela chegou com um pouco de atraso. Entrou, olhou a casa, fez anotações, disse estar tudo bem e foi embora. Soube pelo processo que estava tudo o.k. da parte dela e que a partir dali eu passaria para a avaliação psicológica.

Saí de férias, fui a Nova York, e entre os passeios aproveitei para comprar algumas coisas para o(a) meu(minha) futuro(a) filho(a). Aproveitei bem a viagem, até porque após a habilitação eu não sabia se poderia viajar. Tudo era muito novo e desconhecido para mim. Fato é que curti bastante e comprei uma câmera nova e melhor, pois estava começando a estudar fotografia. Fiquei com medo de receber uma ligação do fórum e de estar fora do país, mas isso não aconteceu.

Os meses se passaram. A visita da assistente havia sido no fim de março. Em agosto eu já sentia um mix de desesperança. No fim de setembro, eu olhava para o céu e falava com Deus. Dizia que achava que não era para eu ser mãe, que tudo bem, que com o passar do tempo eu iria entender. Iria seguir minha vida de outra forma, mas demoraria a aceitar. Fui ficando meio triste e cada vez mais quieta no meu canto. Nessas horas eu pensava como era bom não ter contado para muita gente. Mais gente perguntando, mais cobranças de coisas que eu mesma não entendia.

Talvez comparada a alguns casos daquela comarca, minha habilitação tenha demorado um pouco, mas, se compararmos ao Brasil como um todo, não esperei quase nada. Digo isso para alertar você, leitor ou leitora, de que existe, sim, uma demora, uma burocracia, como muitos dizem. Quando estamos esperando, tudo é estranho. Mas veja que, além de eles não estarem só à nossa disposição, há todo um tempo para os processos. E cada processo é único! Entenda que é a vida de uma criança que está em jogo, e por mais que você ou eu nos julguemos "boa gente", aquelas pessoas não nos conhecem. E, mesmo com todo o crivo que existe, ainda há casos de abandono pós-adoção.

Pouco antes do Dia das Crianças, enfim, recebi com muito alívio uma ligação para a entrevista com a psicóloga. Passados uns dias, fui ao fórum. Lembro-me bem do dia, do céu, da igreja que faz sombra para a porta principal do fórum. Lembro-me de como me sentia, eufórica e feliz, mas com medo. Subi ao andar indicado depois de me identificar e deparei com um corredor imenso, antigo, cheio de histórias. Uma porta gigantesca de madeira se abriu e fui chamada a entrar. A sessão durou umas duas horas. Minha cabeça doía. Fui virada do avesso. O grupo de profissionais do fórum precisa nos conhecer. Saber da nossa história, do nosso perfil; afinal, eles vão nos entregar uma criança, uma baita responsabilidade!

Na época, eu tinha 37 anos. Lembro-me que a psicóloga me perguntou por que eu não esperava mais tempo, estar um pouco mais velha, tentar outro relacionamento. Disse para mim que a maioria das mulheres que procuram o fórum num caso de maternidade solo já possui uns quaren-

257

ta e poucos e já tentou relacionamentos e tentou engravidar. Achei aquela sugestão absurda. Respondi que a adoção não era meu plano B, que para mim ter uma família poderia ser, sim, apenas eu e meus filhos. Esse tipo de pergunta faz parte da forma que eles usam para nos conhecer. Não apenas pela resposta, mas como a resposta é dada. Meu sonho era ser mãe, não necessariamente engravidar. Marcamos a próxima sessão, e como eu não sabia o que esperar, estava bastante receosa. Por não saber o que ela estava investigando, tinha receio de não ser aceita. Morria de medo de dizer algo que não deveria. Afinal, como saber se nem imaginava o que ela buscava?

A segunda visita já começou "bem": cheguei uns dias antes da data certa. Já pensei que isso contaria pontos contra mim. E como se não bastasse ir ao dia errado, ainda fui num dia de dilúvio e com a perna direita totalmente imobilizada, pois tinha estourado o joelho. Foi uma viagem chegar lá, manca e a pé. Mas eu não ligava para o corpo molhado. Só pedia a Deus para não permitir que aquela minha falha me prejudicasse.

Até que chegou o dia correto. E lá estava eu: seca, sem perna imobilizada, na hora marcada.

Nunca me esquecerei. É difícil tocar em pontos que nunca pensamos antes. Como escolher um filho? Raça, questões de saúde, se você aceita filho de alguém com vício em drogas, vítima de inúmeros tipos de violência etc. Saí de lá zonza e com a sensação de que vomitaria na calçada. Minha cabeça rodava. Eu me perguntava por que tinha que ter tantas respostas e aceitar tantas coisas com tanta facilidade se eu mal entendia pelo que estava passando.

Fui muito pressionada. Estava triste tendo que escolher essas características. Em nenhum momento do meu processo me senti prejudicada ou tratada de forma diferente por ser solteira. Mas não ter com quem dividir essas coisas tão particulares me deixou perdida. Tentei me abrir com um amigo uma vez para comentar sobre os estados do país que havia escolhido (no processo podemos escolher estados, além do seu estado de origem, e é possível visitar e buscar a criança) e ele me disse que só faria diferença a cor dos olhos, pois todas as crianças seriam "filhos de drogados".

Saí do fórum lembrando disso! E quanto chorei ao ouvir isso. Imaginava o que as pessoas de fora pensam sobre adoção. Acham que é um tipo de boa ação e que a criança não presta só porque os pais eram diferentes de nós? E quantos amigos temos que fazem parte da "sociedade", mas que fazem coisas que desaprovamos? Eles seriam melhores que as pessoas em condições de rua? Isso me machucava muito. Não estou dizendo que as crianças que nascem nas ruas estão saudáveis e que tudo bem a mãe usar drogas e não se alimentar durante a gestação!

Antes da minha última sessão com a psicóloga, ela pediu que eu indicasse uma amiga com quem ela pudesse conversar. Queria saber um pouco de mim sob a perspectiva de outra pessoa. Isso é normal numa adoção solo. Quando você está em casal, ela analisa as duas pessoas, as reações, formas de pensar. Sozinha, ela precisava ter outra opinião sobre mim. E lá foi a minha amiga de tantos anos que me conhece tão bem. Ela estava grávida e se dispôs a ir até lá conversar.

Pouco antes dessa minha última visita, a cegonha da adoção chegou à casa daquela minha amiga de infância que eu encontrei na rua, lembra? Estávamos todos em festa. Não me lembro se um ou dois meses antes fiz fotos do book do coração dela. Meu primeiro ensaio de adoção. Havia usado esse ano para estudar fotografia e para começar a fazer isso profissionalmente, mantendo meu emprego na empresa onde eu trabalhava durante a semana e fotografando aos fins de semana.

Ela topou, e lá fomos nós eternizar a arrumação do quartinho daquela garotinha linda que logo chegaria. Talvez você já tenha visto a foto em que ela segura um balão escrito: grávida do coração. Essa imagem viralizou. Quando percebi, ela representava a gravidez invisível de muitas mulheres.

Gravidez invisível e gravidez do coração é a forma como nós, famílias formadas por meio da adoção, usamos para falar dessa gravidez que ninguém vê, mas que pulsa dentro de nós. Uma gravidez tão verdadeira como a biológica, tão esperada quanto.

A última conversa foi marcada no começo de dezembro, e pelo menos eu me sentia mais segura. Tudo fluiu bem, a conversa foi mil vezes melhor, pois eu estava mais aberta e menos receosa. Entendi ao longo dessas três entrevistas que ninguém está ali para nos punir ou nos fazer mal, nos impedindo de realizar o sonho da adoção. No auge da minha braveza, me perguntava por qual motivo muitas mulheres engravidavam sem planejar, às vezes não queriam ser mães e após o nascimento não realizavam esse papel, e eu ali querendo tanto e sendo colocada à prova. Imaturidade minha, simples assim. Uma coisa nada tem a ver com a outra, e sim o caminho da adoção precisa de muito preparo, pois a criança já foi no mínimo abandonada.

No fim a psicóloga me disse que da parte dela eu estaria apta e que era para acompanhar pelo site do fórum, com o número do processo e com a senha. Sugeriu que eu fizesse curso no Grupo de Apoio à Adoção de São Paulo, o Gaasp, e que procurasse a instituição no início do novo ano. Isso era meados de dezembro.

Passei o Ano-Novo na casa de uma amiga em Ubatuba, litoral norte de São Paulo, eu e minhas #12patinhas, como chamava meus cachorros. Foram dias ótimos de sol, e, por me sentir segura, nem ficava olhando o tempo todo o site do fórum.

De volta dos dias de descanso, fui atrás do curso preparatório do Gaasp. Hoje na minha comarca ele é obrigatório e sou favorável a isso. Lá temos contato com diversas famílias formadas pela adoção. Conhecemos de fato a realidade deles: a fase de adaptação, o que podemos fazer para ser mais leve, o que evitar. Logo no primeiro dia fiz amizade com duas mães, que, como eu, também aguardavam a adoção solo.

No curso conversamos sobre nossas expectativas e nossos sonhos. Comentamos que, se você almeja mesmo a "criança perfeita" (já aviso que não existe), não pode reclamar por amargurar longos anos na fila. Mas também isso não quer dizer que você precisa aceitar um perfil diferente do seu, do que você espera (se sempre sonhou em ser mãe de um bebê, por exemplo), só porque "acha" que a fila vai andar mais rápido.

Se você entra num processo de adoção já pensando na data de chegada, meu conselho é: faça terapia e pense nisso daqui a um tempo. Não se trata de nós, pais. Não se trata do nosso tempo, nem das nossas vontades, mas sim da prioridade e das boas escolhas para uma criança.

No primeiro dia de curso encontrei a Rury, que escreve no blog "Papais Adotantes" (aquele que li inteiro em uma única noite), e que foi até lá falar da experiência dela na adoção. Não perdi a chance de conversar com ela. Não me lembro se foram mais dois ou três encontros. E lá estava eu e aquelas minhas duas novas amigas, futuras mães. É importante demais alinhar as expectativas para a realidade. Porque, por mais pressa que tenhamos, para sermos pais por meio da adoção, uma criança precisou no mínimo passar pelo abandono para chegar a nós. Então, devemos olhar com calma nossos desejos e pedidos. Nas regiões do país em que há mais moradores de rua, em geral as grandes capitais, infelizmente o número de crianças abandonadas é maior. No interior muitas vezes acontece o contrário, pois sempre pode haver alguém da rede familiar pronto a acolher a criança.

Eu tentava usar meu tempo livre para outras coisas. Até fazia umas pesquisas sobre maternidade, produtos, possíveis compras, mas levava aquilo com mais leveza. No mês de janeiro, eu e os meus cachorros, Zidane, vulgo Zizu, Figo e Pitanga, aproveitamos muito nosso tempo juntos. Zizu já estava com quinze anos, tinha Alzheimer e começava a apresentar alguns problemas de saúde, o que de certa forma me ajudou para controlar a minha ansiedade, já que ele demandava alguns cuidados e ocupava meu tempo e minha cabeça.

Como não sou de ferro e tenho, sim, minha ponta de curiosidade, no início de fevereiro tentei entrar no site, mas minha senha tinha expirado. Naquele mesmo dia, fui ao fórum e voltei com uma nova senha. Sentei-me na minha cadeira e entrei no processo. Há quatro dias eu estava habilitada! Nossa, aquilo foi como se eu tivesse recebido um teste positivo. Foi mágico! Eu me sentia meio inebriada de algo muito especial. Era como se a partir daquele momento eu já estivesse na corrida. E isso me acalmava profundamente.

Cheguei muito feliz em casa. Lembro-me bem que peguei o celular e fiz um vídeo para um programa de TV que decorava casas para me ajudar a transformar meu quarto (que é o único da casa) num ambiente bom para uma criança e para uma mamãe. Meu vídeo nunca foi selecionado, mas após a chegada do meu filho, pude descobrir que ele nasceu justamente naquele dia.

Quando decidi ser mãe, as coisas na minha vida fluíram de uma forma interessante. Não sei se é assim com todas as mulheres quando buscam algo tão desejado. Sendo um tanto quanto esotérica, eu diria que meus caminhos se abriram. Sempre gostei de fotografia, mas isso nunca foi algo planejado. Eu me sentia segura na minha posição profissional, já trabalhava com isso havia quase vinte anos e tinha medo de mudar.

Em 2015, quando me preparava para a adoção, comecei a estudar fotografia. Primeiro entendendo a câmera, entendendo a luz, tendo inspirações. Com o tempo, usei a fotografia para aproveitar meus dias e fotografar. Comecei fazendo ensaios gratuitos. Um tempo depois passei a cobrar. E entrei em 2016, o ano em que descobri que estava habilitada, com uma poupança aberta. Passava os fins de semana estudando fotografia e fotografando, e durante a semana trabalhando como secretária executiva. Eu não me via fotografando *newborn* ou fotos muito photoshopadas. Para mim, quanto mais natural, mais representativa seria a foto e mais significaria como lembrança.

Os planos de ser mãe me mudaram tanto que por muitas vezes nem acreditava. Eu me transformei e sinceramente nem sei em que momento isso começou. Quando percebi, nem saía para almoçar, levava comida de casa, passava os fins de semana em companhia da tv a cabo, e quando fazia sol, corria para o clube. Sempre fui caseira, mas nunca fui econômica.

Em março, Zizu piorou um pouco. Foi medicado e se recuperou. Eu sentia frio na espinha de pensar na partida do meu grande amigo. Aquele companheiro que esteve comigo quando passei quinze longos dias de repouso pós-cirurgia do câncer. Em abril ele ficou mal de novo e precisou ser internado. Dentro de mim doía demais. Eu só queria que ele não sentisse dor. Figão e Pituca estranhavam, mas não sei se percebiam de fato o que estava acontecendo.

Nessa época, já possuía uma conta secreta numa rede social, que usava para focar no tema da adoção. Como ainda poucas pessoas sabiam, por lá eu pesquisava, lia e conversava com duas mães: uma futura mãe, como eu, e outra que já era mãe do coração.

Em maio, entrei mais uma vez no processo e vi que já estava cadastrada no Cadastro Nacional de Adoção (cna). Toda a questão de saúde do Zizu mais meus fins de semana fotografando me tiraram um pouco daquela ansiedade atormentadora.

Naquele mesmo mês, um grupo muito especial de amigos fotógrafos fizeram meu book do coração. O resultado foi um ensaio com a minha cara e muita vontade de dizer a todos que eu estava na fila da adoção. Assim o fiz! Com as fotos editadas pelos meus amigos, postei no Facebook. Contei aos quatro ventos.

Muita gente me parabenizou pela maternidade. Alguns disseram que eu era um anjo em cuidar de filho dos outros. Outros pensavam que eu era doida. Enquanto outros ainda disseram que o chefe havia ficado anos na fila e me perguntaram como eu ia lidar com isso, já que o tal chefe era rico e conhecido, e se para ele era tão demorado, imagina para mim? Parece que as pessoas tinham mais pressa que eu. Outros ainda achavam estranho eu adotar solo. Penso que muitos ainda acham. Se uma mulher engravida e é abandonada pelo parceiro, ela é uma vítima e precisa de ajuda. No meu caso eu era louca. Não sabia a origem da criança, como tinha coragem de abrir minha casa para alguém que não gerei? Nunca ouvi algo mais medonho!

Sempre tinha alguém que dizia que eu não deveria adotar, que existem muitos casos que dão errado. Eu não me deixava contaminar. Me apegava a casos que deram certo e a famílias que queriam de fato receber essas crianças. Já entendia que, quando chegasse, meu filho poderia ter marcas do abandono. E de tantas outras coisas, mas havia me preparado para acolhê-lo. Eu mesma ainda tenho marcas do meu abandono paterno. Ainda bem que já estava preparada para comentários insossos. Alguns eu ignorava. A outros apresentava toda a minha braveza leonina. Os comentários continuavam. Era uma mistura de curiosidade com amargor, no caso dos que insistiam que eu tinha coragem em cuidar do filho "dos outros".

No mês de junho fotografei muito. Festas de aniversário e com todo meu amor alguns books do coração. No começo de julho postei no Facebook: "Faltam trinta dias para o meu aniversário de 38 anos. Até lá dá tempo de Deus me dar o meu melhor presente de aniversário". Sim, faltavam trinta dias. Aquele mês seguiu.

No site de uma marca de câmeras comprei, enfim, a minha *full-frame*. Minha máquina profissional! A que me ajudaria a guardar mais dinheiro e a ter fotos melhores, pensei. Era um sonho realizado, que eu tinha conquistado com a chegada da adoção, que me empoderou a me olhar, a me ouvir e a correr atrás de quem eu desejava ser. Estava empolgadíssima! Como havia aprendido a plantar, comecei a colher.

Em meados de julho, me lembro de ter comprado uma bota linda, preta e alta para comemorar o meu aniversário com os meus amigos do trabalho. Convidei os amigos e marquei a balada. Mas sabe aquela frase famosa: "Peça e será atendido?". Você se recorda da última vez que pediu? Ou melhor, da última vez que prestou atenção e reparou que foi atendido?

Um dia após chegar minha então poderosa câmera fotográfica, planejei usar minha hora do almoço para fazer fotos numa ONG de gatinhos ali perto do trabalho. Entrei no carro e, antes de dar a partida, peguei o telefone para colocar no aplicativo de mapas quando de repente tocou e apareceu: "Fórum João Mendes". Comecei a chorar em alto e bom som. Ele me ouviu! Atendi a ligação aos prantos, a emoção era tão forte que precisava extravasar. Ainda hoje, anos depois, não acredito que fui ouvida. Era uma mistura de "fui ouvida" com "Ele existe de verdade". Até que consegui falar alô, e a pessoa do outro lado disse: "Oi, por favor, a Annie?". "É ela mesma", respondi, entre soluços. "Tudo bem? Você está bem? Está chorando?" Silêncio. "Annie, você está aí?" "Estou!" "Gostaríamos de saber se você continua na fila da adoção."

Algumas pessoas desistem do processo e não avisam, isso é mais comum do que pensamos. Às vezes mudam de cidade, mudam planos ou engravidam e desistem da adoção.

Mal conseguia respirar entre tantas lágrimas. Como ela esperava que eu respondesse? Não conseguia me controlar. O pior de tudo é que eu realmente precisava responder. E se o motivo da ligação não fosse o mesmo que estava me fazendo chorar? Naquele instante engoli a respiração junto com o choro. Petrifiquei. E se eu estivesse gerando uma expectativa dentro de mim e não fosse nada daquilo? Respirei fundo. Consegui dizer: "Sim, estou sim". "Ah, que ótimo! Você está bem?" "Estou sim, é a emoção. Desculpe...", tentei prender o choro mais uma vez. "Temos em nosso sistema um bebê de cinco meses; gostaríamos de saber se você quer conhecê-lo."

Naquele momento morri e ressuscitei. Voltei a chorar alucinadamente. Eu me sentia feliz por, enfim, ser mãe, e muito tocada, porque depois de uma vida tão difícil, sabia que Ele me ouvira. Nem sei ao certo explicar a minha sensação. Não consegui mais segurar o choro. Eu seria mãe! Mããããããe! Mãe e maãeeeeeeeee!

A insistência em comentar a respeito de Deus, essa força maior, é porque é impossível falar da minha vida sem mencionar Ele. A ligação aconteceu nove dias antes do meu aniversário. Então, me sentia o Gepeto pedindo vida ao Pinóquio. Era como se sem saber eu tivesse passado toda a minha vida esperando por aquele momento. Tentei me acalmar um pouco, e disse: "Desculpe! Quando vi que a ligação era do fórum, senti uma emoção muito forte. No início deste mês eu pedi a Deus meu melhor presente de aniversário. E meu aniversário será na sexta da próxima semana. Tinha pedido justamente a chegada de um filho".

Não sei se ela estava acostumada a pedidos, choros e futuras mães esotéricas e cheias de fé, só sei que combinamos que eu iria ao fórum na sexta para saber dos detalhes. Eles não mencionam nada por telefone. Ainda era quarta. Até hoje não sei por que não disse: "Posso ir agora?".

Terminada a ligação, ainda aos prantos e com o carro parado, comecei a dirigir totalmente no automático. Quando estacionei em frente à ONG dos gatinhos, consegui respirar e ligar para a minha mãe. Em poucas palavras expliquei tudo à minha mãe, que no torpor de sua depressão me disse: "Tem certeza de que é isso que você quer?". Ainda bem que sou ph.D. em baldes de água gelada. Como assim se é isso mesmo que eu quero? No fundo, minha mãe sempre quis me ver grávida. Não pela questão de a criança ser minha de forma biológica ou não, mas por me ver carregando um bebê no ventre. Simplesmente não respondi. Dei instruções para ela me encontrar no shopping à noite para comprarmos uma roupinha para meu filho.

Minha mãe tem depressão profunda desde que me entendo por gente. É difícil, mas hoje, após ser mãe, aceito a minha como de fato ela é. Sei que depressão não é uma escolha e que, embora não possamos vê-la por meio de exames laboratoriais, ela está lá, mudando a vida de milhões de pessoas no mundo.

Saí do carro, fiz vinte minutos de fotos dos gatinhos mais lindos deste mundo e que precisavam muito de um lar e voltei ao trabalho. As fotos poderiam ajudá-los no processo de encontrar uma família, e dias depois enviei as fotos à ONG.

No caminho, passei em frente a uma loja de roupas de crianças. Voltei de ré no meio da avenida. Fiz uma louca baliza que nem eu sabia que poderia ser feita, entrei na loja esbaforida e disse que queria comprar uma roupa para um menino de cinco meses. A vendedora docemente me perguntou se eu sabia quanto ele vestia. Ué, não era só informar a idade? Assim começou a vida de uma mãe de primeira viagem. Saí de lá com uma camisetinha tamanho G.

A falta de conhecimento da maternidade em si não me deu medo. O que houve após a ligação do fórum foi que eu de-

268

vorei tudo para ler, conversei com mães, amigas, médicas. Como diz minha mãe, quando quero uma coisa, quero para já.

Naquela noite fomos, então, comprar a roupinha, e me dei conta de quanto é difícil comprar algo para alguém que não conhecemos. Eu, de fato, não entendia nada de bebês. Mas isso não era nenhum impedimento para uma futura mãe impulsiva e tão empolgada quanto eu. Saímos da loja e comprei um carrinho para ele, que tenho guardado até hoje. Tinha muito amor por ele dentro do meu coração sem nunca tê-lo visto. Não sentia medo nem dúvidas. Sabia que aquele era meu filho. Sentia certa insegurança em relação aos cuidados com bebês. Isso era normal, eu pensava. Afinal, nunca tive filhos e não tinha experiência.

Lembro-me que quando chegou a filha da minha amiga, eu filmava os momentos de banho, de troca de fralda e fazia várias perguntas. Fiz isso de verdade. E foi muito útil para mim.

A máxima "nasce um filho, nasce uma mãe" é verdadeira. Eu me sentia pronta.

Me recordo de chegar em casa e de abraçar meus cães e falar para o Zizu: "Seu irmão vai chegar a tempo de te conhecer". Eu sabia que meu velhinho estava no fim da vida. E tê-lo comigo naquele momento me dava mais força. Mais garra para ver minha família completa! Estava tão eufórica que já pensava no nosso primeiro Natal juntos.

Naquela noite de quarta, tenho a recordação de dormir na sala. Eu já estava habituada a dormir pouco porque era enfermeira do Zizu. Ele tomava remédio antes de dormir e eu ficava de orelha em pé para ver se estava bem durante a noite. Embora cuidar de cachorros e de crianças seja completamente diferente, garanto que já me preparei para futuras noites em claro.

Liguei a TV e achava que estava assistindo. Tantas coisas passavam pela minha cabeça! Nunca pensei que pudesse me sentir daquela maneira. Era uma mistura de euforia e de felicidade que até então não sabia que existia.

Quinta-feira começou, mas eu só pensava na sexta. Não me sentia tão ansiosa, pois para mim já era certo que meu filho havia chegado. Íamos nos conhecer. Era uma questão de horas. O dia até que voou e fui para casa passar mais uma noite em claro.

Na sexta, trabalhei até a hora do almoço. Disse a todos que tinha sido chamada para conversar. Preferi não criar expectativas nas outras pessoas que alimentariam ainda mais as minhas.

Eu não sabia exatamente o que esperar; afinal, nunca havia passado por isso. Ouvia poucas coisas a respeito, até porque achei que ia demorar muito... Minha gestação durou, a partir do dia em que descobri que estava habilitada, apenas cinco meses. Você vai dizer que foi depressa. E concordo. Só espero que você não diga como muita gente me disse quando soube da chegada do meu filho: "Nossa, estou há cinco anos na fila e você em tão pouco tempo já recebeu um bebê branco?".

Eu sei, foi rápido. Mas nada justificava ouvir esse tipo de coisa. Como você se prepara para ser pai ou mãe e pensa dessa maneira? Entendo que minha "rapidez" possa ter doído, mas daí a pensar e dizer isso é demais. Foi uma mistura de preconceito, com inveja, com sei lá o quê.

Vale fazer uma ressalva importante. Muita gente ao longo desse tempo me perguntava a respeito do meu perfil. Além de isso ser particular, acho que não é uma equação matemática. Cada história de adoção é única. Precisa ter a ver com seus desejos e vontades. Deve ser feito naquele longo e assustador processo com a psicóloga, para que você encontre as *suas* respostas. Não existe uma fórmula mágica, como já me perguntaram. Respeite sua vontade, seus limites e se prepare. É o melhor que tenho a dizer.

Saí correndo do trabalho e claro que confundi o horário e cheguei mais cedo. Como minha comarca fica no bairro da Liberdade, em São Paulo, e lá existe uma grande loja de cosméticos, entrei e comprei alguns xampus e sabonetes infantis. Tantos que mal conseguia carregar. Meu filho seria um menino com estoque de artigos de higiene, isso era certo.

Tinha plena convicção de que o Lilo, apelido dele e como vou me referir a ele neste texto, era o meu filho. Sim, eu havia descoberto o nome dele antes de ir ao fórum. Um dia antes da minha visita, recebi uma outra ligação. Não consegui atender e liguei de volta, já ansiosa, com medo de terem se enganado ou decidido voltar atrás. Pedi para falar com a assistente que havia me ligado e ela me tranquilizou, confirmou o encontro do dia seguinte e perguntou se eu queria saber o nome dele, o que aceitei, claro. Foi assim que soube antes de conhecê-lo. Muitas pessoas esperam para conhecer a criança para saber das informações. Eu já sentia que ele era o meu filho, fosse o que fosse.

Entrei na sala da assistente social carregando aquela enorme sacola de produtinhos básicos de higiene para um ano de vida e ela apenas olhou e sorriu. Começou a me contar um pouco da história dele, dizendo que, como muitos bebês "vindos da Cracolândia", ele havia sido abandonado logo após o nascimento. E que tinha algumas questões de saúde, como sopro cardíaco, refluxo, hepatite C. E ainda não havia sido destituído do poder familiar.

Não entendi absolutamente nada do que ela disse. Não sabia o que era refluxo nem o que era sopro. Sobre a desti-

271

tuição, me lembro de perguntar se havia algum risco de tirarem meu filho de mim. Ela me respondeu que em todos os anos que lidou com adoção naquela comarca, nunca houve algo do tipo. Elas só oferecem as crianças na certeza de que não há mais nenhuma chance com a família biológica. Sei da importância de todas as explicações, mas eu só queria conhecer meu filho. E devido ao momento de euforia, meu TDAH estava nas alturas. Por sorte sabia meu nome e o do meu filho. Como minha resposta foi positiva, depois de todos os argumentos, aguardei que a juíza expedisse uma autorização para que eu fosse conhecê-lo. Você só tem acesso ao endereço do abrigo e da possibilidade de conhecer a criança por meio desse documento.

Acho que era por volta das três da tarde. Sai de lá numa espécie de transe. Cheguei ao abrigo e fiquei esperando minha liberação do lado de fora. Foram apenas alguns minutos, mas naquele frio, e com a ansiedade pairando na minha cabeça, parecia uma eternidade.

As crianças que moram lá ficam totalmente protegidas de qualquer contato com quem não faz parte dos trabalhos da casa. Engana-se quem pensa que você vai até lá e escolhe uma criança. Não vi nenhum outro bebê além do meu filho. Fui chamada até o escritório. A assistente social me contou de novo toda a história dele. Eu já nem ouvia mais, só pensava em conhecê-lo. Até que, por fim, ela me perguntou se poderia ir buscá-lo.

Para mim era uma pergunta um tanto quanto sem sentido, mas depois entendi. Para muitas pessoas a história de vida é um entrave. Desistem até de conhecer a criança quando sabem de onde vieram, pelo que passaram. A ilusão daquele bebê perfeito trazido pela cegonha, como nos desenhos, mexe demais com a cabeça das futuras famílias, muitas vezes pouco preparadas. Toda criança vinda pela adoção tem uma história de vida. E essa história precisa ser preservada e respeitada.

Lá foi ela buscá-lo. Não sei quanto tempo exato levou, mas para mim foi quase um dia inteiro. Até que ela entrou com aquele garotinho banguela, careca, com uma quentinha roupa azul-marinho, minha cor preferida, que foi entregue ao meu colo. Eu não sabia nada de bebês. Nada. Não sabia interagir, não sabia brincar. Mas soube colocá-lo no meu colo e ele adormeceu. Olhei para ele, tão calmo dormindo, tão meu! Nesse instante percebi que era ele que faltava na minha vida. De repente tudo se encaixou. Com ele dormindo em meus braços, e na presença da assistente, peguei o celular e liguei para o fórum. Avisei à funcionária que podia dar andamento ao processo, embora eu não fizesse ideia do que isso significava. Sabia no fundo que ela iniciaria o processo de aproximação, mas eu entendia muito pouco. Insisto nesses pontos, pois a realidade da adoção é muito diferente daquilo que inventamos na nossa romântica idealização de filho vindo da adoção. Não que eu não soubesse de forma irresponsável, não conhecia o processo, não fazia ideia do que viria pela frente. Sabia apenas que aquele pedacinho de gente era meu filho.

Naquele fim de tarde, liguei para o meu trabalho e já pedi para falar com o RH. Já avisei que em breve entraria em licença-maternidade. A partir daquela sexta, nunca mais nos separamos.

Eu fazia visitas a ele todos os dias num horário preestabelecido para que não atrapalhasse sua rotina. Era importante que fizéssemos esse período de adaptação. Cada criança terá um tempo, e de acordo com a resposta dela, as psicólogas ajustam a demanda.

Na semana seguinte me dividi pela manhã para ir ao trabalho e arrumar as coisas que ganhamos para a chegada dele, visitá-lo, lavar suas roupinhas com aulas das minhas amigas que já eram mães e sem esquecer de cuidar dos meus peludos. Me preocupava como eles encarariam tudo aquilo, mas acho que lidei com tanta naturalidade que as coisas fluíram mais do que bem. Lilo e as #12patinhas formaram uma família.

Uma questão curiosa. Era proibido tirar fotos dele. Como você lida com um fato desses? Ainda mais sendo fotógrafa? É importante ressaltar que as fotos são sempre bem-vindas nos porta-retratos, mas nas redes sociais, não. Enquanto seu processo corre em sigilo, seu filho ou filha ainda não foi destituído, então quanto mais proteção a criança receber, melhor. Sei bem da vontade de gritar para o mundo, mas é nosso dever preservar a criança, como garante o Estatuto da Criança e do Adolescente!

Já ouvi casos em que a família biológica foi procurada e não teve interesse na criança. Tempos depois a criança foi colocada para adoção enquanto transitava a destituição familiar. A família biológica viu fotografias e criou caso. Foi um desgaste desnecessário. Se podemos evitar aborrecimentos, por que não?

O máximo que consegui, até porque morria de medo de fazer algo errado e de ser de alguma forma punida, foi fazer com o celular fotos dos sapatinhos dele. Mostrava para meus amigos: "Quer conhecer meu filho?", e exibia a foto dos sapatos.

Lilo foi para minha casa no dia 5 de agosto, quando eu completaria 38 anos. Estava com minha mãe. Poderia dizer que almoçamos juntas, mas eu não comi, não tinha fome. Estava muito ansiosa. Ela me presenteou com um pingente de um menininho jogando bola. E lá fui eu buscar meu filho.

Enquanto ela ficou na minha casa me aguardando, fui ao abrigo munida de cadeirinha e carrinho. Lilo saiu do abrigo depois da uma da tarde. Eu havia pedido que ele fosse para casa com a mesma roupinha do dia em que o conheci, e quando cheguei lá ouvi ao fundo uma festinha. As tias fazem uma festinha de despedida a todas as crianças que vão embora. Já sabia que aquele lugar não era só uma casa de acolhimento, mas sobretudo, nesse dia, senti que desde que saiu do hospital e fora para lá meu filho havia tido todo carinho e assistência que poderia ter. Me entregaram também um caderninho que era usado como diário da rotina dele, os horários, as medicações, as internações. Estava lá tudo detalhado. Meses depois, quando tive tempo de ler, vi que nas páginas após nosso primeiro encontro as tias relataram que todos os dias próximo ao horário em que eu o visitava, ele ficava chatinho, chorando. Diziam elas que ele estava ansioso pela chegada da mamãe. Quando li isso, senti uma felicidade enorme. Não era apenas eu que estava naquela relação; meu filho também enxergava em mim um porto seguro. Não sei se para uma mãe nesse processo poderia existir algo mais intenso do que sentir que ele mal me conhecia, mas sabia, por algum motivo da vida, que eu era a mãe dele e que eu havia chegado para estar com ele.

Eu usava um paletó azul-marinho para combinar com a roupa dele, e por mais que estivéssemos no auge do inverno, fazia um sol de rachar! Como nunca fui de planejar, nunca alimentei grandes expectativas de futuro. Pensava apenas no que aconteceria no máximo em uma semana. Minha prioridade era levá-lo ao pediatra e nos conhecermos melhor. Essa era a meta.

Ele entrou no carro, e foi meio difícil prendê-lo, porque eu era, afinal, iniciante nessas coisas, e fomos em direção ao fórum. Eu e meu filho. Parei o carro num estacionamento, tirei o carrinho e disse ao manobrista, com a boca cheia de verdade: "Só um minuto que vou pegar o meu filho!". Coloquei meu pacotinho azul-marinho no carrinho e, mesmo sem saber prendê-lo, nada me impediu de chegar pontualmente para o encontro com a psicóloga (que me deu algumas dicas e aulas com carrinho). Nesse tipo de encontro, quando estamos prestes a terminar, a psicóloga conversa, entende nossas emoções, planos e nos libera (se tudo isso estiver certo) para a audiência com a juíza. Foi ela quem me liberou a estar por aí com o Lilo, e a partir disso dar início ao nosso processo de aproximação.

Saí de lá com um calhamaço de papéis dizendo que aquele carequinha era minha responsabilidade e estava sob minha guarda. Naquele mesmo dia, de posse desses documentos, o RH da empresa em que trabalhava já deu entrada no plano de saúde dele. Ele teria todos os direitos como qualquer outro filho.

Cheguei em casa afobada. Era a malinha, as mamadeiras, o carrinho... Mal sabia eu que para o resto da minha vida como mãe seria assim, carregar comigo mais coisas dele do que minhas.

Minha mãe me esperava lá embaixo. Foi muito especial mostrar meu filho à minha mãe. Subimos e demos o primeiro banho nele. Foi a sensação mais gostosa que já vivi. Esperei muito por esse dia! E a partir dali, eu e ele nos tornaríamos uma família.

No dia seguinte, já munida de alguma experiência com carrinhos de bebê, fomos ao parque. Aquele mesmo parque que eu fui na minha infância era o lugar do primeiro passeio do meu filho. Aos seis meses de vida, meu filho fazia o primeiro passeio. Eu me sentia poderosa. Eu era mãe. Enfim, mãe.

O tempo foi passando. Os dias de licença-maternidade foram curiosos. A lei é igualmente válida para todas as mães. Mesmos direitos e deveres. Algumas regras mudam em relação à adoção tardia, quanto a alguns prazos que não saberia informar, pois tivemos há um tempo mudanças no ECA. O pessoal da empresa em que eu trabalhava foi maravilhoso comigo. Era como se todo mundo estivesse naquele processo ao meu lado. Era a primeira vez desde meus catorze anos que eu ficava sem trabalhar e ganhando! Eu me sentia estranhíssima! Ficava em casa e recebia um salário. Estranho, mas muito bom, pois esse período serviu para estreitar nossos laços. E me transformar, de fato, em mãe.

Nesse tempo passamos por muitas coisas. Consultas com pediatra, fomos à praia, Lilo teve contato com a areia, comeu e adorou! Desesperada, liguei para o pediatra, que me acalmou. Não era o ideal, não precisava fazer parte do cardápio dele, mas no máximo ele teria uma dor de barriga e precisaria tomar um vermífugo. Não era o fim do mundo.

Num outro passeio ao parque, fomos brincar no tanque de areia. Tirei uma foto e postei (muito importante comentar que todas as fotos que postava eram da carequinha dele ou sem mostrar o rosto). Após essa foto, recebi comentários maldosos. Uma pessoa veio me avisar que era perigoso ele ter contato com a areia, que poderia entrar um bichinho pela fralda e sei lá mais o que poderia acontecer. Curioso que ela não era mãe. Curioso também que algumas pessoas pensavam que só porque eu não havia gerado meu filho no meu ventre, eu era no mínimo uma idiota que colocaria o amor da minha vida em risco. Mas hoje basta postar algo simples na internet para que várias pessoas se sintam no direito de nos dar conselhos não solicitados e nos criticar. Eu era adulta, batalhei muito por ter meu filho ao meu lado, tive que provar para pessoas que não me conheciam que eu era capaz... e por que diacho eu desperdiçaria essa chance? É logico que eu não era experiente, mas sou extremamente caxias. Questionava o pediatra em relação a tudo. Chegava às consultas com um pergaminho de dúvidas.

Triste isso. Será que por não gerarmos nove meses somos menos capazes? Muitas amigas me dizem que tive muito mais preparo no "pré-maternidade" do que elas, que de um dia para o outro pariram. Muitos dizem e até nos tornarmos mães não entendemos, mas amar um filho é mágico. Quando conheci o Lilo, não vi nenhuma magia. O amor foi construído dia após dia. Amar um filho é mágico, sim, mas, na minha opinião, o amor é como aquela planta que deve ser regada todos os dias. Quando você acha que já ama o suficiente, percebe que não existe suficiência para a maternidade. O amor duplica, triplica, quadriplica. Esse amor aumenta a cada dia, e não houve diferença nenhuma por não tê-lo gerado em minha barriga. Talvez até houvesse, sim, um desejo de suprir a carência que havia nele pelo abandono. Eu sou uma leoa quando se trata do meu filho. Ele merece o melhor, e luto por ele.

Mesmo assim, logo que o Lilo chegou, percebi que minha maternidade não era nada do que eu sonhava. Por ser mãe solo, imaginei ter ajuda física da família, assim como acontece com muitas mulheres. Achei, por exemplo, que se um dia ele adoecesse, minha mãe poderia ficar com ele para que eu não faltasse ao trabalho. Mas minha mãe adoeceu e não pude contar com essa ajuda da parte dela. Algumas vezes ela e a funcionária dela me ajudavam em raros momentos. Tudo o que eu fazia, levava Lilo comigo. Mercado, sacolão, passeios. Não ia mais ao salão, nem a consultas. Achava um exagero levá-lo a esses lugares. E assim começou a minha estafa. Como ele dependia de mim, comecei a ser mais taxativa com as pessoas. Nada de visitas depois das seis da tarde, pois tínhamos nosso momento: jantar, banho e luta para dormir.

Até os três anos Lilo dormia muito mal. Pendurei inclusive plaquinha na minha campainha: "Não toque após as 18h". Pode parecer um exagero, mas, quando se é o único adulto da casa, a rotina faz bem, ajuda e liberta. Quando ele dormia, eu almojantava e tomava banho. Em seguida ele já acordava para a mamadeira. Se estivesse com sorte, dormia logo e eu também deitava. Se fosse um dia ruim, a luta duraria pelo menos uma hora. Eu vivia em função dos horários dele, na mesma rotininha que o abrigo me passou para que ele não sentisse tanto a mudança de casa.

Não se trata apenas de ser mãe solo, mas de ser o único adulto da casa. Pode ser redundante, mas é fundamental tocar nesse assunto. Uma coisa é ser mãe solo e morar na casa dos pais. Ser mãe solo e ter ajuda das irmãs. Outra coisa é ser mãe solo completamente sozinha. Garanto que é muito diferente. E, por mais que os pais e outras pessoas possam não ajudar tanto, saber que você está sozinha é extremamente difícil.

Com o passar dos anos, tentei contar com a ajuda de familiares. Afinal, vejo muita gente dispondo desse tipo de apoio. Mas, no meu caso, qualquer auxílio era sempre acompanhado de "lembretes", que mais pareciam acusações e cobranças de quantas vezes eu tinha recebido assistência.

Até que em 2019 dei um basta nisso tudo. Era tão doloroso ver que eu podia contar com minhas amigas, que sempre me acolheram, e que outras pessoas gastavam tanto tempo me difamando, falando mal de mim, que simplesmente me afastei. Acho que, se não é para somar, que se afaste.

Com o passar dos anos, o quadro de depressão da minha mãe piorou. Hoje sou eu quem cuido de tudo. Da vida dela e da minha. O que também contribuiu para que depois da estafa eu abraçasse um burnout. Sou muito dura em alguns pontos de vista, mas, de verdade, só eu sei o que se passa comigo. Só eu sei tudo o que fiz para conseguir terminar uma pós-graduação. Tive o privilégio de conhecer pessoas que me agregaram muito, da mesma forma que tento ser coerente comigo e me afastar daquelas que querem calçar meus sapatos, mas não querem trilhar aqueles mesmos caminhos... Minha vida já é tão atípica, tão corrida, que remoer essas conversas e manter essas pessoas perto de mim não me acrescenta absolutamente nada.

Após a chegada do meu filho, fui demitida três vezes. Foi, sim, um misto de medo e ansiedade. Afinal, somos eu e ele. Mas a cada término eu sabia que uma nova porta se abriria, e com minha experiência de vida e tantos acontecimentos, amadureci e aprendi a não aceitar mais certas coisas. Em todas as áreas da vida: profissional, pessoal. Entendi que mais do que nunca eu teria que cuidar do meu emocional.

Pouco antes de o Lilo completar um aninho, Zizu virou uma linda estrela. Embora eu soubesse que havia feito tudo por ele, me doeu demais. Mudamos de casa três vezes. Na primeira vez, fomos para um prédio superlegal, com piscina (nunca pensei que eu moraria num prédio com piscina), mas o sonho durou mais ou menos uma semana. Nada do programado e do combinado deu certo. Sem falar do desejado. Seis meses depois, com meu filho no colo, lá fui eu para uma nova mudança.

Vivemos quase dois anos numa casa de vila, que era um sonho! Nessa época, enfim, saiu a certidão de nascimento do Lilo em meu nome. Foram dois longos anos andando com uma papelada gigante e insistindo para que respeitassem o nome social, ou seja, que utilizassem meu sobrenome ou o futuro nome dele. Mas nem todo lugar era assim! Ele já sabia nosso sobrenome e repetia orgulhoso por aí, mas alguns hospitais e consultórios médicos ignoravam e o chamavam pelo registro. Eu não queria que ele "ouvisse" pelo simples motivo de ter que explicar mais uma coisa inexplicável para uma criança pequena. Isso faz parte do processo de adoção, é natural, mas na minha cabeça não era nada natural esclarecer ao meu filho tão pequeno algo tão complexo. A certidão foi a parte final do nosso processo de adoção. Meu filho, enfim, foi destituído e agora era legalmente meu! Logo após o meu processo, a lei mudou e agilizou outros processos. Por isso, enquanto muitas pessoas já tinham finalizado essa etapa, lá estava eu, fazendo visitas ao fórum, contando com o carinho da nossa juíza para me dar informações da ação. A destituição é um procedimento ao qual não se tem acesso. Só ficamos sabendo de qualquer coisa quando a criança é destituída. Isso faz parte da história do meu filho.

Já a ação da adoção em si, iniciada após a destituição, foi bem rápida, e a atendente da minha comarca fez questão de me enviar uma mensagem dizendo: "Processo finalizado, falta apenas o cartório emitir a certidão".

Cheguei ao cartório munida da cópia do processo finalizado e perguntei à escrivã quanto tempo demoraria. Ela me disse "uma semana". Mas, então, ela entrou no processo, checou as informações e disse que conseguiria emitir naquele momento. Quando percebi, ela estava expedindo a certidão dele. Então senti que tudo tinha acabado. Nada nem ninguém nos separaria. Era um brio ver o sobrenome da minha avó e do meu avô junto do nome dele.

Essa espera foi o período mais difícil para mim. A certidão demorava, e eu ia me incomodando com o assunto. Sentia um desconforto. Tinha medo de algo acontecer, de alguém aparecer, mesmo que as chances fossem quase nulas.

Até hoje protejo certas informações do meu filho, pois, mesmo sendo meu filho, tenho receio de que alguém da família biológica possa aparecer e querer conhecê-lo. Até que ponto isso seria bom ou ruim? Não sei se já aconteceu com alguém. Meu filho vive a verdade da história dele. No dia em que quiser saber algo, poderá contar comigo. Mas, como mãe, preciso evitar certas coisas, sobretudo enquanto ainda é criança. A meu ver, uma criança não deve lidar com dilemas desnecessários.

Desde que foi para casa, Lilo sabe da adoção. De forma doce e lúdica, comento que ele nasceu do meu coração. Desde o primeiro dia juntos mostro a ele a foto do dia em que nos encontramos. Com o tempo fui contando um pouco mais, que o conheci com seis meses de vida, que ele não nasceu da minha barriga... Ele está longe da fase de perguntas ou de interesse direto sobre o assunto, mas quando estiver, vou responder, dentro das possibilidades, ao que ele me perguntar, desde que seja digerível para uma criança. Detalhes ele não precisa saber. Sou grata à mãe biológica e nunca falei ou falaria mal dela. Digo a ele que ela, por estar doente, não pôde ficar com ele, mas que ela queria muito. Isso foi sugestão da própria equipe do fórum. Não é mentira, nem entro em detalhes desnecessários. Eu não a conheço e não a julgo. Quem sou eu nessa história senão a pessoa a ensinar Lilo a respeitar para ser respeitado?

Decidi falar sempre a verdade por dois motivos: ninguém cresce saudável com mentiras à sua volta, e porque eu detestaria que o contrário acontecesse comigo. Que um belo dia depois de adulta me contassem um grande segredo sobre a minha história. Nossa vida precisa e deve, a meu ver, é claro, decorrer de forma natural. Como falaria para ele com naturalidade sobre a adoção se eu mesma tratasse esse assunto com subterfúgios?

Respeito e sei que a história dele pertence a ele. Depois que fizer dezoito anos, posso acompanhá-lo ao fórum para que ele tenha acesso aos detalhes. Não sei o que motivou a mãe biológica a deixá-lo, mas sei que ele está bem agora. E se Lilo um dia quiser conhecê-la, estarei ao lado dele, se ele quiser minha companhia.

Já me questionaram se eu permitiria que a família biológica o conhecesse, caso queiram. Eles não possuem meios e informações para chegar até nós. Todo processo de adoção feito pelas vias legais corre em sigilo. Apenas Lilo, quando estiver na idade certa, poderá buscar suas origens, se quiser. Por esses motivos só cabe à nossa família saber o nome dele e se foi alterado ou não por mim.

Não que tenha mudado algo ele estar em meu nome, mas foi uma alegria enorme! A primeira coisa que providenciei foi o RG. Mãe orgulhosa. Fim de um processo.

Lilo ainda falava algumas palavrinhas com um jeitinho mais engraçadinho de criança, e ouvi-lo falando o próprio nome era uma graça! Ele ama falar o sobrenome dele. Até hoje. Fala para todos que encontra na rua. Já o avisei que não é necessário nem é bom. Mas às vezes ele esquece e solta o nominho dele para um desconhecido.

Logo após a documentação estar finalizada, Lilo ficou bem doente e precisou ser internado. Não existe nada pior do que ver seu filho doente. Aquela máxima de "preferiria que fosse comigo" é tão verdadeira, tão pulsante... É devastador ver um filho doente. Foram alguns dias angustiantes, mas passou, e depois daquilo ele não teve mais crises respiratórias e tem uma saúde boa!

Dias após voltarmos para casa, Figuinho ficou doente e, nem uma semana depois, nos deixou. Lilo sentiu bastante, e mais do que ele a Pituca. Foi um período muito difícil. Então acabamos adotando a Amora, que fez parte de um resgate num canil em que ela era a matriz usada para reproduzir filhotes que seriam vendidos ilegalmente pelo dono. Hoje vive grudada com a Pituca e bem acostumada com o sofá.

Por fim, dias após a chegada da Amora, me vi mais uma vez desempregada. Para ser bem sincera, foi um alívio imenso. Eu vivia para o trabalho 24 horas por dia, sete dias por semana, não me sentia valorizada nem respeitada, e o ponto-final me confirmou tudo isso.

Isso me fez olhar as coisas por um outro prisma e me fez amadurecer. Resolvi apertar de novo o cinto e voltar a olhar para o meu apartamento. A casa em que morávamos era um lugar incrível, mas quando chovia, entrava água pelos quartos, além de outros probleminhas. Para arrumar definitivamente esse e os outros problemas, eu precisaria ficar longe de lá. Então, aproveitei o empurrão da vida e voltei para o lugar de onde, talvez, eu nunca devesse ter saído. E lá fomos nós para mais uma mudança. Logo no primeiro dia, esqueci de levar a mamadeira do Lilo, e naquele dia mesmo ele desmamou. Tomou leite no copo por mais um tempinho, até que se desinteressou geral.

A mudança foi muito cansativa, pois fiz quase tudo sozinha, em muitas viagens de carro. Mas, enfim, transformei o cubo branco em algo que começou a ter a minha cara.

Lilo permanecia na escola. Logo depois do desmame da mamadeira foi a vez da chupeta, que aparentemente incomodava demais os outros. Eu não me preocupava com a opinião alheia, pois enquanto a chupeta fez bem, ele sentia seu conforto. Tem crianças que com quase cinco anos ainda mamam na mamadeira... Qual é a data certa? Não existe né? Cada um é um!

* * *

Nesses últimos meses cada vez mais escrevi a respeito das minhas experiências no pós-adoção. Percebo que somos carentes de informações reais, de fatos que ajudam. Eu mesma tive pouco acesso a dados, até porque naquele tempo eram escassos. Hoje, com o crescimento das redes sociais, tudo melhorou, e temos muito mais comunicação. Isso de certa forma é muito bom e ao mesmo tempo perigoso. Digo isso porque muitas vezes replicamos notícias e opiniões que recebemos sem nem mesmo checar se é verdadeira ou não, e num movimento de rebanho seguimos todas aquelas referências como se fossem as corretas. É sempre importante frisar que o melhor lugar para buscar informações precisas são os sites das varas de família.

Tive o privilégio de dar algumas entrevistas durante esses anos para canais de comunicação falando sobre adoção. Por mais que eu fale há anos sobre isso, ainda percebo que temos muito a dizer. A adoção não é um favor para uma criança necessitada, não é caridade, não é mídia. Nada mais é do que uma forma de se criar uma família. É uma maneira legítima, verdadeira e repleta de amor. Como em qualquer outro modo de se construir uma família, ela pode ter percalços, altos e baixos. Não é generosidade, ajuda. Adoção é amor e também é preparo. Os contos de fadas ficam nos livros. O dia a dia antes e depois da adoção é repleto de sentimentos de todos os tipos. Se você não se prepara por meio dos cursos preparatórios, de leituras e de terapias, a chegada do seu filho será mais complexa. A realidade é diferente do que conhecemos. Cada caso de adoção é único. Não compare seu processo com o de outras pessoas.

Os grupos de apoio e pessoas que já passaram por isso

são sempre canais confiáveis. Nunca se prenda ao fator tempo. Sei da ansiedade, da vontade de ter seus filhos nos braços. Mas sei também da responsabilidade. Independentemente da região em que você morar, haverá um processo longo ou muito longo. Não se prenda a isso. Lembre-se que para completar o seu desejo de paternidade ou de maternidade uma criança precisou ser abandonada e muitas vezes sofrer maus-tratos. Entenda em alto grau do que se trata a adoção e respeite. Meu filho faz o meu dia melhor e traz à minha vida um sentido de ser. Se sentir essa vontade, permita-se adotar. Permita-se viver esse amor avassalador. Embora ser mãe seja mesmo padecer no paraíso, e ser mãe solo é padecer no sol a pino, mesmo assim as conquistas e os sorrisos do meu filho são as minhas conquistas.

Por muito tempo fiquei sobrecarregada, pois eu mesma achava que deveria dar conta de tudo. Isso não tem relação com adoção, nem mesmo com a maternidade. Mas desde muito pequena fui habituada a dar conta de tudo sozinha: estudar sozinha, cuidar da casa sozinha, crescer sozinha, cuidar das minhas coisas sozinha. Não se perca nesse abismo. Autoestima e autoamor são primordiais para sermos mães.

Foi difícil até eu perceber que pedir e receber ajuda não me faz menos mãe. Hoje permaneço cuidando das coisas mais importantes da nossa vida, mas consegui delegar outras que me tomavam muito tempo e que podem ser feitas por outras pessoas. Ao longo do meu percurso, tive ajuda de gente inspiradora e maravilhosa que muito me ensinou.

A vida das famílias que se formam por meio da adoção é motivada por amor. Independentemente do motivo que nos leva à adoção, se foi primeiro ou segundo plano, se bem preparada, a família sabe que seu papel na vida dessa criança é ser família. Acolher, amar e educar.

Um filho vindo da adoção é apenas um filho. Filhos não precisam de adjetivos. Da mesma forma como você não chama seu filho de biológico ou filho de fertilização in vitro, também não há motivo de chamar uma criança que já tem vários traumas de filho adotivo ou adotado.

Já precisei corrigir muitas pessoas, bem como comprar algumas brigas. Até em entrevistas e num trabalho publicitário que fizemos, tive que mostrar meu ponto de vista. Todos entenderam. Não sou mãe adotiva. Infelizmente, é um costume, um modo errôneo de se falar. E não se trata de ser politicamente incorreto. Trata-se mesmo de respeito. Se eu não contasse sobre a adoção do meu pequeno, ninguém nunca saberia, pois essa é apenas a nossa história.

Insisto em falar sobre isso, em ser esse tipo de *influencer* para fazer o possível para preparar o meu filho para o mundo. Se meu filho crescer seguro e respeitar todos à sua volta, independentemente de quem seja, me sentirei feliz. Hoje em dia as famílias são diversas. E eu que nasci e cresci numa dessas famílias, numa época ainda tão repleta de preconceitos, me sinto mais preparada para certas coisas. Não tive pai, ou melhor, não tive a presença do meu pai, que se hoje eu encontrar na rua não sei quem é. Mas a minha mãe e a minha avó fizeram um colchão de amor para mim, e, com exemplos, minha mãe me mostrou a força que tinha e criou, sem saber, uma mulher forte.

São muitas as críticas que recebemos enquanto outras pessoas nos endeusam, como se fôssemos anjos fazendo uma boa ação. Adoção não é boa ação. É construção de família, e criança dá trabalho. Dá trabalho, pois é criança e cabe aos pais educar. Mesmo se a família é constituída por dois pais, uma avó, duas mães, um pai e uma mãe, uma mãe ou um pai solo. Somos nós os adultos da relação.

Criança demanda atenção. Criança precisa de bronca e de doses extras de carinho. Precisa de beijo de boa-noite. Todas as crianças. TODAS. Meu filho chegou em casa com seis meses de vida e ainda carrega certa marca do abandono. Eu como mãe percebo determinadas coisas. Ele tem momentos de insegurança. Teve momentos de ansiedade e de muito estresse. Pode ter sido por tudo o que passou na fase intrauterina? Pode. Pode ser a partida do cachorrinho que ele amava? Pode. Pode ter sido então as três mudanças de casa? Pode. Não acho que meu papel seja encontrar o culpado, mas sim prepará-lo para a vida, assim como eu gostaria de ter sido preparada.

Quando o conheci, não ouvi sinos tocando, nem me apaixonei loucamente. Senti, sim, como se tudo se encaixasse, mas dizer que isso já era amor... acho prematuro. Meu amor cresceu a cada dia e me coloquei disponível para construir não só esse amor com ele, mas também de ser o porto seguro dele. É uma relação que amadurece a cada dia, e não acho que seja diferente de uma gravidez. Embora o bebê se desenvolva na sua barriga e você já crie um elo, o amor se constrói na dificuldade do dia a dia, na falta de sono, nas fraldas sujas, naquela conexão que existe quando se ama e se quer bem!

Meu pequeno chegou com problemas de saúde, e embora eu de fato nem soubesse o que era refluxo, tiramos tudo de letra. Em nenhum momento tive medo. Para ser sincera, medo não é uma palavra que me acompanha. Tenho outros defeitos, mas esse pelo menos aprendi com a vida a lidar e a seguir. Não num passe de mágica. Mas quando uma criança recebe amor e dedicação, como deve ser com toda criança, as feridas internas cicatrizam e outras temos tempo e a possibilidade de cuidar. Pense que um abrigo, por melhor que seja, não tem um adulto dedicado a cada criança.

E como mãe sei o quanto isso importa. O quanto meu filho evoluiu e deslanchou com a minha dedicação.

Quando ele estava com pouco mais de três anos, vivemos uma fase bem delicada. Eu fiquei muito doente, tive que fazer uma biópsia no pulmão, e ele pouco entendia. Como percebeu que nosso Figo havia ficado doente e virado estrelinha, possivelmente pensou que a mamãe não estaria lá também para ele. Juntando isso com a história da moça que o trouxe ao mundo, e que pelo fato de estar doente não pôde ficar com ele (foi essa a forma que encontrei, com a ajuda de uma psicóloga do fórum, de falar para ele sobre nosso encontro, e o fato de não ter nascido da minha barriga) e por isso Papai do Céu o deu para mim, tudo virou uma fase nebulosa. Figo doente: estrelinha. Moça doente: mamãe chegou. Mamãe doente: quando a mamãe ficar doente acontece o quê?

Nessa época me senti indefesa. Não por mim, mas por ele. Não poderia imaginar deixá-lo sozinho, mas fiz meus exames, e como num milagre tudo deu certo. Mesmo desempregada, procurei o melhor que poderia oferecer para deixá-lo seguro. Ele fez terapia, nos fortificamos e eu também recomecei a terapia.

Voltei a trabalhar, e o brilho dos meus olhos voltaram. As crises de ansiedade passaram, nos reconstruímos mais uma vez, tivemos uma nova rotina e vivemos dentro das nossas possibilidades como uma família qualquer. Faço o possível para que por meio dos meus exemplos meu filho receba um mundo melhor e esteja preparado para ele.

Muita gente fala que Lilo se parece comigo. Fisicamente não acho. Em nada! Ele tem cílios grandes, formato de olho mais arredondado, queixo bonito, cabelo claro... Mas não me importo quando dizem que somos parecidos. Uma vez, quando ele ainda era bebezinho, fomos juntos a uma veterinária e ela comentou: "Nossa, não sei como é o pai, mas seu filho é muito parecido com você!". Dei risada! Deve ser, pois o pai é Deus, né?

Em nenhum momento, nem quando da chegada dele, nem nos momentos de birra, nem hoje em dia vejo diferença na minha filiação. Ele é meu filho. Não sei como seria gerir uma vida, imagino que muito especial, mas meu filho é meu filho e ponto. Não existem filhos adotivos nem adotados. Filhos, apenas filhos. Há quase cinco anos me aconteceu a melhor coisa que poderia acontecer, que foi ter recebido meu filho por meio da adoção. Cresci como mulher em todos os aspectos. Hoje sei priorizar mais adequadamente as coisas que entram na minha vida, falo "não" com mais facilidade e tento ser melhor a cada dia, pois acredito que aprendemos com exemplos.

É no desejo de que as mães não precisam trabalhar como se não fossem mães e de que possam maternar e ser ao mesmo tempo profissionais de sucesso que escrevo e digo sempre: temos muito o que caminhar. Nossa maior arma é nossa união.

Para finalizar, gostaria de compartilhar um texto que escrevi em 2018, tanto para expressar meus sentimentos quanto para, quem sabe, ajudar alguém que estivesse passando pela mesma situação. A você, mãe que deseja adotar, espero que este texto traga calma e esperança.

CARTA PARA UMA FUTURA MÃE DO ♥

Querida futura mãe do coração, eu já estive no seu lugar.

Vivi a ansiedade da incerteza da sua espera. O não saber se serão três dias, três meses ou três anos... Sei que você receberá a notícia enquanto espera, de que outras famílias estão se formando por meio da adoção, e você se questionará, muitas vezes com certo amargor, por que a sua hora ainda não chegou.

Sei como é isso. Mas calma... Respira. Foque em algo que você goste e que a ajude a passar esse tempo. Te garanto que ele vai passar e que um belo dia você receberá a ligação mais importante da sua vida.

Esteja preparada para esse trabalho de parto intenso. É uma mistura de dor, de euforia, mas certamente de uma emoção indescritível. Só quem já passou sabe, e logo você também saberá. Prepare-se, pois você não terá lindos nove meses para preparar tudo. Dependendo, alguns dias. Tenha uma rede de conexão amiga e que possa te ajudar, pois você precisará se dividir em visitas e em enxoval, em visitas e em arrumação, em visitas e em noites sem dormir de tão feliz que estará.

A partir desse dia, uma criança não gerada do seu ventre, mas muito desejada, habitará cada poro do seu ser. Você certamente nem lembrará de como era a sua vida sem esse amor.

Te garanto que toda a espera vai valer a pena. Talvez em algum momento você sinta medo. Se questione. Calma, a grande maioria passou por isso. É normal. Por isso aproveite a sua espera e se prepare com leitura, cursos, com informação de quem já esteve no seu lugar. Tente se blindar de pessoas com a boca amarga e com comentários maldosos. Não se entristeça. Só quem vive esse amor é capaz de entender. Seu amor por essa criança mudará aos poucos o pensamento dessas pessoas.

A adoção foi a coisa mais importante que já me aconteceu. Se prepare para esse amor. É avassalador!

Bem-vinda ao clube!!!

Me tornei mãe e renasci como uma mulher preta

Deh Bastos

Você não pode construir uma casa para o verão do ano passado.
Provérbio africano

A escola foi um lugar de muita dor para mim. Eu me sentia bastante rejeitada e não conseguia entender por que era tratada tão mal. Foram vários anos ouvindo piadas sobre cabelo, inúmeros apelidos ofensivos que me perseguiram por toda a vida escolar e que até hoje me causam dor quando me lembro do assunto. Nem passava pela minha cabeça que aquilo tudo era racismo. Na infância, eu não tinha nenhuma informação que me fizesse entender a origem dos meus ancestrais e a nossa história. Foram muitos e muitos anos buscando caber em um padrão de beleza que não me pertencia. Lembro que alisar o cabelo era algo muito comum para meninas negras e, pior, que a tortura em busca de um cabelo liso era normatizada. Isso me faz pensar em dois episódios: no primeiro, fui a um salão de beleza quando tinha uns sete anos e passaram uma química tão forte no meu cabelo que fez com que ele derretesse como macarrão quando cozinha demais. A outra memória é de, no desespero para ter um cabelo liso, pedir a minha mãe que usasse em mim um tal "pente quente" (um pente de ferro que era esquentado na boca do fogão) para esticar os fios como se fossem um tecido passado a ferro. Eu me lembro do cheiro de cabelo queimado e me lembro também do dia em que queimei a orelha de tal forma que até hoje tenho uma pequena cicatriz.

Foi por meio do cabelo que o racismo se apresentou para mim desde muito pequena, mas eu não o conhecia e não tive condições de reconhecê-lo. Eu não tinha como combater minhas dores e muito menos como me sentir acolhida entendendo que elas não eram culpa minha, não se deviam a eu não ser bonita ou inteligente; era a perversidade do racismo impondo marcas de invisibilidade e desumanização a uma menina pequena que hoje, como adulta racializada, luta por meio da comunicação para que as crianças tenham uma educação antirracista. Essa vontade surgiu em mim junto da maternidade: quando meu filho, José, nasceu, decidi que, no que dependesse de mim, ele não precisaria chegar à vida adulta para conhecer sua ancestralidade, mas saberia desde sempre que é filho de uma mulher preta e o que isso significa. Me aprofundei cada vez mais em estudos e pesquisas e desenvolvi um trabalho de comunicação e comunidade, por meio do qual eu poderia conversar com outras mães sobre as questões raciais. Na festa de um ano do José, informei a todos que ali começava o legado que eu estava construindo para que meu filho soubesse o valor da nossa negritude e o impacto do racismo na vida de todo o nosso povo.

Eu sempre soube que era uma pessoa com a pele negra, mas não sabia o que isso significava na nossa sociedade. Não tinha nenhuma consciência racial. Pior, prestava o desserviço de acreditar na falácia do "somos todos iguais". Aos poucos, já adulta, fui buscando informação e entrando num libertador e doloroso processo de "me tornar negra". Chamo de processo porque ele é contínuo e contém várias etapas. Uma das facetas do racismo é retirar de nós a possibilidade de sabermos a nossa verdadeira história. No Brasil ainda existe o mito da "democracia racial", e o apagamento da nossa trajetória fez com que muitas famílias não tivessem informação necessária para nos educar de forma racialmente consciente.

Em 2020, as discussões sobre o assunto ganharam repercussão mundial, quando um homem negro foi assassinado em Minneapolis, Minnesota, nos Estados Unidos, o que reacendeu a luta antirracista no mundo todo. Movimentações na internet levantaram mais uma vez a hashtag #BlackLivesMatter que incentivou protestos nas ruas e chegou ao Brasil como Vidas Negras Importam. George Floyd foi um homem preto que morreu em 25 de maio de 2020, depois que o policial Derek Chauvin o assassinou, ajoelhando-se no pescoço de George por oito minutos e 46 segundos.

O racismo é um sistema político de OPRESSÃO. Opressão também significa SUFOCAMENTO, e é por isso que a frase que George gritava enquanto estava sendo assassinado — "Não consigo respirar" — virou símbolo da luta contra a violência que as pessoas negras sofrem em todo o mundo. O racismo não é uma opinião, não é um sentimento; é a base onde toda a sociedade foi construída. Está em tudo o que aprendemos, em como fazemos nossas escolhas e em como ensinamos as nossas crianças. Se o racismo está na construção, descobri que a minha missão é construir pontes para a DESCONSTRUÇÃO do preconceito.

Eu me tornei uma pessoa negra já adulta. O racismo tirou de mim e ainda tira de muitos de nós o acesso a uma educação racializada. A construção estrutural dessa sociedade brasileira que nega o racismo, que suaviza a escravidão, que apaga a verdadeira história do povo preto, que insiste na mentira de que a miscigenação é a nossa maior riqueza

294

fez com que a minha família não tivesse informação o suficiente para fazer o meu letramento racial ainda na infância. Minha mãe se descobriu uma mulher negra quase aos sessenta anos, enquanto acompanhava o meu trabalho no Criando Crianças Pretas.

Neusa Santos Souza foi psiquiatra e psicanalista e é autora do livro *Tornar-se negro*, lançado em 1983, referência nos estudos sobre os impactos e o custo emocional na vida das pessoas negras no Brasil. Como eu disse, sempre soube que tinha a pele escura, mas não sabia o que isso significava politicamente. O "tornar-me negra" veio junto com a minha maternidade, na verdade um pouco antes, mas a necessidade de agir nasceu quando pari meu filho e me dei conta de que deveria construir o mundo que queria dar de referência ao meu filho. Não queria que meu filho precisasse chegar à vida adulta para ter consciência racial. Lembro que ainda grávida comecei a me incomodar com o fato de que, por estar em um relacionamento inter-racial, as pessoas achavam que estavam me elogiando quando diziam: "Mas o seu filho não vai nascer negro; ele será, no máximo, moreninho".

Com isso, percebi que precisaria conscientizar a minha família e os meus amigos de que a negritude na vida do meu filho não seria questionada. Decidi que faria diferente com a educação dele. Ele deveria ter acesso a desenhos e a brinquedos com referências pretas. É claro que eu entendia que não se tratava de cobrar dos meus pais, de culpá-los por não terem me oferecido letramento. Muito pelo contrário, agradeço demais tudo o que veio dos meu pais, sou o que eles formaram e entendo que não havia como me oferecerem algo que não tinham. Meus pais, durante toda a minha infância, trabalharam incansavelmente para que eu pudesse crescer saudável e estudasse. Deu certo, e o melhor que posso fazer é entender que é para a frente que se caminha. E a partir do momento que tenho mais informações, sou obrigada a fazer diferente com o meu filho. Esse processo é difícil, doloroso... Por não tolerar o racismo, o machismo, o capacitismo, a homofobia, a gordofobia... e todos os outros atrasos sociais é que tenho fé nas crianças e que tenho fé que eu e você juntos podemos começar agora a plantar novas sementes.

Uma das maiores riquezas da nossa ancestralidade é reverenciar quem veio antes. É entender que a gente faz parte de uma construção de conhecimento dos nossos ancestrais. Digo isso para mostrar que as referências que trago para construir essa teia de conhecimento vieram de intelectuais pretos poderosos. A história é sempre vista do ponto de vista de quem conta. E é preciso considerar que nós, o povo preto brasileiro, fomos privados do registro da nossa história. Em 14 de dezembro de 1890, por exemplo, o então ministro da Fazenda, Ruy Barbosa, assinou um despacho ordenando a destruição de documentos referentes à escravidão.

Então, o Estado, em 19 de dezembro de 1890, ordenou que os registros sobre servidão fossem enviados à capital, onde se faria a "queima e a destruição imediata deles". No documento, o político chamava a escravidão de "instituição funestíssima que por tantos anos paralisou o desenvolvimento da sociedade e infeccionou a atmosfera moral". E dizia, ainda, que a República era "obrigada a destruir esses vestígios por honra da pátria e em homenagem aos deveres de fraternidade e solidariedade para com a grande massa de cidadãos que a abolição do elemento servil entrara na comunhão brasileira".

Hoje existe uma riqueza de livros, de vídeos e de intelectuais que se debruçam sobre as relações raciais. Então é imprescindível estudar de maneira mais profunda a respeito de como se deu o racismo no nosso país e entender em que momento estamos para chegarmos juntos ao fim do processo prontos para uma ação.

Uma pesquisa realizada em 2014 pelo Instituto Data Popular mostrou que 92% dos brasileiros entrevistados declararam existir racismo no Brasil, mas apenas 1,3% se declarou racista. Ou seja, até somos capazes de enxergar que a estrutura é socialmente racista, mas entendemos que nada muda quando nos vemos do lado de fora da estrutura. Enquanto não assumirmos a nossa responsabilidade, a engrenagem do racismo permanecerá intacta, funcionando da mesma maneira estrutural, sistêmica e institucional.

E por que é tão importante entendermos como a estrutura social nos atinge como família, como pessoa, como indivíduo nessa sociedade em que vivemos? Porque de uma forma ou de outra todos nos beneficiamos desse sistema racista ou somos prejudicados por ele. O privilégio branco faz a manutenção do racismo; e só sofre racismo quem tem perdas por conta da cor da pele e da origem. Quando entendemos como essa dinâmica funciona, nos tornamos capazes de criticar a estrutura e agir de modo efetivo. Isso é antirracismo. E esse é o seu lugar de ação.

Existe um provérbio africano que rege a minha vida: "A esperança é o pilar do mundo". Como sou ativista das palavras, logo fui procurar no dicionário o que significa esperança e encontrei que é o sentimento de quem vê como possível a realização daquilo que deseja. Então entendi por que esse ditado faz tanto sentido para mim. Quando eu estava bem no começo desse processo de letramento, a sensação que eu tinha era a de que um portal havia se aberto na minha frente: tantas respostas chegaram, tantas fichas caíram; foi como uma enxurrada sobre a minha cabeça. Até hoje acontece de eu estar deitada na cama refletindo sobre algo e de repente "cai a ficha" que o que aconteceu em determinada situação de anos atrás foi racismo. E essa sensação sempre vem junto com uma dor. Não quero que meu filho passe por isso. É uma angústia do não saber, do não conhecer, do não pertencer. A minha consciência racial foi gerada junto com o meu filho. Quando pari José, pari ao mesmo tempo uma força que me move para seguirmos ao lado de outras famílias para formarmos essas crianças, darmos essa consciência a elas. Estamos juntos e vamos realizar essa mudança pelo futuro.

Certa vez recebi um relato de uma mãe preta pelo Criando Crianças Pretas dizendo que o filho recebeu uma nota ruim na escola porque questionou o fato de a princesa Isabel ter "libertado os escravos". A criança teve em casa um letramento racial e sabia que essa é uma das maiores mentiras contadas neste país. A escola foi acusada de racismo. Em resposta, disse que o que aconteceu não foi racismo, que jamais seriam capazes de ofender um aluno, que nunca teriam um comportamento assim e que, portanto, não eram racistas. A mãe me enviou uma mensagem indignada, desabafando sobre essa angústia e sobre como ela sabia que, no fim das contas, o caso nunca seria penalizado. Muitas escolas permanecem reforçando o equívoco de que a princesa Isabel "libertou" os escravizados. Na verdade, nunca houve liberdade. Inclusive devemos entender que não há nenhum motivo para comemorar o 13 de maio. Ainda nos dias de hoje uma mulher negra é facilmente encontrada trabalhando sem folgas numa casa, dormindo num quarto minúsculo e sem ventilação para servir copos de água aos patrões. E isso é consequência de um plano muito bem arquitetado para deixar os negros brasileiros à margem da sociedade.

Foram tantas as vezes em que eu ouvi isso: "Eu jamais seria capaz de xingar uma pessoa negra, por isso não sou racista". Vamos começar do começo! O que é racismo? Vou à procura e encontro a resposta que mais faz sentido para mim na definição do professor, jurista e escritor Silvio Almeida. Segundo ele, no livro *Racismo estrutural*,

> racismo é uma forma sistemática de discriminação que tem a raça como fundamento, e que se manifesta por meio de práticas conscientes ou inconscientes que culminam em desvantagens ou privilégios para indivíduos, a depender do grupo racial ao qual pertençam.

E discriminação é dar tratamento diferenciado em função da raça. Precisamos pontuar aqui que o termo raça não é um termo fixo e que nesse contexto será usado para tratar questões sociais, e não biológicas. Porque se como seres humanos somos todos "iguais", socialmente somos tratados de maneira diferente, dependendo da origem e da cor da pele. Completo, ainda, com o que aprendi com Mariana Janeiro de que o racismo se trata de perdas, de perder trabalho, oportunidades, a identidade, perder a vida por conta da sua cor.

Para mim, um dos maiores desafios a ser vencido no Brasil quando estamos falando da luta antirracista é a falácia de que aqui não existe racismo. Parte disso vem de as pessoas acharem que racismo é somente a manifestação do ódio, ou seja, apenas aquelas pessoas que se expressam de forma agressiva são racistas quando chamam uma pessoa negra por palavras hostis. Logo, acreditamos que só essas pessoas são racistas, e como você não seria capaz de humilhar, de ofender uma pessoa dessa maneira, como para você as pessoas não são diferentes, portanto você não é racista. Mas como já disse aqui e repito, o que acontece é o racismo estrutural. É como aprendemos e como fazemos as nossas escolhas e, o pior, é como educamos as nossas crianças.

Com certeza você já ouviu que a miscigenação é a maior riqueza do Brasil. Já ouviu e talvez tenha até reproduzido que a beleza brasileira está no fato de que somos todos misturados, que brasileiro não tem cara, que parecemos com gente de todo o mundo e coisas desse tipo. Uma reflexão extra que cabe aqui é pensarmos como foi que essa miscigenação começou? Existe o questionamento: será que os exploradores europeus quando chegaram ao Brasil cortejaram respeitosamente as indígenas e as mulheres negras? CLARO QUE NÃO! Então estamos falando que a miscigenação brasileira começou com violência, com estupro.

E para entender por que as pessoas não conseguem se assumir racistas, a gente pode falar do mito da democracia racial, que é parte da crença de que no Brasil nunca houve discriminação racial legalizada, como nos Estados Unidos e na África do Sul, por exemplo, países onde existiram leis segregacionistas. A gente olha lá para esses países e pensa: "Eles tinham leis segregacionistas, eles proibiam que pessoas negras e brancas frequentassem os mesmos recintos, e isso nunca aconteceu no Brasil, por isso não somos racistas, porque sempre convivemos pacificamente entre negros e brancos".

Nossa conversa aqui é apenas observando o cenário brasileiro e é muito IMPORTANTE não pegarmos o que acontece fora do Brasil para entender o racismo brasileiro. O professor e antropólogo Kabengele Munanga usa a palavra "peculiaridades" para se referir ao racismo brasileiro porque ele apresenta características muito próprias. Podemos citar o equívoco na discussão sobre ser "preto ou negro" e qual seria o jeito certo de falar. Existe um vídeo que viralizou na internet em que um homem, que se identifica como africano, diz que todas as questões relacionadas à palavra negro apresentam uma conotação ruim; também existe o argumento de que nos Estados Unidos a palavra *nigger*, que seria negro em português, é extremamente ofensiva para se dirigir a pessoas pretas, o que é verdade na realidade norte-americana. Mas, no Brasil, o Movimento Negro Unificado, que é a maior autoridade histórica sobre nossas lutas antirracistas, ressignificou a palavra negro. Eles lutaram muito além de ter um legado gigantesco sobre o empoderamento da nossa identidade enquanto povo negro. Então, no Brasil, as pessoas podem usar a palavra NEGRO sem nenhum problema.

Em relação às características particulares do Brasil quando falamos de racismo, toda história tem um começo e partiu de algum lugar. No Brasil, a vida dos escravizados no pós-Abolição foi tão difícil quanto os quatro séculos de escravidão, os maus-tratos e a tortura. Não foi tomada nenhuma medida para integrar socialmente essas pessoas negras. Uma história de tragédias e de descasos que leva a gente a entender por que no Brasil não podemos desassociar classe e raça.

Essa invisibilidade chega em pleno 2020, quando somos considerados "diversidade", mesmo sendo a maioria quantitativa. No Brasil, segundo o IBGE, somos mais de 54% de negros. No entanto, esse número deve ser bem maior, porque a política de embranquecimento da população faz muitas pessoas pretas nem sequer conseguir reconhecer sua própria negritude.

Já sabemos que não se pode comparar o racismo brasileiro com o que acontece lá no exterior, mas quer um exemplo? O tamanho da população negra nos Estados Unidos é de 13%. E eles só se mobilizam tão bem por causa das políticas públicas.

Mas focando no racismo à brasileira, no livro *Pequeno manual antirracista*, da autora Djamila Ribeiro, consta que precisamos identificar de forma prática os mitos que dão base para essas "peculiaridades" do racismo brasileiro e aprender de que maneira o sistema de opressão funciona no nosso país — nos fazendo nos sentir socialmente invisíveis, desumanizados e oprimidos.

Segundo Djamila, precisamos nomear o racismo. Não ter medo das palavras "branco", "negro", "racismo", "racista"... Essas palavras não podem ser tabu, porque o racismo, de algum modo, está em todos nós e também está nas pessoas que amamos. A gente precisa desromantizar a empatia e compreender que não é só gente ruim que é racista. Devemos reconhecer para combater, um combate na prática, um combate verdadeiro que começa com o autoquestionamento.

Desde o primeiro dia em que idealizei o Criando Crianças Pretas digo: só há esperança nas crianças, porque acredito que teria sido tão menos doloroso se meu processo de entendimento sobre o que é ser uma pessoa negra tivesse começado desde pequena... O Criando Crianças Pretas nasceu da minha necessidade de compartilhar com outras famílias o que eu estava descobrindo, lendo, estudando sobre as questões raciais. Quando José fez um ano decidi que o tema da festa seria "O Pequeno Príncipe Preto no Reino de Wakanda", uma junção do nome da peça de teatro de Júnior Dantas — que na infância foi impedido de ser o príncipe numa peça da escola por não ser um menino loiro de olho claro, então Júnior cresceu e escreveu a peça que tem a lendária árvore Baobá no lugar da rosa da história original — com a terra fictícia de Wakanda — lar do super-herói Pantera Negra. E nesse mundo da imaginação José era O Pequeno Príncipe Preto.

A festa foi um marco, uma festa política em que eu comunicava a toda família e aos amigos que a negritude do meu filho, fruto de uma relação inter-racial, não seria questionada. Morando numa cidade do interior de São Paulo, numa família de classe média, meu filho nasceu num ambiente embranquecido com pouquíssimas referências de pessoas pretas na nossa convivência e com diálogos difíceis sobre as questões raciais.

Na festa, depois de cantarmos os parabéns, falei em alto e bom som que aquela comemoração era o início de um legado que eu estava construindo para o meu filho, um caminho para que ele soubesse da riqueza que mora na ancestralidade dele. Estava sendo registrado ali que ele não era descendente de escravizados, e sim que fazia parte da diáspora e que eu faria o possível para que ele não crescesse no limbo do não pertencimento ao qual fui submetida durante toda a minha vida.

Quando acabou, aquilo ficou ainda maior dentro de mim; eu precisava compartilhar as conversas que tinha tido sobre o assunto. Eu já trabalhava com produção de conteúdo digital e junto com uma jornalista fizemos os primeiros posts do Criando Crianças Pretas no Instagram. O que eu não esperava era que tanta gente se identificaria com aquela narrativa. Muito rapidamente os conteúdos viralizaram, e fomos formando uma comunidade que acredita cada vez mais na educação antirracista como um passo para a transformação da nossa realidade social.

Acredito que os conteúdos repercutiram porque o racismo é uma das maiores dores sociais que a gente tem. Dói em quem fere a pele, dói em quem morre, dói em quem não entende, dói em quem toma consciência. É muita dor. Dor que é resultado do plano muito bem arquitetado e executado para que nós, o povo preto brasileiro, nem existíssemos. Muitos desses questionamentos nascem de um plano social, como já dito, chamado mestiçagem, pensado para aniquilar o negro do Brasil. Lembro-me que assim que criei o Criando Crianças Pretas, eu ficava olhando fixamente para as mensagens que recebia via inbox com relatos e perguntas, e permanecia pensando que não poderia deixar aquela pessoa na angústia do silêncio, nesse limbo do não pertencimento. Mas também não poderia deixar de dizer que, numa sociedade racista, não saber se é você negro é uma vantagem e ao mesmo tempo uma dor, porque o racismo não se trata de histórias individuais.

Uma das maiores angústias das famílias, quando vêm me procurar, é de não conseguir classificar a cor dos filhos de relações inter-raciais. E sempre penso em como essa questão também tem muito a ver com a minha história e com a história da criação do projeto Criando Crianças Pretas. Quando comecei a namorar meu marido, que é um homem branco, eu não tinha uma consciência racial, não tinha uma consciência política.

José chegou, e nesse momento eu já estava com o letramento racial mais maduro. Na maternidade, no momento do registro de nascimento, a cor do José, declarada por nós, nos foi questionada.

Isso acontece com muita frequência no Brasil, porque aqui o racismo é de marca, é pelo fenótipo, é preciso ter a pele muito escura para que as pessoas o enxerguem como negro.

Há um texto da filósofa, escritora e ativista Sueli Carneiro no Portal Geledés chamado "Negros de pele clara" que diz:

A fuga da negritude tem sido a medida da consciência de sua rejeição social, e o desembarque dela sempre foi incentivado e visto com bons olhos pelo conjunto da sociedade. Cada negro claro ou escuro que celebra sua mestiçagem ou suposta morenidade contra a sua identidade negra tem aceitação garantida. O mesmo ocorre com aquele que afirma que o problema é somente de classe, e não de raça. Esses são os discursos politicamente corretos de nossa sociedade. São os discursos que o branco brasileiro nos ensinou, gosta de ouvir e que o negro que tem juízo obedece e repete. Mas as coisas estão mudando...

Existem várias referências de intelectuais que confirmam que no Brasil, muitas vezes, a gente não nasce negro, mas se torna negro. E esse "se tornar" vem muito quando a gente já é adulto e começa a ter noções, quando, de fato, nos identificamos como tal. E muita gente tem um registro legal de raça diferente de como se identifica agora como adulto, porque entendeu que no Brasil todas essas questões vão muito além dos tons de pele negra. Minha sugestão é uma pesquisa profunda a respeito do colorismo, que resumidamente significa que quanto mais escura a pele da pessoa negra, mais ela sofrerá as consequências do racismo.

O colorismo é fruto das sociedades colonizadas por europeus e que passaram por processos de miscigenação. Em muitas situações, o colorismo impede que pessoas negras retintas — as pessoas com a pele mais escura — ocupem posições da maioria brancas. O racismo se perpetua quando as pessoas de pele clara são mais aceitáveis por serem o mais próximo do padrão universal: o branco. Mas aqui também cabe refletir qual é a quantidade de pardos incluídos nos índices da população negra carcerária do Brasil, por exemplo, para elaborarmos o quanto o racismo é sempre cruel em todos os seus tons. Citando a minha amiga Mariana Janeiro, "ser negro de pele clara não significa que não seja negro, mas significa que a experiência do racismo é diferente da experiência sentida pelos negros de pele escura. O racismo, sofisticado e cruel, também tem seus cinquenta tons de opressão".

Certa vez participei de um podcast com outras mães e conversávamos a respeito dessa dificuldade para definir a raça dos nossos filhos de relacionamentos inter-raciais. A respeito de como isso gera conflitos desde a maternidade, de como gera dúvidas entre nossos parceiros, enfim, de como não existe uma resposta certa ou errada ou uma forma definitiva de classificar quem é negro ou quem não é quando nasce. O melhor que podemos fazer é construir um legado de referências aos nossos filhos: tão importante quando saber se é negro é saber o que significa ser negro no Brasil.

É a construção de uma educação que conte às crianças sobre as potências do nosso povo, é contar sobre nossa verdadeira história que vai fazer com que a gente pertença com orgulho ao nosso povo. Bianca Santana é jornalista, escritora e doutoranda em Ciência da Informação pela Universidade de São Paulo. Num texto com o título "Nossa negritude de pele clara não será negociada", ela diz:

> O movimento negro, que tem sido vitorioso em tantas agendas, cravou a definição de negros no Estatuto da Igualdade Racial Brasileiro, de 2010, como a soma de quem se autodeclara preto ou pardo, conforme o quesito cor ou raça do IBGE. Qualquer tentativa de embaralhar a noção de negros

como a soma pretos e pardos — reconhecendo a negritude dos variados tons de pele — presta um desserviço à formulação de políticas públicas que beneficiam toda a população, na busca pela igualdade definida em nossa Constituição. Além de ser um estrondoso equívoco analítico.

Ou seja, dentro da nossa casa fortaleceremos as nossas crianças, oferecendo uma educação consciente e antirracista. E na escola, na família, com os nossos amigos, não deixaremos que a negritude de nossos filhos seja deslegitimada. Devemos mostrar aos nossos filhos e filhas a sua procedência e apresentar a riqueza que existe nos que vieram antes de todos nós. Existe uma solidão e um vazio em ser branco demais para ser preto, e preto demais para ser branco. Precisamos acolher essas famílias com dificuldade de classificar a cor dos seus filhos neste país, onde ser negro ainda é sinônimo de inferioridade. É importante a gente saber que esse tipo de questionamento faz parte do mito da democracia racial no Brasil e é fundamental que o colorismo seja estudado de forma mais profunda, porque já deu pra entender que não é apenas sobre a classificação individual de cor, e sim sobre como o racismo — sofisticado e cruel — também tem seus muitos tons de opressão. E por falar em infância e em como muitos de nós não fomos educados sobre a nossa negritude, sempre me lembro de algumas falas e ensinamentos que são tão comuns a todos nós. O tal "você tem que ser duas vezes melhor", por exemplo, é tão corriqueiro que está presente em diversas cenas de filmes e inclusive numa fala de Mano Brown, do Racionais MC's, que diz:

Desde cedo a mãe da gente fala assim:
"Filho, por você ser preto, você tem que ser duas vezes melhor".
Aí passado alguns anos eu pensei:

Como fazer duas vezes melhor, se você está pelo menos cem vezes atrasado pela escravidão, pela história, pelo preconceito, pelos traumas, pelas psicoses... por tudo o que aconteceu? Duas vezes melhor como?

Imagina só o peso para uma criança — sendo uma criança — precisando sozinha ser melhor que todo o sistema político racista que é injusto com o povo preto? Imagina para uma criança o peso de quem nunca pode errar? Deve ser perfeita e impecável. Porque se a sociedade entende que a competência está ligada à branquitude, por muitas gerações (e até hoje) se ouve, sim, piadas e comentários sobre o tal "preto preguiçoso". Aí penso que muitas das nossas famílias, sabendo do racismo e da inferiorização que sofreríamos, nos ensinaram que precisaríamos ser melhores — duas vezes melhor para tentar alcançar as oportunidades. Quantas amarras e inseguranças isso causa em nós, ex-crianças pretas? Quantos de nós ainda somos vítimas dessa armadilha da perfeição?

Sempre me lembro de muitos exemplos quando estamos falando disso. A trajetória vencedora das tenistas irmãs Williams, Serena e Venus, uma jornada insana em busca da perfeição por meio da dedicação quase sobrenatural ao tênis. A busca pelo perfeccionismo de Michael Jackson. A fala sobre Beyonce no show histórico do Coachella, em 2018, de que ela "não poderia não fazer" porque seria a primeira mulher preta a ocupar aquele espaço — como de fato foi. Mas a que custo, para uma mulher que havia tido filhos gêmeos havia poucos meses numa gravidez de risco?

Não se trata apenas das crianças de hoje, mas também das feridas que ficaram abertas nas crianças "de ontem". Diz respeito a olhar o ontem e entender o que podemos fazer de diferente com as nossas crianças hoje, ao que a gente gostaria de ter aprendido diferente, ter entendido melhor. Como já dito, nossos pais fizeram tudo o que podiam e fizeram o melhor com o que tinham naquele momento. Não devemos culpá-los. No entanto, sempre acreditei que toda a nossa luta foi e ainda permanecerá sendo por liberdade. São tantas amarras, tantos aprisionamentos e ainda assim a gente resiste, lutando para existir. Precisamos criar crianças pretas fortalecidas, amadas, sonhadoras... e livres. Os pais de hoje podem ter esse letramento racial, podemos construir um lugar seguro e lindo para as nossas crianças, ensinarmos a elas o que de fato significa ser uma pessoa preta no nosso país.

Sempre que falamos da nossa história, nos baseamos na história que disseram sobre a gente. A história a todo o momento terá o ponto de vista de quem contou. E quem contou o que sabemos sobre o nosso povo preto?

A pergunta que me fiz e que mudou o rumo do meu maternar foi: o que vou contar para o meu filho a respeito da nossa história? Como vou construir esse mundo de referência para ele e para as outras crianças? Tinha muito claro na minha cabeça que o que fez falta na minha infância preta foram referências, fez falta saber que eu não vinha de um povo cuja história nascia da escravidão — isso teria me ajudado a entender a minha trajetória e por que sofria tanto na escola, por exemplo.

O racismo é cruel e desumaniza as pessoas, as relações e a nossa história. É muito difícil falar com as crianças sem tocar no tom das nossas dores. Mas esse é um exercício urgente: como contaremos as histórias para as nossas crianças? O que queremos que sejam as referências para elas seguirem? Precisamos enaltecer a liberdade. Ensinar as nossas crianças o valor de sermos livres. Cabelos livres, corpos livres e sonhos livres.

E é por isso que precisamos cuidar da saúde mental das nossas crianças e dos jovens pretos. Outro dia, estava conversando com a Adriana Barbosa, criadora da Feira Preta. Falávamos justamente sobre racismo e sobre a educação das nossas crianças e ela me disse: "Deh, precisamos verbalizar isso: as crianças negras estão adoecendo, e isso é muito sério. Precisamos falar sobre isso agora. Essa geração 'empoderada' é a geração com mais problemas de saúde mental. Eles já nasceram na pauta 'autodeclarados pretos', se fortalecem em casa com pais que vieram de uma geração anterior já politizada. Esses jovens cresceram dentro de casa numa redoma de negritude, e quando vão 'para fora de casa', lidam com a potência máxima da discriminação. Adoecem sem saber direito o que está acontecendo".

Eu já tinha pensado nisso quando alertei para o perigo de colocar a pressão do "empoderamento" sobre as crianças pequenas, que precisam ter respostas para tudo na ponta da língua, que precisam se achar lindos o tempo todo, amar incondicionalmente seus cabelos... precisam ser "miniativistas". Crianças antes de tudo são crianças! E estão em pleno desenvolvimento emocional, não têm maturidade para lidar com tamanha complexidade existente quando o assunto é racismo e como é preciso criar fortalezas internas enquanto o mundo o despreza.

Vá devagar com a pressão, por favor. Sei que você está tentando prepará-los como não fizeram com você, sei que só quer protegê-los e ajudá-los e ensiná-los o autoamor, mas, por favor, se conecte com a individualidade de cada criança para entender qual é a dosagem certa. O empoderamento é muito importante, mas não pode aprisionar ninguém.

A juventude preta é a que mais comete suicídio. Em 2019, dados do Ministério da Saúde apontaram que o índice de suicídio cresceu entre os jovens e adolescentes negros, e foi 45% maior do que entre os adolescentes brancos. Essa mesma pesquisa mostra que o risco de suicídio aumentou 12% na população jovem negra e se manteve estável na população branca.

Precisamos cuidar da saúde mental das nossas crianças e dos adolescentes pretos! E estamos juntos nessa luta, não se apavore! Acalme seu coração, estude e tenha um vínculo forte e seguro de escuta com os nossos pretinhos e as nossas pretinhas. Eles são o nosso futuro! Hoje nada do que fizermos vai nos dar 100% de garantia de que as nossas crianças pretas não vão sofrer racismo. Por isso é tão importante que haja um lar acolhedor, para eles voltarem e se sentirem amados, compreendidos e acolhidos. O racismo marca a criança de uma forma muito profunda. A violência vai chegar de todas as maneiras imagináveis. Nós, como família, precisamos correr para mostrar-lhes antes o amor, o respeito e a autoestima.

Quando começo a pensar na minha infância, me lembro das dores que eu sentia e que não sabia ao certo o nome. A minha família não sabia e eu também não sabia o que era racismo. E eu não entendia por que me sentia preterida em tantas situações. Na escola, diversas vezes me sentia menos inteligente. Era rotulada de menina brava que tinha dificuldades para se relacionar, justamente porque eu respondia às diversas violências que sofria. Nunca fui considerada bonita o suficiente para ser popular. Não gostavam do meu cabelo e da minha pele. Por diversas vezes ter descoberto o que estava acontecendo, poderia ao menos ter me situado. Teria acalmado o meu coração machucado com um "não é culpa sua, não é com você".

Sempre penso o quanto é difícil para nós, como adultos, sofrermos racismo. Quantas vezes nem percebemos que tudo aquilo foi racismo, na hora em que determinada situação nos machucou, nos ofendeu. Muitas vezes ficamos em dúvida, e mesmo quando não há dúvida nenhuma, podemos ficar imobilizados, paralisados frente a uma situação de racismo. Então imagina o que deve acontecer com uma criança quando ela passa por essas situações? Pare e pense em como essa criança se sente e em como expressa essas violências.

O que estou dizendo aqui não é que o empoderamento seja algo ruim para as crianças. Muito pelo contrário. Diga o tempo todo a todas as crianças pretas que elas são lindas, que são inteligentes, que são amadas. Não estou dizendo que existe certo e errado, mas que podemos considerar uma dosagem mais adequada, respeitando sobretudo a infância, os processos de aprendizado e a personalidade de cada criança. Nossos filhos não são parte do nosso corpo, não são uma extensão da gente, eles merecem respeito à sua individualidade.

Mais uma coisa que precisamos considerar é que são outros tempos. Há, sim, muita diferença entre a nossa infância, quando éramos crianças, e as crianças de hoje. A democratização da informação com a internet fez com que as nossas crianças tivessem acessos diversos dos nossos — os pais e a escola não são mais as únicas fontes de ensinamento aos jovens. Por isso que a representação e a representatividade são muito importantes para essa formação.

Um artigo da Academia Americana de Pediatria aponta que o racismo começa a afetar a vida de uma criança ainda na barriga de sua mãe, por meio dos hormônios do estresse, que em consequências mais graves pode colaborar para nascimentos prematuros, desenvolvimento inferior, como baixo peso, por exemplo, e até mesmo a mortalidade infantil. Quando paro para pensar se em algum momento da minha gravidez isso foi uma preocupação, me dou conta do quanto ainda tinha para caminhar no meu processo de letramento racial, porque a consciência é um caminho sem volta, doloroso, mas libertador. Eu sempre senti os atravessamentos do racismo, mas as minhas dores e dúvidas não tinham esse nome, justamente porque me faltava consciência.

Pesquisadores da Escola Nacional de Saúde Pública Sergio Arouca publicaram, em 2017, o artigo "A cor da dor: Iniquidades raciais na atenção pré-natal e ao parto no Brasil", que apresenta que grávidas negras têm maior risco de ter um pré-natal inadequado, com menos orientações sobre o trabalho de parto e possíveis complicações na gestação. Além disso, mulheres pretas receberam menos anestesia local e sofreram mais episiotomia (procedimento cirúrgico prejudicial à mulher na região do períneo para aumentar o canal de parto). Para a enfermeira obstétrica dra. Jacqueline Torres, "uma das possíveis consequências da violência obstétrica é a baixa produção de leite. Como o acesso à saúde para a mulher negra ainda é deficiente, elas nem sequer conseguem diagnóstico e tratamento correto para a doença".

O racismo é uma violência que machuca sempre, e quanto mais vulnerável estamos, mais cruel será a forma como ele nos machuca. Eu vivi na pele o racismo e a violência obstétrica e contei a experiência no portal do site Mundo Negro. Lá está o meu relato de um aborto sofrido seis meses antes de engravidar do José. No momento da curetagem, o enfermeiro disse para eu parar de chorar porque "a minha gente é muito forte". Outro episódio foi na amamentação, quando outra médica, rindo, disse que "a mulher negra tem leite para alimentar muitas crianças, desde sempre". Postei no Instagram do Criando Crianças Pretas que para entrar no centro cirúrgico a médica disse que eu precisaria tirar minhas tranças. Com isso recebi várias mensagens, muitas de apoio, muitos relatos e uma meia dúzia de pessoas dizendo que o que passei não foi racismo, e sim procedimento médico — a tentativa de silenciar a nossa voz é constante!

Sei que existe esse procedimento por causa do bisturi elétrico, que, na teoria, poderia queimar minhas tranças, já que se trata de um material sintético, mas também poderia queimar cabelos compridos feitos com métodos de alongamentos. Acontece que nenhuma mulher branca recebe a imposição para retirar o *megahair* loiro para passar pela cirurgia. Portanto, isso é um desrespeito à minha identidade negra. No outro hospital, uma enfermeira me deu uma touca improvisada — obviamente não adequada ao volume do meu cabelo — para prender as tranças. O racismo e a violência obstétrica juntos são o que de mais cruel pode acontecer a uma mulher no momento mais vulnerável da sua vida. Ter que lidar com tudo isso, nesse momento, foi uma das maiores feridas que o racismo fez em mim.

Antes de engravidar, quando fui chamada para a produção do programa *Boas Vindas* do canal GNT, confesso que fiquei apreensiva... acompanhar trabalho de parto para um programa de *reality* na TV?! Nunca nem gostei dessa história de gravidez... Resumindo, depois de três temporadas, o *Boas Vindas* já tinha se tornado o trabalho mais significativo da minha vida. O lindo universo da *partolândia* já tinha transformado a forma como eu enxergava o mundo. Quando decidimos planejar um filho, tinha uma única certeza: queria um parto humanizado e, se tudo estivesse bem, um parto normal.

A minha gravidez foi um dos momentos mais difíceis da minha vida. Tive hiperêmese gravídica grave — que são vômitos incontroláveis durante a gestação, podendo provocar desidratação, perda de peso e cetose —, esofagite — inflamação na mucosa do esôfago — e emagreci treze quilos. Fiquei internada com desidratação, extraí um dente e fiz uma endoscopia sem sedação. Tive momentos de depressão, e durante todo esse processo eu só focava em estudar sobre o parto e agradecer a Deus, porque com o José estava tudo bem e poderíamos ter o parto normal desejado. Mas eu errei justamente aí. Deu certo, como sempre acreditei que daria, mas não conforme o planejado. Meu ginecologista obstetra cobrou uma fortuna, e eu não tinha um pingo de confiança de que na hora H ele me apoiaria em parto normal. Eu vivia um dia por vez, passando mal 24 horas por dia e não tinha como procurar outra equipe a tempo. Visitamos todas as maternidades possíveis na cidade em que moro e decidimos, por fim, contratar uma enfermeira obstetriz para me acompanhar em casa para o trabalho de parto ativo para depois irmos ao plantão do hospital. No fim, a Rebeca não me acompanhou no parto, mas foi uma querida tirando todas as dúvidas, se fazendo presente e me dando segurança.

Com quarenta semanas de gravidez, tive uma consulta e eu estava me sentindo tão bem que o médico até me liberou para uma pequena viagem. Fomos a uma festa, dancei muito até o chão, na esperança de finalmente começar a sentir as contrações e... nadaaaaaa. Voltamos para a cidade, e o médico tinha indicado que de três em três dias eu deveria ir ao plantão para fazer uma cardiotocografia — um exame não invasivo de avaliação do bem-estar do feto. Lá fui eu, toda feliz, confiando que lá encontraria o hospital "amigo". No plantão, uma jovem e apressada médica, quando viu o ultrassom, me disse que o bebê provavelmente já teria mais de 4,2 quilos e que eu deveria ter feito uma cesariana com 38 semanas. Quando ela viu meu exame de glicemia, que estava no limite, me rotulou como diabética gestacional e quase me trancou no consultório dela para uma cesárea de emergência. Me senti acuada, ela não ouvia, disse que eu e meu esposo éramos leigos e que não tínhamos ideia do perigo de morte em que estávamos colocando o nosso filho. Entre tantos absurdos que ela me disse no momento mais sensível da minha vida, uma coisa fica ecoando na minha memória — ela olhando com nojo para minhas tranças e dizendo: "Você vai ter que tirar isso da cabeça para entrar no meu centro cirúrgico".

Apesar da convicção que eu tinha, em como estava bem acompanhada pela minha obstetriz, a certeza de que estava tudo bem, dei uma baqueada. A médica disse que tinha muitas chances de o meu bebê nascer morto e eu desabei. Ela quis marcar a cesariana para o outro dia cedo, mas a cardiotocografia estava 100%, e eu saí quase fugida do hospital. Mandei mensagem para o meu GO, que era do convênio. Queria só mais uma consulta para me sentir segura e ele me respondeu com estas palavras: "Não posso mais te atender porque você escolheu ter no plantão, e agora só consigo te atender no particular. Se quiser custa tanto". Meu chão abriu, me senti sozinha, uma mercadoria com preço. Orei a noite toda, respirei, pensei na situação, nos contras, nos prós.

Pela manhã, me sentei na cama e disse para o meu marido: "Amor chega! Não dá mais para mim!". Chorei... chorei... e voltei para o plantão do hospital, vai que dava sorte... Aconteceu de novo, uma médica, um pouco mais simpática que a outra, mas com a mesma postura. Enquanto ela falava, decidi que cesariana por cesariana eu iria para outro hospital, que não me prometeu ser humanizado, mas ao qual eu tinha ido a gravidez toda e já me conheciam. Cheguei lá frustrada, triste, mas tranquila com a decisão de que eu tinha ido muito longe sozinha — sem amparo médico —, numa cidade com atendimento obstétrico baseado em intervenções cirúrgicas.

Fui reconhecida pelo segurança, pela moça da recepção, pelos enfermeiros, e todos sorriam e diziam: "Chegou a hora, hein!". No plantão, duas médicas me atenderam e me ouviram... perguntaram se eu não queria induzir, me lembrei do aborto, das doze horas esperando o colo abrir, do sofrimento da espera artificial, de como desejei passar por aquilo de forma natural, na minha casa. Então, decidi que não queria a indução. Tudo ainda poderia ser muito mais doído, traumático e frustrante do que já estava sendo. Anderson, meu marido, ao meu lado o tempo todo, me perguntou mil vezes se eu estava certa da escolha pela cesariana.

Já no quarto no pré-operatório, disse para a enfermeira que acompanhava o médico no centro cirúrgico que eu não queria ser atendida pela médica que, no meu primeiro atendimento, insinuou que eu provocara o aborto na minha primeira gravidez. Na época, ela disse que eu não queria trabalhar e que eu estava rejeitando a gravidez. A enfermeira extremamente carinhosa disse que ia verificar e me falou que daria tudo certo.

Alguns minutos depois e um anjo chamado Andrea entrou no quarto. Disse que era chefe da enfermagem do centro cirúrgico e perguntou como eu estava. Desabei a chorar e disse que estava frustrada, que já havia sofrido racismo, que tinha sido silenciada e que não queria uma cesariana porque sonhava com um parto humanizado, mas que estava exausta e não queria ficar sozinha no pós-operatório e... Ela me olhou, pegou nas minhas mãos, me interrompeu e disse: "Vou fazer tudo o que der para fazer como você sonhou, mesmo sendo uma cesariana".

Os maqueiros chegaram sorrindo e pedindo para o meu esposo acompanhar a gente. Enquanto o Anderson trocava de roupa, me colocaram no corredor onde eu pudesse vê-lo. Entramos no centro cirúrgico e ele ficou ao meu lado o tempo todo. As obstetras, muito concentradas, me olhavam e me diziam como estavam fazendo cada procedimento. Eu só sentia a mão do Anderson apertando a minha e o percebia ligado em tudo. Passei muito mal por causa da anestesia. Minha pressão caiu, vomitei, tive falta de ar e, de repente, ouço Anderson dizendo: "Amor ele é muito cabeludo!".

José chegou e TUDO PAROU. Eu vi a médica passando José para a pediatra, braços e pernas compridos, um bebê cheio de cabelo e com uma tranquilidade contagiante no olhar. Só me lembro de perguntar se ele estava bem e ouvi a médica dizer: "Ele está ótimo, enorme e fazendo xixi nas tias todas aqui!". Nunca mais na minha vida vou me esquecer daqueles olhinhos brilhando, vivos e tranquilos. Colocaram-no em um rolinho e ele parecia um pacotinho. Era o meu presente. Foi mais que lindo, foi emocionante, foi humanizado demais. Vi Andrea com o meu plano de parto nas mãos conversando com a pediatra. Me lembro que ela pegou na minha mão e disse: "Vou embora agora, depois passo para te ver". O plantão dela já havia acabado, mas ela ficou comigo. José não foi aspirado, não colocaram colírio, não deram banho, exatamente como constava no plano de parto. Como eu estava passando muito mal, Anderson o pegou e fez o contato pele a pele. Eles ficaram mais de duas horas grudados um ao outro e ao meu lado enquanto eu me recuperava da anestesia. Fomos para o quarto, e o resto é só amor. Foi como eu sonhei? Não! Foi melhor do que eu esperava, MUITO! Uma cesariana humanizada e respeitosa. Foi necessária?! Não sei, não sou médica, e naquele momento não tinha nenhum profissional em quem confiar. Fiquei tranquila, realizada, e José estava seguro e sereno. O colostro desceu, o leite chegou. Lutei muito para ele chegar bem e deu certo. Às vezes as situações de racismo ficam marcadas na nossa história como uma sombra, uma cicatriz. A violência obstétrica pela qual passei tem o racismo como base e está lá como marca na minha negritude e como impulsionador do trabalho que me dedico a fazer na educação antirracista.

É muito importante sabermos que nem o dinheiro impede que as crianças negras sofram racismo. Não são apenas as crianças pretas e pobres que vão ter que lidar com as consequências sociais do racismo brasileiro. Em seu TED de 2017, a atriz Taís Araújo disse: "Meu filho é um menino negro. E liberdade não é um direito que ele vai poder usufruir se ele andar pelas ruas descalço, sem camisa, sujo, saindo da aula de futebol. Ele corre o risco de ser apontado como um infrator. Mesmo com seis anos de idade".

O racismo mata de diversas formas. O racismo adoece, e nós precisamos cuidar da saúde da nossa juventude preta. O racismo tem dimensões sociais muito abrangentes que afeta a vida dos negros. O racismo mata a tiro. O racismo aniquila com genocídio da juventude preta pela polícia e pela invisibilidade de nossas dores.

Uma vez recebi um relato doloroso no inbox do Criando Crianças Pretas de uma criança que havia pegado um litro de cloro e levado para o banheiro na intenção de tomar banho e clarear a pele. Fiquei tão chocada, tão triste, que fui conversar com a minha mãe, e para minha surpresa ela disse que isso já tinha acontecido na nossa família. Quando era criança, um primo retinto também passou por essa situação porque acreditava que sendo mais claro poderia ser mais bem-aceito na escola. Episódios de racismo na minha família eram recorrentes e completamente silenciados, mesmo que nunca conversássemos sobre isso. A escola é o local onde sem dúvida muitos de nós descobrimos o racismo. Mesmo quando o entendimento do que é ser negro chega mais tarde, já como adulto, ainda assim começamos a nos lembrar do que aconteceu e nos damos conta de que sofremos racismo. Inclusive com certeza que o que vivemos na escola, sendo uma criança preta, nos marca até hoje, como adultos. Lembro-me que, como tinha o cabelo muito volumoso e muito crespo, minha mãe elaborava penteados que deixavam o cabelo de um jeito que era mais fácil para a logística de acordar cedo e ir para a escola. Por causa de um desses penteados, eu recebia vários apelidos dos meus colegas de sala, como capeta — porque assimilavam as tranças divididas ao meio a chifres —, e só de lembrar disso meus olhos ficam marejados e o meu coração, angustiado. Outro apelido que eu tinha e que me feria profundamente era por causa da minha testa grande. Chamavam-me de "testão de amolar facão".

A escola mais diversa que existe é sem a menor dúvida a pública. Eu estudei a vida toda em escolas públicas. Mas o que acontece com a maior parte das famílias que tem mais dinheiro é a procura por uma escola privada em busca de um ensino com mais qualidade. Se estamos falando que vivemos numa sociedade racista e que racismo são desigualdades, me responda qual seria o cenário das escolas particulares? Exatamente este: elas estão repletas de crianças brancas, com um corpo docente e diretoria branca, com material didático com perspectiva da educação eurocêntrica e cheio de *fake news* como o 13 de maio, a tal libertação dos escravos pela princesa Isabel.

Esses dias postei no Criando Crianças Pretas uma pergunta para mães e pais de crianças pretas: "Vocês, tendo dinheiro para pagar as escolas mais caras, colocariam seus filhos nelas, sabendo que seriam os únicos naquele espaço?". Foram quase quinhentos comentários, e na maioria deles a resposta foi "NÃO. O preço que eu paguei por ser a única negra na escola foi muito alto para minha saúde mental, para a minha autoestima". Alguns também comentaram que colocariam porque é preciso ocupar esses espaços, mesmo sabendo que o preço a pagar é alto, e não estamos falando de dinheiro aqui, mas sim das consequências. Muita gente também compartilhou que esse é um dos maiores dilemas familiares. Que essa é uma preocupação presente nas famílias pretas e nas inter-raciais: colocar ou não as crianças pretas em escolas onde elas serão as únicas. Aqui em casa, José ainda é pequeninho, mas essa conversa sobre escola já começou faz tempo. Queremos uma escola que seja diversa. Isso é inegociável para quando chegar o momento de matricular José. Mas confesso que a angústia toma conta do nosso coração quando pensamos no cenário racista e cruel que é o ambiente escolar. Aproveito para sugerir a reflexão sobre essa questão: você já havia parado para pensar quão cruel é um ambiente escolar para uma criança preta?

Atendo muitas escolas privadas como consultora, e antes mesmo de começarmos a traçar estratégias para ações antirracistas, a escola em geral me expõe seus planos, e 99% das vezes o primeiro passo que eles querem dar é a oferta de bolsa de estudos para alunos pretos (e pobres). Isso mostra a ignorância em relação a essas questões. Como uma escola se propõe a inserir alunos sem antes se preparar para incluí-los?

Muitas pessoas e até mesmo instituições ainda entendem o combate ao racismo como assistencialismo, fazer caridade e ser altruísta, sem a compreensão de que o combate é de todos. A responsabilidade de acabar com o racismo é de quem o criou e o alimenta. No Brasil, não podemos desassociar classe e raça, porque estamos, sim, falando que a maioria das pessoas pretas brasileiras é pobre. Isso faz parte da construção social do nosso país. Mas de forma individual existem, sim, algumas pessoas negras que conseguem ascender socialmente. E aí vem a solidão de ser a única pessoa negra num ambiente.

Nem mesmo o dinheiro pode dar garantias que uma pessoa preta não sofra racismo. Muito pelo contrário, o estranhamento de ter uma pessoa negra num ambiente de elite e de privilégios econômicos leva a episódios de racismo. Me lembro do caso da menina de quinze anos, Fatou Ndiaye, filha de senegaleses, que sofreu racismo numa escola de elite no Rio de Janeiro. Houve uma troca de mensagens racistas em que comentavam sobre ela num grupo de alunos por meio de um aplicativo. Entre outras falas, havia afirmações de que uma pessoa negra valia o mesmo que "um pedaço de papelão" e "uma jujuba", bem como frases com apologia à escravidão e ao tráfico humano.

Tanto o dinheiro não resolve todos os problemas, como a ascensão social pode até piorar as vivências do racismo num meio onde a presença de pessoas negras não é normatizada. Sobre o fato, a escola fez uma nota de repúdio, mas a menina contou em entrevista na época que o importante eram medidas efetivas e mudanças pedagógicas, com o aprofundamento do estudo sobre a história da África.

A solidão é parte da nossa negritude. Quantas vezes num meio social nos deparamos com a realidade de ser a única pessoa preta naquele espaço. Quantas e quantas vezes fui confundida com audiência nas empresas nas quais fui convidada para palestrar, e quando chego me pedem para esperar na recepção até que o "palestrante" chegue. Fico refletindo sobre a quantidade de livros que leio sobre parentalidade. Nenhum deles trata de questões como "criar crianças pretas", "crianças fruto de relacionamentos inter-raciais", "crianças brancas antirracistas". Foi nessa carência de literatura que passei a compartilhar relatos e opiniões como mãe e encontrei milhares de pessoas se identificando com o conteúdo que tratava a educação com o recorte racial.

Essa questão de ser o "único negro" é levantada por muitas famílias com crianças pretas por meio de adoção. Sempre converso muito com essas famílias sobre a importância do pertencimento. É o pertencer a algo que te acolha, se ver refletido, se sentir parte de algo. Isso é presente em toda a nossa vida, mas quando olhamos para a infância, para a construção da nossa sociabilização, podemos encontrar os prejuízos deixados por essa solidão.

Os casos de racismo na escola muitas vezes são tratados como bullying. Por isso é importante entender que racismo é parte da nossa estrutura social, que racismo é permeado pelo sistema de ensino nas escolas. E frequentemente o próprio professor ou professora é racista com o aluno negro em questão. Ao contrário do que acontece com o bullying, que em geral fica apenas entre os alunos.

Na maior parte das vezes o racismo é acobertado pelo comportamento comum a crianças e adolescentes, por brincadeiras, mesmo que agressivas. Dificilmente as escolas possuem um protocolo de ação para casos de racismo e mais difícil ainda são as crianças pretas conseguirem denunciar e, quando conseguem, não são justiçadas. O professor Kabengele Munanga, numa entrevista em 2009, disse que o nosso racismo brasileiro é um crime perfeito. Existem muitas camadas de complexidade quando falamos de racismo e escola. A mestre em psicologia e professora da Universidade Federal de Sergipe, Dalila Xavier de França, é autora do importante trabalho "Discriminação de crianças negras na escola" e diz:

> A escola não é apenas um espaço para a aprendizagem de conteúdos acadêmicos, mas também é um espaço de socialização para as atitudes raciais. Sendo assim, é importante preocupar-se com os valores sociais e as crenças difundidas nesse contexto, haja vista que o manejo inadequado das relações raciais pode criar um ambiente de proliferação da inferioridade pessoal e disseminar profecias autorrealizadoras.

A lei nº 10639, que foi atualizada para a lei nº 11645, diz no texto do *Diário Oficial* que: "Nos estabelecimentos de ensino fundamental e de ensino médio, públicos e privados, torna-se obrigatório o estudo da história e cultura afro-brasileira e indígena". Essa lei deveria ser obrigatória para escolas públicas e privadas de todo o país, mas ela é cumprida? Se você acha que sim, quais são os conteúdos exigidos pela lei, a não ser o mês da consciência negra em novembro? Se na escola do seu filho ou da sua filha não existe o cumprimento da lei, você é quem deve exigir imediatamente que ações sejam tomadas.

No meu entendimento, a lei é importantíssima para contar a verdadeira história do povo preto, para incluir referências de intelectuais para as crianças brancas e pretas. Para criar modelos e normatizar o conhecimento e a produção das pessoas negras. A lei é fundamental para uma educação antirracista de verdade. Ainda me surpreendo quando me identifico com situações vividas por pessoas negras que nunca vi na vida. Em qualquer conversa, quando as pessoas começam a contar coisas que viveram e os estereótipos ao qual já foram reduzidas, sempre rola uma troca de olhares do tipo: "Uau, você também passou isso?".

Se procurar no dicionário pela palavra estereótipo, uma das definições que vai encontrar é a seguinte: "Ideia ou convicção classificatória preconcebida sobre alguém ou algo, resultante de expectativa, hábitos de julgamento ou falsas generalizações". As pessoas negras no Brasil sabem muito bem o que é viver na pele alguns rótulos: a mulher negra raivosa, o homem negro que não demonstra afeto, a única pessoa negra num recinto, o menino negro que é violento, a menina negra que é preterida e que não é considerada bela, a pessoa negra que se espera que tenha uma história de superação, o menino preto reduzido a ser bom apenas no futebol, a mulher preta hipersexualizada, a criança preta que é considerada menos inteligente, a objetificação sexual dos homens negros, enfim... são diversos os estereótipos. E alguns desses clichês são reproduzidos até pelas famílias e podem ser cruéis com as nossas crianças. Sempre chamo a atenção dos pais, das mães e dos responsáveis para não reproduzir o que para mim é um dos piores preceitos para uma criança preta: o tal do "você precisa ser duas vezes melhor". Apesar de saber o quanto isso é impiedoso e prejudicial na construção da autoestima das crianças negras, entendo completamente o motivo de essa fala ser constantemente repetida pelas famílias.

A sociedade impõe muitos estereótipos a pessoas pretas, a mulheres e homens de formas diversas, e isso começa desde a infância. Precisamos falar sobre os estereótipos que rotulam as crianças pretas já na escola. Começando pelos meninos: o menino negro carrega inúmeros rótulos, muitos que são amadurecidos quando crescem, mas que sempre estiveram por ali, encaixando esse menino em padrões por causa da sua cor.

A professora Eliane Cavalleiro em seu livro *Do silêncio do lar ao silêncio escolar: Racismo, preconceito e discriminação na educação infantil* cita José Leon Crochík para contextualizar o uso dos estereótipos na nossa sociedade dizendo que

> os estereótipos característicos de nossa própria cultura são fios condutores para a propagação do preconceito. Podemos dizer que eles têm a função de simplificar problemas. Eles evitam a necessidade de se pensar sobre os efeitos das condições sociais, que contribuem para o desajustamento e exclusão de alguns. Os estereótipos impedem a reflexão sobre o mundo real. Seus conteúdos são mecanismos sociais que visam manter o status quo de um determinado segmento social.

Eu e você provavelmente já rotulamos alguma pessoa preta, mesmo que de forma inconsciente. E refletir sobre o assunto faz parte do nosso processo de desconstrução social. Lembrando que o racismo brasileiro foi estruturalmente planejado nesse mesmo chão onde pisamos. Quando penso sobre quais são esses estereótipos, sempre me vem à memória alguém que passou por isso.

Podemos começar falando sobre o menino violento. A construção da imagem do homem preto está bastante ligada à violência e à agressividade e isso começa muito cedo. Desde a infância o menino negro precisa lidar com o rótulo de hostilidade. Estudei com um menino lá pela quinta série que era tido por todos como "incontrolável". O papel que davam a ele era tão forte que mesmo quando a culpa não era dele, sempre era citado e responsabilizado por alguma confusão que estivesse ocorrendo. De tanto que isso acontecia, ele a todo momento estava pronto para responder os ataques com mais agressão ainda, e ninguém estava disposto a acabar com esse ciclo interminável de violência.

Ainda sobre os meninos, existe o estereótipo do menino negro que só pode ter habilidades esportivas. Aquele menino que é em geral apontado como forte, ágil, um bom jogador de futebol ou de basquete. Isso faz parte do histórico de que muitos homens negros brasileiros só serão bem-sucedidos por meio do futebol. Num país com pouquíssimas oportunidades de ascensão social, o futebol-arte ganha status de sonho para muitos meninos pretos.

Num contexto mundial, seria impossível contar os grandes feitos do esporte no mundo sem citar o povo preto. O melhor jogador de futebol do mundo, os maiores destaques do basquete, do atletismo, enfim... No esporte, o entendimento de inferioridade perde força diante das histórias de superação. Existem grandes nomes do esporte, no Brasil, que sejam reconhecidos também por suas estratégias, por suas habilidades intelectuais? Quantos deles são negros?

Agora falando do estereótipo do menino negro com baixo nível de inteligência para os estudos. Sim, na escola, os professores já partem do pressuposto de que os meninos negros têm menor rendimento escolar. Já os rotulam como preguiçosos, aqueles que se esforçam menos e que dispõem de baixa capacidade intelectual. Tanto que o audiovisual sempre põe como personagens pretos com mais grana apenas os meninos extremamente inteligentes e nerds, só porque eles seriam o ponto fora da curva na vida real.

Em relação às meninas pretas, tem uma coisa que sempre senti, mas que só descobri o nome e que era uma dor comum a muitas de nós apenas quando cresci e tive contato com o letramento racial: A SOLIDÃO! A festa junina é um grande gatilho de rejeição para meninas pretas que nunca eram escolhidas pra dançar com os meninos e acabavam tendo que dançar com outras amiguinhas fantasiadas de menino. Ser a noiva, então, ou a rainha do milho? ... nem pensar!

Pense quando você viu uma menina preta ser a noiva da festa? Ser coroada a rainha da festa? As meninas negras nunca são consideradas padrão de beleza no ambiente escolar, e isso é o começo do que experimentamos durante toda a vida: a solidão.

A escola é uma amostra da nossa sociedade. Lá as crianças podem muito bem ser bastante cruéis em reforçar os padrões de beleza que definitivamente não inclui as meninas pretas, as meninas acima do peso e as meninas com cabelo crespo. Se esses são os enfrentamentos com os quais as crianças negras precisam lidar na infância, quando chega a adolescência os estereótipos aumentam... Ainda falando sobre as meninas, em especial as heterossexuais, quando chega o momento de começar a se apaixonar, de ter as primeiras paqueras, as meninas negras são preteridas, não são as escolhidas pelos meninos, e quando têm algum relacionamento, muitas vezes isso acontece escondido. As meninas pretas não são assumidas publicamente. E só me dei conta disso já adulta, de como muitas propostas de "namoros" só valiam se fossem sem que ninguém soubesse.

Outro estereótipo que faz parte da vida das meninas quando estão crescendo é a objetificação do corpo das mulheres negras. É muito comum nos relatos das mulheres adultas sobre a sua adolescência a sexualização dos seus corpos, que são desenvolvidos muito depressa. E esse rótulo em volta da sexualização dos corpos pretos também atinge os meninos quando os homens negros são hipersexualizados, vistos socialmente como "o negro vigoroso", "o mulato saciador dos desejos lascivos das sinhás", "o homem incansável". Muitas mães de meninos que estão na passagem entre a infância e a adolescência relatam que precisam ter essa conversa com seus filhos.

Como construir uma autoestima com tantos estereótipos? Eu me faço essa pergunta todo dia. Como não reproduzir esses rótulos e ao mesmo tempo identificar quantos deles me prejudicaram enquanto criança, enquanto pessoa se desenvolvendo emocionalmente. Esse do "você precisa ser duas vezes melhor", por exemplo, já me colocou em armadilhas de perfeccionismo que foram cruéis quando me deparei com o fato que de eu nunca seria boa o suficiente. Foram muitos e muitos anos até tirar esse peso dos meus próprios ombros e aceitar que eu farei meu melhor e que preciso ficar bem com isso, sabendo que a sociedade me aniquila de muitos espaços por ser uma mulher negra.

Ser antirracista é descontruir esse imaginário que a mídia colabora em perpetuar sobre os corpos pretos. O cinema, a televisão, a publicidade têm inúmeros personagens que reforçam essa imagem que todos teríamos e seríamos. É urgente um exercício para rever esses padrões. Porque, afinal de contas, o que nossas crianças pretas precisam?!

As crianças pretas precisam de FUTURO:
Se não combatermos agora o racismo estrutural — o que está na base de como aprendemos e como agimos — e o racismo institucional — o que está nas instituições gover-

namentais, no corporativo e nas instituições de ensino —, as próximas gerações ainda serão vítimas dessa sociedade cruelmente racista que alimenta um abismo de desigualdades e de injustiças. Uma das coisas mais importantes que me peguei refletindo é que meu filho daqui a alguns anos provavelmente estará numa cadeira de liderança, os seus também; eles serão essas pessoas que hoje podem fazer mudanças. Quando me dei conta disso, entendi que preciso agir no ontem, no máximo no hoje, para dar a ele a referência do mundo que acredito para o futuro.

As crianças pretas precisam de PAZ:
O genocídio da juventude negra é uma política no Brasil. As instituições agem de formas completamente diferentes em situações entre jovens e crianças pretas e jovens e crianças brancas. A escola é um tormento para grande parte das crianças pretas e é urgente exigir mudanças. Eu me dei conta de como a escola já me colocava no papel de criança negra mesmo quando nem sabia o que isso significava — em muitas situações o racismo é confundido com bullying. É urgente entendermos que racismo e bullying são diferentes e precisam ser nomeados. Bullying é comportamento. A palavra vem de *bully* = valentão. É um conjunto de agressões e intimidações repetidas contra uma pessoa não aceita por um grupo. IMPORTANTE: o bullying acontece entre crianças/adolescentes e é resultado de preconceitos (um grupo dominante determina os padrões, regras e persegue quem está fora desses parâmetros). Já o racismo se trata de indivíduos. Resulta em falas e comportamentos, mas se faz com políticas de opressão e de exclusão e está normatizado e naturalizado de forma estrutural na nossa sociedade (na educação, na política, na justiça, na economia, na cultura...).

Claro que toda violência contra criança deve ser combatida, mas é fundamental não confundir bullying e racismo justamente para saber o que combater. O racismo na escola é responsabilidade institucional, a escola precisa ser cobrada, as famílias precisam ser educadas, (TODAS) as crianças precisam ser contextualizadas. Quando penso nos apelidos que me davam na escola, quando me lembro da solidão e dos estereótipos, me dou conta de que eu sofria racismo e nenhuma daquelas violências poderiam ter sido consideradas "brincadeiras de criança". RESUMINDO: o racismo é munição para o bullying. Outra analogia boa é: o racismo é o fermento da receita e o bullying é o bolo pronto.

As crianças pretas precisam poder SONHAR:
As crianças só podem sonhar com o que conseguem enxergar. Se não lutarmos por mudanças práticas, nossas crianças pretas não ocuparão posições além de serviços subalternos nas próximas gerações. Uma vez perguntei para uma amiga branca que tinha acabado de concluir o segundo doutorado fora do Brasil se ela "sonhava" com aquilo quando criança ou adolescente. Ela não entendeu e eu expliquei perguntando se aquilo era uma coisa que ela via como possível quando ainda não era adulta. Ela me respondeu que sim, que sabia que ia ser difícil, mas que era completamente possível fazer um caminho que inclusive havia sido percorrido antes pelos seus pais, que a apoiariam financeiramente.

As crianças pretas precisam de SEGURANÇA:
Tanto segurança como direito garantido pelo Estado, que hoje passa longe de ser uma realidade, quanto segurança para se expressar em casa e na escola. Segurança para aprender e viver com orgulho a identidade do nosso povo

preto. Precisamos criar crianças fortes. Uma das frases que mais me toca é a de Sueli Carneiro dizendo que o "maior ato de resistência é continuarmos vivos".

Os jovens pretos precisam de REPRESENTAÇÃO e de RE-PRESENTATIVIDADE:
Precisamos recontar a história para nossas crianças pretas. Precisamos de referências intelectuais para elas se inspirarem. Livros, brinquedos, desenhos, filmes: produtos com protagonismo preto. Eu mesma sempre acreditei que não gostava de bonecas, passei a vida inteira dizendo isso. Até um dia em que, ao gravar um vídeo lá bem no começo do Criando Crianças Pretas, me dei conta de que a questão não era eu não gostar de bonecas, mas sim o fato de eu não me enxergar nelas, não me sentir representada. Eu não era refletida naquela imagem que não me contemplava. Quando o José nasceu, comprei nos Estados Unidos um casal de bonecos pretos para ele. Quando chegou a encomenda, me peguei desabando a chorar. A boneca era uma Barbie *curvy* negra, os cabelos, as pernas gordinhas, os brincos de argolas... tudo muito parecido comigo, e me vi chorando como uma criança que se sente representada. Entendi então que não é que eu não gostava de boneca, eram elas que não me representavam.

As crianças pretas precisam de AUTOESTIMA:
Lembro do terror de quando falavam sobre escravidão na escola e todo mundo ficava olhando para a minha cara. Que nossas crianças sejam associadas à riqueza dos nossos antepassados, que sintam orgulho da nossa ancestralidade. Aliás, essa é uma dor para muitos adultos negros... o momento em que nos livros de história começam os relatos sobre a escravidão. Durante muito tempo, e até hoje em mui-

tas escolas, o material didático é eurocêntrico e só cita as pessoas negras no contexto da escravatura. Agora imagina só como se sente uma criança que não se ouve, não se vê e não aprende sobre a sua verdadeira história em sua formação? Isso faz parte do epistemicídio — a destruição de saberes e de culturas não assimiladas pela cultura branca ocidental — e do apagamento da nossa história.

Uma das perguntas que mais me fazem é: Qual é a diferença entre crianças pretas e crianças brancas? Existe alguma diferença entre criar crianças pretas e crianças brancas quando estamos falando sobre a pauta racial? Minha resposta é que sim, porque falar de racismo com uma criança branca é parte da educação consciente que todos queremos para os nossos filhos. É não querer nossos filhos reproduzindo o que não acreditamos ser um comportamento inclusivo. É se responsabilizar e tomar atitudes que de fato gerem mudanças. Já falar disso para uma criança preta é sobre a vivência dela, sobre o seu futuro. Muitas vezes as conversas sobre esse assunto chegam junto com dor, com alguma situação de racismo que a própria criança sofreu, em geral no ambiente escolar. São muitos os relatos que recebo sobre o difícil momento em que as famílias precisam falar de racismo com crianças pretas logo depois de a criança ter sofrido a violência.

Uma vez uma mãe me escreveu desesperada porque a filha chegou em casa aos prantos porque uma colega de sala disse, rindo muito, que ela precisava ser pintada com o lápis cor de cocô, e não com o lápis cor da pele, que era rosa. A mãe nunca tinha falado de questões raciais com a menina que tinha sete anos e agora precisava contar a ela que vivemos numa sociedade racista, ao mesmo tempo que precisava acolher a dor da rejeição daquela criança. A criança negra sente que o seu corpo e o seu cabelo não recebem o mesmo afeto. Esse registro fica ali para sempre. É muito comum na escola as professoras elogiarem e oferecerem carinho a crianças brancas, que são o padrão. Aí faço pergunta: como conversar com crianças que sentem que seus pequenos corpos não recebem amor? Estudos da Universidade Harvard, nos Estados Unidos, mostram que a taxonomia do estresse tem um grande impacto no desenvolvimento da criança de forma social, cultural e psicológica.

Sempre me perguntam também sobre qual seria a idade ideal para falar disso com as crianças. Não tenho uma resposta certa, muito menos uma verdade absoluta sobre o assunto, mas nos meus estudos e nas minhas pesquisas encontrei informações de que as crianças realmente não nascem racistas, mas em como o racismo é estrutural e se faz pelo aprendizado e em como as crianças aprendem a ser racistas desde o princípio e começam a reproduzir isso desde muito pequenas.

A The Conscious Kid é uma organização de educação e pesquisa nos Estados Unidos dedicada à igualdade e à promoção do desenvolvimento saudável da identidade racial na juventude. Eles apoiam instituições, famílias e educadores na tomada de medidas para acabar com o racismo em relação a crianças pequenas. E publicaram um estudo que prova que nunca é muito cedo para começar a falar sobre essas questões com crianças, porque evitar tratar desse assunto pode reforçar o racismo e ainda deixar que as crianças tirem suas próprias conclusões.

Nunca é cedo para falar sobre raça. Os adultos geralmente pensam que devem evitar conversar com crianças sobre raça ou racismo, porque isso faz com que elas percebam a raça ou as tornem racistas. Mas na verdade, quando os adultos ficam calados sobre raça, eles na verdade reforçam o preconceito racial em crianças. Desde muito pequeninas, as crianças veem padrões — quem parece morar onde; que tipo de lar eles veem enquanto andam por diferentes bairros; quem é o personagem mais desejável nos filmes que eles assistem, quem parece ter funções ou cargos específicos no consultório médico, na escola, no mercado e assim por diante — e tentam atribuir "regras" para explicar o que veem.

Essa mesma organização diz que, quando acabam de nascer, os bebês olham igualmente para os rostos de todas as raças, mas com apenas três meses eles prestam mais atenção à cor de rostos da raça que corresponde aos seus cuidados. Com trinta meses, dois anos e meio, a maior parte das crianças já usa a cor para escolher os seus amigos favoritos para as brincadeiras. Entre quatro e cinco anos, as crianças já são atingidas por expressões de preconceito racial. E já com cinco anos crianças negras e latino-americanas em ambientes de pesquisa não mostram preferências por seus próprios grupos, em comparação a crianças brancas da mesma idade, que são mais propensas a ser favoráveis ao grupo de pessoas brancas, como elas. A pesquisa mostra que conversar às claras sobre racismo com crianças entre cinco e sete anos pode melhorar completamente suas atitudes com relações inter-raciais em menos de uma semana. Ou seja, desde a primeira infância as crianças entendem as desigualdades raciais que enxergam como naturais e justificáveis.

Uma tia me escreveu lá no Criando Crianças Pretas que sua sobrinha apanhou de uma colega na escola, levou chutes na barriga durante uma briga, que no fim a menina cuspiu em seu rosto e a chamou de um nome de animal. Bastante emocionada, a tia perguntou para a menina qual o nome do animal pelo qual ela foi xingada, mas ela não quis dizer, baixou o rosto e disse: "Era uma menina branca, tia, ela era branca!". Ali a tia percebeu que a menina tinha entendido o que era o racismo.

Falar sobre o que é o racismo com uma criança preta é contar a ela que muitas das vezes em que ela se sente feia, rejeitada e menosprezada intelectualmente, isso se deve ao fato de fazermos parte de uma sociedade racista e que o problema não é com ela. Tirar o peso das costinhas dela, e não tentar ser duas, três vezes melhor para enfrentar sozinha um sistema sofisticado de opressão.

Falar sobre questões raciais com crianças pretas é contar a nossa história, a história verdadeira! Contar a respeito dos nossos ancestrais, dos nossos antepassados que não eram escravos, e sim que foram sequestrados e escravizados pelos exploradores europeus, contar que a nossa história enquanto povo preto brasileiro não nasce a partir da escravidão, muito pelo contrário, que viemos de reis, de rainhas, de lugares com bastante riqueza, tecnologia e muita prosperidade.

Falar com uma criança sobre seus belos traços e como existe beleza e poder em nossos corpos. Tudo isso faz com que a criança encontre no espelho um lugar confortável de pertencimento. A minha amiga Elisama Santos diz uma frase que eu amo: "Caber não é pertencer". Para caber a gente quer arrancar um pedaço da gente ou inflar muito até preencher o espaço. Agora pertencer não! Pertencer é ser parte daquilo.

Sempre digo que as crianças só podem sonhar com o que elas enxergam. O que a sua criança enxerga como possibilidade para o futuro dela? Faço rodas de conversas em escolas públicas com crianças, na maioria das vezes pretas, e sempre pergunto se elas já pensaram no que querem fazer profissionalmente. Muitas respostas são: mecânico, esteticista, operador de telemarketing... que são profissões muito dignas, inclusive. O apontamento aqui não é sobre a profissão, mas sim a limitação em sonhar com o que elas não conseguem enxergar como possível. Na corrida da vida, o seu ponto de partida faz muita diferença na sua trajetória, inclusive nos seus sonhos. O mito da meritocracia, as histórias de superação estão aí para contar que não somos iguais porque não temos oportunidades iguais.

Antigamente, a informação era um privilégio, justamente porque era para poucos. A internet trouxe uma revolução quando falamos sobre acesso à informação. Apesar das desigualdades, hoje algumas crianças têm esse acesso com muito mais facilidade do que a gente tinha há vinte anos, por exemplo. Isso nos faz pensar que em breve o abismo que hoje separa pessoas de diferentes classes sociais poderá diminuir muito. Com isso, o futuro — que é logo ali — indica que as crianças de hoje estarão, amanhã, trabalhando imersos numa realidade que prioriza a diversidade, bem diferente da nossa realidade atual. A educação que você oferece para suas crianças hoje está preparando-as para lidar com essa diversidade e para experimentá-la?

Quando falamos sobre a importância de uma criação consciente, não é apenas sobre sermos pessoas melhores, mas sim sobre a real necessidade de preparar nossas crianças para esses novos tempos cujos comportamentos racistas, homofóbicos, gordofóbicos, machistas e capacitistas não serão admitidos! Minha amiga Tati Favaro sempre diz: "Somos uma geração em transição, que levou anos para mudar na realidade vivida pelos nossos avós e nossos pais, levará pouquíssimo tempo para mudar no mundo o que nossas crianças vão experenciar".

Vivo com a sensação de que o tempo está passando depressa demais. Outro dia me dei conta de que ainda me lembro do que aconteceu nos anos 2000 como se fosse no ano passado, portanto 2040 será ano que vem, e meu filho já vai ser um adulto! Essa hoje é minha maior motivação para seguir em frente na luta antirracista pelas redes sociais. Sabe aquela expressão: "As crianças são o nosso futuro"? Então, se o futuro é amanhã, o que você está fazendo por ele hoje? E como criar crianças antirracistas?

No importante artigo "Letramento racial: um desafio para todos nós", a socióloga Neide de Almeida, mestre em Linguística Aplicada ao Ensino de Línguas, pela Pontifícia Universidade Católica de São Paulo, faz sugestões importantes para o combate ao racismo na escola, entendendo que é no ambiente escolar que as crianças e os jovens têm o primeiro contato social fora do núcleo familiar. Ela lista provocações (como ela mesma chama). Pode anotar porque isso é prática antirracista:

1. É fundamental que as escolas se comprometam com a implementação da lei nº 10 639/03 e a nº 11 645/08, abordando a história e as culturas africanas, afro-brasileiras e indígenas de forma orgânica e sistemática. As ações em datas específicas, como o 20 de novembro, são importantes, mas insuficientes. Essas temáticas precisam ser incluídas em todas as esferas da vida escolar.
[...]
2. Admitindo que o racismo é questão atual, os currículos têm de ser discutidos e atualizados de modo que coloquem perspectivas negras em evidência. É preciso incluir autores que representem a perspectiva africana e afro-brasileira nas diferentes áreas de conhecimento. É urgente também ler

sobre distribuição de renda, escolaridade, moradia da população negra. Perceber que as identidades raciais são construídas e conhecer a História são ações fundamentais para enfrentar o racismo e o preconceito.

[...]

3. Como professores e gestores lidam com as manifestações racistas que ocorrem no espaço escolar? Elas são explicitadas? Discutidas? A escola investe na formação de seus docentes para a abordagem das relações étnico-raciais? Embora ainda insuficientes há, hoje, importantes ações, pesquisas e materiais a respeito dessa temática. E eles precisam integrar os referenciais para toda ação docente.

[...]

4. Cabe à escola apresentar aos estudantes a diversidade não apenas de textos, de temas, mas também de concepções de mundo, de modos de fazer e dizer. Assim, é fundamental que as escolas se perguntem a respeito da presença e da representatividade de autores e intelectuais negros em suas bibliotecas. Qual o lugar destinado às práticas de oralidade, tão importantes para os povos africanos e para nós, brasileiros? No cotidiano, no trabalho com a literatura, por exemplo, quantos livros de autores e autoras negras são apresentados aos alunos? Quais são as oportunidades proporcionadas para o contato com as personagens negras criadas por esses escritores e escritoras?

[...]

Todas essas provocações feitas pela socióloga Neide de Almeida faz muito sentido para o meu entendimento de que a lei nº 10639 tanto é importante para o processo de desenvolvimento da identidade das crianças pretas como também é fundamental para a construção do imaginário sobre as pessoas pretas nas crianças brancas. E a lei precisa ser cumprida na prática. Se você tem um filho ou filha em escola privada, cobre!

E já que estamos falando como o que vemos e aprendemos representa um peso muito grande na nossa formação, ressalto que somos um país que assiste muito televisão. Com a democratização do acesso à internet, descobrimos uma nova forma de consumir informação. Segundo pesquisa TIC Domicílios, 126,9 milhões de pessoas usaram a rede regularmente em 2018. Metade da população rural e das classes D e E agora têm acesso à internet. Mesmo com esse número de conectados crescendo a todo instante, mesmo com a gente achando que "todo mundo está na internet", ainda assim o poder da televisão como referência de informação é muito grande no Brasil. A TV faz parte da cultura do nosso país e por isso tem um grande poder de influência. Ao longo de todos esses anos, como foi feita essa representação negra na mídia? Não só na TV, mas também nas revistas, nos jornais, nos filmes... como os corpos pretos são representados pela mídia?

Somos uma geração de transição, e quando vemos o que tem sido feito recentemente — muito recente mesmo — até encontramos uma maior representação de pessoas pretas na mídia, mas ainda é pouco quando falamos do poder que isso tem de construir referências. Pergunte à sua criança branca quais são os modelos midiáticos delas? Faça isso sem indução, sem que ela sinta que você quer ouvir algo específico. Pergunte despretensiosamente no meio de uma brincadeira: quais são as pessoas que ela mais admira no cinema, na internet, na TV, nos games?

Precisamos entender como mudar essa imagem que a criança branca já tem e sermos muito cuidadosos com isso. Ou mesmo como construir essa imagem quando a criança ainda é bem pequenininha. E uma coisa é importante: medo não é conscientização.

Há alguns meses eu estava conversando com uma mãe branca, que estava muito engajada na educação antirracista do filho de onze anos, depois do #blacklivesmatter. No meio de toda aquela situação acalorada, ela resolveu dizer ao filho, de uma só vez, o que é o racismo. Ela contou e mostrou diversos casos de racismo, mostrou imagens e contou tudo o que aconteceu na história sobre a escravidão. O filho ficou apavorado, ficou sem dormir duas noites e não queria mais falar sobre isso de jeito nenhum.

É claro que a gente precisa criar crianças antirracistas. Eu sou a primeira pessoa a dizer a importância de conscientizar as crianças brancas sobre as questões raciais. Mas é fundamental que a gente entenda que criança é, antes de qualquer coisa, criança. E isso significa que é uma pessoa em desenvolvimento emocional. A maneira como aprendemos é essencial para transformar o que aprendemos na prática. Cada adulto, cada pai, cada mãe conhece a sua criança, e é preciso ter respeito pela individualidade de cada criança para ensinar sobre as questões raciais. Sei que isso é muito difícil, sei também que justamente por não saber como falar, muitas famílias não conversam sobre esse assunto. E tantas outras preferem o desserviço do "somos todos iguais".

Foi precisamente por causa dessa frase, que ouvi num grupo on-line de mães, que decidi desenvolver um trabalho para falar com pais, mães e responsáveis sobre a URGÊNCIA de uma educação pela diversidade, mais especificamente, como uma mãe negra, sobre uma educação antirracista. Falo de diversidade de uma maneira mais ampla, porque acho que é como um portal sem volta entender que precisamos de um olhar atento sobre as diferenças e as opressões. Dificilmente uma pessoa vai entender que precisa ser antirracista e não vai passar a ser anticapacitista, anti-homofóbico, antigordofóbico e vice-versa.

Refletindo muito sobre o "somos todos iguais", penso que quando uma pessoa, que é responsável por uma criança, reproduz essa fala, ela de fato acredita que deve ensinar às crianças que "não existem diferenças" e que todos devemos ser tratados de forma igual. No entanto, definitivamente isso é uma ilusão, de uma cegueira causada pela falta de educação que faça o recorte de raça e classe na nossa sociedade.

Minha mãe sempre diz que "a gente não pode ensinar o que não aprendeu", ou seja, dizer a uma criança que não somos todos iguais, porque não temos as mesmas oportunidades dá trabalho, é dolorido e envolve uma desconstrução que é individual. É assumir nossas falhas sociais e ter que admitir para a criança que nós, adultos, erramos e que não temos as respostas para tudo. Isso me lembra que em palestra numa empresa, uma mulher me disse que a pior situação que ela passou com a filha foi quando a menina, de sete anos, ao parar no semáforo e ver uma criança negra pedindo dinheiro, perguntou: "Mãe, por que as crianças que pedem dinheiro na rua são escuras?!". As crianças sabem tudo, enxergam tudo, sentem tudo e precisam de nós, adultos, para assimilar as coisas, e é nessa hora que você pode escolher subestimar a capacidade da criança de saber e mentir (para si), achando que a resposta simplista do "somos todos iguais" vai preencher o aprendizado ou escolher abrir ali o diálogo sobre o cenário que vivemos socialmente e como podemos agir para mudanças.

Um caso me levou às lágrimas e à insônia quando estava escrevendo este texto. Um menino negro de onze anos foi encontrado nu, obrigado a ficar em pé e acorrentado dentro de um tonel de tinta vazio. Debilitado, com pés e pernas inchados, ele estava extremamente desnutrido quando foi encontrado pelos policiais. Pesava apenas 25 quilos. Isso aconteceu em Campinas, no interior de São Paulo, e chocou o país. Eu postei e não poderia deixar de fazer a marcação social de que se trata de um menino negro. Recebi centenas de comentários dizendo que não importava a cor do menino, mas, SIM, importa e muito, porque segundo dados do Unicef citados pela Agência Brasil, 64,1% das crianças e adolescentes em trabalho infantil, em 2016, eram negros, assim como 82,9% das vítimas de homicídios entre dez e dezenove anos e 75% das meninas que engravidam entre dez e catorze anos. "Uma criança negra tem três vezes mais possibilidades de abandonar a escola que crianças não negras", diz Mario Volpi, coordenador do Programa de Cidadania dos Adolescentes do Fundo das Nações Unidas para a Infância (Unicef).

Acredito nas crianças, acredito que só há esperança nas nossas crianças, não apenas nos nossos filhos, mas nas nossas crianças, porque todas elas são nossas enquanto sociedade. Confio na força, na sagacidade delas em lutar pelo que acreditam, tenho fé de verdade no poder dessas gerações que vão suceder a gente... Se olharmos para as nossas crianças com esse olhar de esperança no mundo com que todos nós sonhamos, a informação vai salvar! Essa confiança é de fato uma coisa muito difícil de encontrar, mas calma que tem jeito.

Primeiro precisamos respirar e confiar que cada adulto conhece a sua criança. E conhecendo precisamos conversar com cada uma delas de forma acolhedora e respeitosa. Por isso é tão importante ter um diálogo desde sempre, apresentar referências positivas desde a primeira infância, para que as crianças normatizem a diversidade. Assim como não existe possibilidade de criar uma criança antirracista sem ser antirracista, também não existe ser antirracista sem estudar, sem um processo de aprendizado.

Esse processo é algo que todos nós passamos. Lembro-me que logo no começo do Criando Crianças Pretas eu dizia que para criar crianças antirracistas era preciso oferecer livros, desenhos e brinquedos para que as crianças brancas normatizassem a imagem positiva das pessoas negras. E é claro que continuo achando muito importante ter protagonistas pretos nas animações, nos livros e nos brinquedos, mas amadurecendo essas reflexões, hoje digo com firmeza que primeiro essas referências precisam fazer parte do consumo dos adultos. Se o pai, a mãe ou o responsável, que é referência para a criança, não ler autores negros, não procurar filmes com protagonistas e diretores negros, a criança não vai consumir com naturalidade. Isso me lembra, inclusive, de uma mãe que me disse angustiada que deu várias bonecas pretas para a sua filha, mas que toda vez que ela convidava a menina para separar os brinquedos que deveriam ir para a doação, a garota escolhia as bonecas negras para ir embora.

Uma das maiores belezas de se observar as crianças é justamente o fato de que elas ainda não têm os filtros sociais que os adultos têm. As crianças são sinceras, e essa sinceridade pode ser inclusive cruel. Crianças aprendem pelo exemplo. Aprendem assistindo os adultos. Aprendem muito mais com o que veem do que com o que ouvem que é o certo. Um dos posts de maior sucesso do Criando Crianças Pretas é o "Oito dicas práticas de como criar crianças antirracistas", e eu acho uma ótima oportunidade para relembrarmos essas dicas:

- Primeira dica: Dê livros, brinquedos, animações e filmes com protagonistas pretos como referência (sim, é muito importante que você como adulto também consuma e que isso reflita no que oferece às crianças);

- Segunda dica: Se relacione afetivamente com pessoas negras. Você tem amigos negros? Eles frequentam a sua casa?;

- Terceira dica: Reconheça a sociedade estruturalmente racista em que vivemos. NUNCA diga que somos todos iguais, porque as crianças sabem que não somos tratados de forma igual, que não temos as mesmas oportunidades. Converse sobre as desigualdades;

- Quarta dica: Já falamos aqui sobre a lei nº 10639... então EXIJA que a escola seja representativa;

- Quinta dica: Entenda o privilégio branco, converse com o seu filho sobre privilégios fazendo-o compreender que não é desmerecer as conquistas, mas sim compreender que na nossa sociedade o ponto de partida faz toda a diferença no ponto de chegada. Explique que é preciso usar os privilégios na luta por igualdade;

- Sexta dica: Enxergue as pessoas negras ao seu redor e se relacione com elas. Essa dica parece tão óbvia, tão básica e ainda assim é importantíssima de ser dita. As pessoas negras que fazem parte do seu cotidiano, mesmo em posições de serviço, são tratadas com dignidade? Seu filho conhece o nome e a história de vida delas de forma afetuosa?;

- Sétima dica: Respeite, conheça e prestigie a cultura afro-brasileira. Quais elementos sua criança reconhece como parte da cultura do povo preto?;

- Oitava dica: Quantas vezes você levou seu filho, sua filha a um lugar onde a cultura preta seja celebrada? Pesquise e visite lugares que celebre a cultura afro-brasileira.

Nosso inimigo é o racismo estrutural. Entendo por que muitos estão exaustos e não acreditam mais na educação antirracista, mas eu acredito, e se você está lendo este capítulo comigo também acredita. Não dá para criar nossos filhos num mundo sem a convivência entre pretos, brancos, indígenas e toda a nossa diversidade brasileira. Por isso precisamos fazer isso juntos! Esses dias uma seguidora me disse numa conversa: "Fingir que isso não existe é como pintar uma parede com infiltração". É luta porque dói, cansa, porque tem pequenas vitórias e muitas derrotas... É luta porque estamos na coletividade e não desistiremos, mas resistiremos. É luta, e a nossa arma é o amor. Só há esperanças nas crianças. E estamos criando crianças conscientes. E toda vez que digo isso me lembro da música que o Emicida fez para a sua mãe e diz assim:

Nossas mãos ainda encaixam certo
Peço um anjo que me acompanhe
Em tudo eu via a voz de minha mãe
Em tudo eu via nóis
A sós nesse mundo incerto
Peço um anjo que me acompanhe
Em tudo eu via a voz de minha mãe
Em tudo eu via nóis

Já que passamos juntas e juntos por algumas páginas e já somos íntimos, vou te confessar que escrever isto aqui não foi nada fácil. Obrigada, editora, por não desistir de mim.

Bem no começo do projeto meu pai foi acometido pela forma gravíssima da covid-19 e depois de quarenta dias internado e nove intubado, enfim o sol voltou a brilhar na nossa casa. Um milagre que mudou a forma como vejo o mundo para sempre.

Enquanto eu terminava de escrever estas páginas, uma tempestade passou na minha vida virtual e eu precisei trocar o Criando Crianças Pretas por conta de uns ataques que recebi, algumas mensagens de ódio nessa internet que muitos acreditam não ter controle. Enfim, o portal Universa me convidou para escrever sobre o que tinha acontecido e é com este texto que eu queria finalizar nosso papo por aqui, dizendo que o nascimento do José foi um despertar para mim, um portal aberto e sem volta para a consciência de que precisamos lutar por uma educação antirracista para as nossas crianças e que eu acredito de verdade — verdade verdadeira, como a gente dizia quando era criança — que se ao fechar estas páginas, você deixar estas palavras provocarem pequenas mudanças na sua vida, teremos juntos grandes revoluções.

> [...] Estar exposta nas redes sociais é uma coisa muito complexa, ainda mais para mim, que sou uma pessoa do contato físico, da troca profunda de olhar e do direito que me dou de não ter certezas absolutas. Ter ali uma caixa de mensagens aberta já me fez chorar diversas vezes, de amor, de dor, de horror, de compaixão e principalmente de identificação.

Compartilhar reflexões e dicas no Criando Crianças Pretas foi justamente uma forma de encontrar pessoas que tivessem os mesmos medos, as mesmas vivências e até os mesmos desejos quando o assunto é a educação que recebemos versus a que queremos passar adiante às nossas crianças.

Já recebi relatos doloridos de famílias com filhos negros, histórias que envolvem até sangue e muitas lágrimas. Em muitas dessas mensagens, fiquei meses sem responder, por não saber o que dizer. Eu lia, relia, lia de novo e morria de medo de mexer em uma ferida emocional aberta sem ter condições de fechar. Não sou uma profissional de saúde mental, nem uma mulher acadêmica; sou só uma mãe que já foi uma criança preta. E foi sendo mãe que comecei a me esforçar para responder. Quase sempre respondo com um abraço e uma outra pergunta, porque acredito que as pessoas querem o mesmo que eu: compartilhar, desabafar, conversar.

Mas se me perguntarem o que mais recebo de mensagem em minhas redes sociais, posso dizer sem medo de errar: mulheres negras querendo legitimar a sua negritude ou a de seus filhos. Recebo constantemente de minhas seguidoras fotos das crianças com uma pergunta e um pedido de desculpas: "Me perdoa se eu estiver fazendo isso errado, mas será que eu devo considerar meu filho uma criança preta?".

[...] Foi buscando respostas para mim mesma que eu entendi: a certeza de que meu filho terá é a de que veio de uma mulher negra, de uma história preta, de uma ancestralidade rica que definitivamente não nasce na escravidão. É assim que tenho me esforçado muito para criar um legado para o meu filho; são conversas com a família, são estudos profundos sobre o que é de fato o racismo no Brasil; é o convite para a desconstrução dos mitos da democracia racial, da meritocracia, do negacionismo, enfim... É luta porque é coletiva, cheia de pequenas derrotas e de muitos aprendizados.

Quando a gente desliga o celular, quando fica off-line, a vida acontece cheia de complexidades, as dinâmicas das relações não separam tão claramente quem está certo de quem está errado na forma de pensar e de agir. É gente que a gente ama e é racista, são parentes que apoiam esse governo retrógrado, são colegas de trabalho não dispostos a abrir mão de privilégios em busca de equidade, são maridos machistas, são amigas que distorcem o que é feminismo, é a gente retroalimentando o que a gente condena quando está on-line... Enfim, a vida sendo real, cruel e quase intacta.

Eu duvido que você também não se questione todo o tempo sobre deletar tudo e ficar longe das redes sociais, mas também sei que você, como eu, acredita no poder que a gente tem construindo essas pontes. Aquela mãe, como eu, que só queria conversar e me mandou um inbox, ela não é um algoritmo, não é uma arroba, não é um número... É uma mulher. E eu sou mais uma mulher, você lendo é mais uma pessoa, as pessoas para quem você vai mandar este texto são mais pessoas de carne e osso e mudanças. E juntos, apesar dos dias e do caos, juntos somos mais fortes.

Antes deste, escrevi um texto gigante sobre os ataques que recebi após a reportagem de a Universa ser publicada. Ele era cheio de citações, estudos e provocações. Mas apaguei. E liguei para a mestra em Educação Luana Tolentino, uma amiga em quem confio muito e perguntei:

— Lua, será que aproveito esse artigo que vou escrever para Universa para responder aos ataques violentos que eu sofri na Universa?

Luana, cheia de amor e sabedoria, me deu uma resposta para toda a vida:

— Deh, deixemos o ódio pra quem tem.

Agradecimentos

Marcela: Sem Mel, Bernardo e Iolanda este texto não seria possível. Agradeço a vocês pela chance de me descobrir mãe. E agradeço ao mundo por não brecar essa minha vontade de maternar.

Ligia: À Clara, minha filha, por ser meu ponto de mutação e por ter me transformado numa mulher forte o suficiente para ser a Cientista Que Virou Mãe. E a todas as mães brasileiras, meu mais profundo respeito, em um mundo que não nos cuida como deveria. Isso vai mudar. Já está mudando. Obrigada.

Glaucia: Para aqueles que estavam aqui muito antes de mim. Aos familiares que me permitiram crescer sabendo quem somos. Às amigas que me inspiram, me acolhem e também me motivam. Ao meu marido, Vagner, pela parceria, incentivo e amor. À minha mãe, Rita, pela rede de apoio e cuidado. Aos meus filhos, Thales e Breno, por colorir nossa família e por me ensinar que somos — todos — diferentes.

Mariana: Ao Rodrigo, meu marido, que me aguenta enquanto eu questiono praticamente todas as coisas como são — porque eu sempre acho que elas podem ser diferentes. Ao Augusto, ao Vicente, à Flora e ao bebê na minha barriga: vocês são as crianças da minha vida — e eu não poderia estar em melhor companhia.

Annie: Agradeço ao meu padrinho e à minha avó (Zalan e Margit Komauer) por terem sido tanto. À minha mãe, por ter sido a fonte de toda força, e ao meu filho, meu presente, meu tudo.

Deh: Obrigada, Senhor, pela vida. Abrir feridas do racismo que estavam ali na minha infância, um pai que passou pela UTI durante a escrita, tudo isso me fez ter a certeza de que sem a minha família nada seria possível. Marido (Anderson), mãe (Neuza), pai (Tião), irmã (Juliana) e filho (José): vocês são meu motivo para seguir e o respiro de meus alívios.

TIPOGRAFIA Adriane por Marconi Lima
DIAGRAMAÇÃO Osmane Garcia Filho
PAPEL Pólen Soft, Suzano S.A.
IMPRESSÃO Gráfica Santa Marta, julho de 2021

A marca FSC® é a garantia de que a madeira utilizada na fabricação do papel deste livro provém de florestas que foram gerenciadas de maneira ambientalmente correta, socialmente justa e economicamente viável, além de outras fontes de origem controlada.